中国特色
丝绸之路学

SILK ROAD STUDIES
WITH CHINESE
CHARACTERISTICS

卢山冰 等 编著

社会科学文献出版社
SOCIAL SCIENCES ACADEMIC PRESS (CHINA)

目 录

第一部分 倡议的提出

第一章 "一带一路"倡议的提出与反响 ………………………… 003
  第一节 "一带一路"倡议的提出 ………………………………… 003
  第二节 "一带一路"倡议的重要部署 …………………………… 005
  第三节 "一带一路"倡议的重大意义 …………………………… 015

第二章 "一带一路"倡议的理论体系 ………………………… 023
  第一节 "一带一路"倡议的思想内涵 …………………………… 023
  第二节 "一带一路"倡议的逻辑发展 …………………………… 026
  第三节 "一带一路"倡议的落脚点："五通"理论 …………… 032

第三章 "一带一路"倡议的总体设计 ………………………… 035
  第一节 共建"一带一路"最重要的力量源泉——丝路精神 …… 035
  第二节 "一带一路"建设的指导原则 …………………………… 037
  第三节 "一带一路"建设的目标 ………………………………… 040
  第四节 "一带一路"高质量发展的路径和举措 ………………… 042

第二部分　构想与规划

第四章　"一带一路"建设宏观构想 049
第一节　"一带一路"建设六大国际经济合作走廊 049
第二节　签署共建"一带一路"合作文件的国家 071

第五章　"一带一路"建设新理念、组织与平台 073
第一节　"一带一路"建设的新理念 073
第二节　"一带一路"建设的推动组织 074
第三节　"一带一路"建设的支持经贸平台 079
第四节　"一带一路"建设的金融平台 092

第六章　"一带一路"建设重点领域 097
第一节　"一带一路"建设的主要内容——互联互通 097
第二节　"一带一路"建设中八大重点领域 103
第三节　"一带一路"建设中国际产能与装备制造合作 108

第三部分　建设与成效

第七章　"一带一路"倡议与主要国家发展规划对接 117
第一节　"一带一路"倡议与俄罗斯"欧亚经济联盟"对接 117
第二节　"一带一路"倡议与哈萨克斯坦"光明之路"新经济政策对接 119
第三节　"一带一路"倡议与"东盟互联互通"总体规划对接 121

目录

第四节 "一带一路"倡议与塔吉克斯坦至2030年国家发展战略对接……123

第五节 "一带一路"倡议与蒙古国"草原之路"计划对接……126

第六节 "一带一路"倡议与土耳其"中间走廊"倡议对接……127

第七节 "一带一路"倡议与越南"两廊一圈"对接……129

第八节 "一带一路"倡议与沙特"2030愿景"对接……131

第九节 "一带一路"倡议与波兰"琥珀之路"对接……132

第十节 "一带一路"倡议与其他国家的发展规划对接……134

第八章 "一带一路"互联互通建设……137

第一节 "一带一路"政策沟通成效……137

第二节 "一带一路"设施联通成效……139

第三节 "一带一路"贸易畅通成效……141

第四节 "一带一路"资金融通成效……143

第五节 "一带一路"民心相通成效……145

第六节 "一带一路"新领域合作建设成效……147

第九章 "一带一路"国际产能与装备制造合作……151

第一节 中国优质产能与装备制造发展状况……151

第二节 "一带一路"国际产能与装备制造合作的机遇和挑战……154

第三节 "一带一路"国际产能与装备制造合作的路径……158

第四节 "一带一路"国际产能与装备制造合作的效果……166

第十章 "一带一路"重点领域合作与平台建设成效……172

第一节 "一带一路"国际合作高峰论坛……172

第二节 "一带一路"金融支持平台建设成果……174

第三节 "一带一路"重要的国际产业园建设成果 …………… 181
第四节 "一带一路"重要的港口合作成果 ………………… 199

附　录　国外丝绸之路复兴相关计划 …………………………… 206

第一部分
倡议的提出

第一章 "一带一路"倡议的提出与反响

第一节 "一带一路"倡议的提出

2013年9月7日,中国国家主席习近平在哈萨克斯坦纳扎尔巴耶夫大学发表了题为《弘扬人民友谊 共创美好未来》的重要演讲。习近平指出,千百年来,在这条古老的丝绸之路上,各国人民共同谱写出千古传诵的友好篇章。两千多年的交往历史证明,只要坚持团结互信、平等互利、包容互鉴、合作共赢,不同种族、不同信仰、不同文化背景的国家完全可以共享和平、共同发展。当前,中国同中亚国家关系发展面临难得机遇。我们希望同中亚国家一道,不断增进互信、巩固友好、加强合作,促进共同发展繁荣,为各国人民谋福祉。为了使我们欧亚各国经济联系更加紧密、相互合作更加深入、发展空间更加广阔,我们可以用创新的合作模式,共同建设"丝绸之路经济带"。这是一项造福沿线各国人民的大事业。我们可以从以下几个方面先做起来,以点带面、以线到片,逐步形成区域大合作。

第一,加强政策沟通。各国可以就经济发展战略和对策进行充分交流,本着求同存异原则、协商制定推进区域合作的规划和措施,在政策和法律上为区域经济融合"开绿灯"。

第二,加强道路联通。上海合作组织正在协商交通便利化协定。尽快签署并落实这一文件,将打通从太平洋到波罗的海的运输大通道。在此基础上,我们愿同各方积极探讨完善跨境交通基础设施,逐步形成连接东亚、西亚、南亚的交通运输网络,为各国经济发展和人员往来提供便利。

第三,加强贸易畅通。丝绸之路经济带总人口近30亿,市场规模和潜力独一无二。各国在贸易和投资领域合作潜力巨大。各方应该就贸易和投资便利化问题进行探讨并作出适当安排,消除贸易壁垒,降低贸易和投资成本,提高区域经济循环速度和质量,实现互利共赢。

第四,加强货币流通。中国和俄罗斯等国在本币结算方面开展了良好合作,取得了可喜成果,也积累了丰富经验。这一好的做法有必要加以推广。如果各国在经常项下和资本项下实现本币兑换和结算,就可以大大降低流通成本,增强抵御金融风险能力,提高本地区经济国际竞争力。

第五,加强民心相通。国之交在于民相亲,搞好上述领域合作,必须得到各国人民支持,必须加强人民友好往来,增进相互了解和传统友谊,为开展区域合作奠定坚实民意基础和社会基础。[1]

2013年9月13日,习近平主席出席在吉尔吉斯斯坦首都比什凯克举行的上海合作组织成员国元首理事会第十三次会议时,也提出了"着力发展务实合作""加强人文交流和民间交往"的建议。务实合作是上海合作组织发展的物质基础和原动力。上海合作组织6个成员国和5个观察员国都位于古丝绸之路沿线。作为上海合作组织成员国和观察员国,我们有责任把丝绸之路精神传承下去,发扬光大。"开辟交通和物流大通道",从而通畅从波罗的海到太平洋、从中亚到印度洋和波斯湾的交通运输走廊。"商谈贸易和投资便利化协定",在充分照顾各方利益和关切基础上寻求在贸易和投资领域广泛开展合作,实现优势互补,促进共同发展繁荣。"加强金融领域合作",推动建立上海合作组织开发银行,为本组织基础设施建设和经贸合作项目提供融资保障和结算平台。用好上海合作组织银行联合体这一机制,加强本地区各国金融机构交流合作。"加强人文交流和民间交往",为上海合作组织发展打牢民意基础和社会基础。我们要在文化、教育、影视、卫生、体育、旅游等领域广泛开展合作。[2]

2013年10月3日,国家主席习近平在印度尼西亚国会发表题为《携手

---

[1] 《习近平谈"一带一路"》,中央文献出版社,2018。
[2] 《习近平谈"一带一路"》,中央文献出版社,2018。

建设中国-东盟命运共同体》的重要演讲，提出共同建设21世纪"海上丝绸之路"。东南亚地区自古以来就是"海上丝绸之路"的重要枢纽，中国愿同东盟国家加强海上合作，使用好中国政府设立的中国-东盟海上合作基金，发展好海洋合作伙伴关系，共同建设21世纪"海上丝绸之路"。中国愿通过扩大同东盟国家各领域务实合作，互通有无、优势互补，同东盟国家共享机遇、共迎挑战，实现共同发展、共同繁荣。① 中国致力于加强同东盟国家的互联互通建设。中国倡议筹建亚洲基础设施投资银行，愿支持本地区发展中国家包括东盟国家开展基础设施互联互通建设。

2013年9月3日，中共中央政治局常委、国务院总理李克强在参加2013年中国-东盟博览会时强调，铺就面向东盟的海上丝绸之路，打造带动腹地发展的战略支点。

第二节 "一带一路"倡议的重要部署

2013年11月12日，中国共产党第十八届中央委员会第三次全体会议通过的《中共中央关于全面深化改革若干重大问题的决定》（以下简称《决定》）中明确，"扩大内陆沿边开放。抓住全球产业重新布局机遇，推动内陆贸易、投资、技术创新协调发展。创新加工贸易模式，形成有利于推动内陆产业集群发展的体制机制。支持内陆城市增开国际客货运航线，发展多式联运，形成横贯东中西、联结南北方对外经济走廊。推动内陆同沿海沿边通关协作，实现口岸管理相关部门信息互换、监管互认、执法互助"。"加快沿边开放，允许沿边重点口岸、边境城市、经济合作区在人员往来、加工物流、旅游等方面实行特殊方式和政策。建立开发性金融机构，加快同周边国家和区域基础设施互联互通建设，推进丝绸之路经济带、海上丝绸之路建设，形成全方位开放新格局"。

2014年11月4日，中共中央总书记习近平主持召开中央财经领导小组

---

① 《习近平谈"一带一路"》，中央文献出版社，2018。

第八次会议，研究丝绸之路经济带和 21 世纪海上丝绸之路规划等。习近平发表重要讲话强调，丝绸之路经济带和 21 世纪海上丝绸之路倡议顺应了时代要求和各国加快发展的愿望，提供了一个包容性巨大的发展平台，具有深厚历史渊源和人文基础，能够把快速发展的中国经济同沿线国家的利益结合起来。要集中力量办好这件大事，秉持亲、诚、惠、容的周边外交理念，近睦远交，使沿线国家对我们更认同、更亲近、更支持。习近平在讲话中指出，"一带一路"贯穿欧亚大陆。东边连接亚太经济圈，西边进入欧洲经济圈。无论是发展经济、改善民生，还是应对危机、加快调整，许多沿线国家同我国有着共同利益。历史上，陆上丝绸之路和海上丝绸之路就是我国同中亚、东南亚、南亚、西亚、东非、欧洲经贸和文化交流的大通道，"一带一路"倡议是对古丝绸之路的传承和提升，获得了广泛认同。"一带一路"倡议，有利于扩大和深化对外开放。只有坚持对外开放，深度融入世界经济，才能实现可持续发展。推进"一带一路"建设，要诚心诚意对待沿线国家，做到言必信、行必果。要实行包容发展，坚持各国共享机遇、共迎挑战、共创繁荣。要做好"一带一路"总体布局，尽早确定今后几年的时间表、路线图，要有早期收获计划和领域。推进"一带一路"建设，要抓住关键的标志性工程，力争尽早开花结果。要坚持经济合作和人文交流共同推进，促进我国同沿线国家教育、旅游、学术、艺术等人文交流，使之提高到一个新的水平。"一带一路"建设是一项长期工程，要做好统筹协调工作，正确处理政府和市场的关系，发挥市场机制作用，鼓励国有企业、民营企业等各类企业参与，同时发挥好政府作用。要以创新思维办好亚洲基础设施投资银行和丝路基金。发起并同一些国家合作建立亚洲基础设施投资银行是要为"一带一路"有关沿线国家的基础设施建设提供资金支持，促进经济合作。设立丝路基金是要利用我国资金实力直接支持"一带一路"建设。①

2014 年 12 月 9~11 日召开的中央经济工作会议将"一带一路"列为

---

① 《习近平主持召开中央财经领导小组第八次会议 李克强等出席》，http://www.gov.cn/guowuyuan/2014-11/06/content_2775891.htm，2014 年 11 月 6 日。

第一章　"一带一路"倡议的提出与反响

2015年重点推进的区域经济发展战略。在"优化经济发展空间格局"中，明确要完善区域政策，促进各地区协调发展、协同发展、共同发展。西部开发、东北振兴、中部崛起、东部率先的区域发展总体战略，要继续实施。各地区要找准主体功能区定位和自身优势，确定工作着力点。要重点实施"一带一路"、京津冀协同发展、长江经济带三大战略，争取2015年有个良好开局。面对当前对外开放出现的新特点，我国必须更加积极地促进内需和外需平衡、进口和出口平衡、引进外资和对外投资平衡，逐步实现国际收支平衡，构建开放型经济新体制。

国务院总理李克强在2014年政府工作报告和2015年政府工作报告中也重点提及"一带一路"。在"走出去"中提升竞争力，抓紧规划建设丝绸之路经济带、21世纪海上丝绸之路，推进孟中印缅、中巴经济走廊建设，推出一批重大支撑项目，加快基础设施互联互通，拓展国际经济技术合作新空间。[1] 大国外交稳中有进，周边外交呈现新局面，经济外交成果显著。推进丝绸之路经济带和21世纪海上丝绸之路建设，筹建亚洲基础设施投资银行，设立丝路基金。我们与各国的交往合作越来越紧密，中国在国际舞台上负责任大国形象日益彰显。[2]

2015年2月1日，由国务院副总理张高丽担任组长的推进"一带一路"建设工作领导小组首次公开亮相，领导小组办公室设在国家发展和改革委员会（以下简称"国家发展改革委"），下设综合组、丝绸之路组、海上丝绸之路组和对外合作组，初步建立了落实"一带一路"顶层设计的国内领导和协调机制。

"一带一路"建设是一项系统工程，要坚持共商、共建、共享原则，积极推进沿线国家发展战略的相互对接。为推进实施"一带一路"重大倡议，让古丝绸之路焕发新的生机活力，以新的形式促进亚欧非各国联系更加紧

---

[1] 《2014年政府工作报告——2014年3月5日在第十二届全国人民代表大会第二次会议上国务院总理 李克强》，http：//www.gov.cn/guowuyuan/2014zfgzbg.htm，2014年3月5日。

[2] 《2015年政府工作报告——2015年3月5日在第十二届全国人民代表大会第三次会议上国务院总理 李克强》，http：//www.gov.cn/guowuyuan/2015zfgzbg.htm，2015年3月5日。

密,互利合作迈向新的历史高度,2015年3月,国家发展改革委、外交部、商务部联合发布了《推动共建丝绸之路经济带和21世纪海上丝绸之路的愿景与行动》(以下简称《愿景与行动》),从主要原则、建设主线和建设方向等方面提出了共建"一带一路"的顶层设计框架。

一 共建原则

恪守联合国宪章的宗旨和原则。遵守和平共处五项原则,即尊重各国主权和领土完整、互不侵犯、互不干涉内政、和平共处、平等互利。

坚持开放合作。"一带一路"相关的国家基于但不限于古代丝绸之路的范围,各国和国际、地区组织均可参与,让共建成果惠及更广泛的区域。

坚持和谐包容。倡导文明宽容,尊重各国发展道路和模式的选择,加强不同文明之间的对话,求同存异、兼容并蓄、和平共处、共生共荣。

坚持市场运作。遵循市场规律和国际通行规则,充分发挥市场在资源配置中的决定性作用和各类企业的主体作用,同时发挥好政府的作用。

坚持互利共赢。兼顾各方利益和关切,寻求利益契合点和合作最大公约数,体现各方智慧和创意,各施所长,各尽所能,把各方优势和潜力充分发挥出来。

二 框架思路

"一带一路"是促进共同发展、实现共同繁荣的合作共赢之路,是增进理解信任、加强全方位交流的和平友谊之路。中国政府倡议,秉持和平合作、开放包容、互学互鉴、互利共赢的理念,全方位推进务实合作,打造政治互信、经济融合、文化包容的利益共同体、命运共同体和责任共同体。

"一带一路"贯穿亚欧非大陆,一头是活跃的东亚经济圈,一头是发达的欧洲经济圈,中间广大腹地国家经济发展潜力巨大。丝绸之路经济带重点畅通中国经中亚、俄罗斯至欧洲(波罗的海);中国经中亚、西亚至波斯湾、地中海;中国至东南亚、南亚、印度洋。21世纪海上丝绸之路重点方向是从中国沿海港口过南海到印度洋,延伸至欧洲;从中国沿海港口过南海到南太平洋。

根据"一带一路"走向，陆上依托国际大通道，以沿线中心城市为支撑，以重点经贸产业园区为合作平台，共同打造新亚欧大陆桥、中蒙俄、中国-中亚-西亚、中国-中南半岛等国际经济合作走廊；海上以重点港口为节点，共同建设通畅安全高效的运输大通道。中巴、孟中印缅两个经济走廊与推进"一带一路"建设关联紧密，要进一步推动合作，取得更大进展。

"一带一路"建设是沿线各国开放合作的宏大经济愿景，需各国携手努力，朝着互利互惠、共同安全的目标相向而行。努力实现区域基础设施更加完善，安全高效的陆海空通道网络基本形成，互联互通达到新水平；投资贸易便利化水平进一步提升，高标准自由贸易区网络基本形成，经济联系更加紧密，政治互信更加深入；人文交流更加广泛深入，不同文明互鉴共荣，各国人民相知相交、和平友好。

三 合作重点

沿线各国资源禀赋各异，经济互补性较强，彼此合作潜力和空间很大。以政策沟通、设施联通、贸易畅通、资金融通、民心相通为主要内容，重点在以下方面加强合作。

（一）政策沟通

加强政策沟通是"一带一路"建设的重要保障。加强政府间合作，积极构建多层次政府间宏观政策沟通交流机制，深化利益融合，促进政治互信，达成合作新共识。沿线各国可以就经济发展战略和对策进行充分交流对接，共同制定推进区域合作的规划和措施，协商解决合作中的问题，共同为务实合作及大型项目实施提供政策支持。

（二）设施联通

基础设施互联互通是"一带一路"建设的优先领域。在尊重相关国家主权和安全关切的基础上，沿线国家宜加强基础设施建设规划、技术标准体系的对接，共同推进国际骨干通道建设，逐步形成连接亚洲各次区域以及亚欧非之间的基础设施网络。强化基础设施绿色低碳化建设和运营管理，在建设中充分考虑气候变化影响。

抓住交通基础设施的关键通道、关键节点和重点工程，优先打通缺失路段，畅通瓶颈路段，配套完善道路安全防护设施和交通管理设施设备，提升道路通达水平。推进建立统一的全程运输协调机制，促进国际通关、换装、多式联运有机衔接，逐步形成兼容规范的运输规则，实现国际运输便利化。推动口岸基础设施建设，畅通陆水联运通道，推进港口合作建设，增加海上航线和班次，加强海上物流信息化合作。拓展建立民航全面合作的平台和机制，加快提升航空基础设施水平。

加强能源基础设施互联互通合作，共同维护输油、输气管道等运输通道安全，推进跨境电力与输电通道建设，积极开展区域电网升级改造合作。

共同推进跨境光缆等通信干线网络建设，提高国际通信互联互通水平，畅通信息丝绸之路。加快推进双边跨境光缆等建设，规划建设洲际海底光缆项目，完善空中（卫星）信息通道，扩大信息交流与合作。

（三）贸易畅通

投资贸易合作是"一带一路"建设的重点内容。宜着力研究解决投资贸易便利化问题，消除投资和贸易壁垒，构建区域内和各国良好的营商环境，积极同沿线国家和地区共同商建自由贸易区，激发释放合作潜力，做大做好合作"蛋糕"。

沿线国家宜加强信息互换、监管互认、执法互助的海关合作，以及检验检疫、认证认可、标准计量、统计信息等方面的双多边合作，推动世界贸易组织《贸易便利化协定》生效和实施。改善边境口岸通关设施条件，加快边境口岸"单一窗口"建设，降低通关成本，提升通关能力。加强供应链安全与便利化合作，推进跨境监管程序协调，推动检验检疫证书国际互联网核查，开展"经认证的经营者"（AEO）互认。降低非关税壁垒，共同提高技术性贸易措施透明度，提高贸易自由化便利化水平。

拓宽贸易领域，优化贸易结构，挖掘贸易新增长点，促进贸易平衡。创新贸易方式，发展跨境电子商务等新的商业业态。建立健全服务贸易促进体系，巩固和扩大传统贸易，大力发展现代服务贸易。把投资和贸易有机结合起来，以投资带动贸易发展。

加快投资便利化进程，消除投资壁垒。加强双边投资保护协定、避免双重征税协定磋商，保护投资者的合法权益。

拓展相互投资领域，开展农林牧渔业、农机及农产品生产加工等领域深度合作，积极推进海水养殖、远洋渔业、水产品加工、海水淡化、海洋生物制药、海洋工程技术、环保产业和海上旅游等领域合作。加大煤炭、油气、金属矿产等传统能源资源勘探开发合作力度，积极推动水电、核电、风电、太阳能等清洁、可再生能源合作，推进能源资源就地就近加工转化合作，形成能源资源合作上下游一体化产业链。加强能源资源深加工技术、装备与工程服务合作。

推动新兴产业合作，按照优势互补、互利共赢的原则，促进沿线国家加强在新一代信息技术、生物、新能源、新材料等新兴产业领域的深入合作，推动建立创业投资合作机制。

优化产业链分工布局，推动上下游产业链和关联产业协同发展，鼓励建立研发、生产和营销体系，提升区域产业配套能力和综合竞争力。扩大服务业相互开放，推动区域服务业加快发展。探索投资合作新模式，鼓励合作建设境外经贸合作区、跨境经济合作区等各类产业园区，促进产业集群发展。在投资贸易中突出生态文明理念，加强生态环境、生物多样性和应对气候变化合作，共建绿色丝绸之路。

中国欢迎各国企业来华投资。鼓励本国企业参与沿线国家基础设施建设和产业投资。促进企业按属地化原则经营管理，积极帮助当地发展经济、增加就业、改善民生，主动承担社会责任，严格保护生物多样性和生态环境。

（四）资金融通

资金融通是"一带一路"建设的重要支撑。深化金融合作，推进亚洲货币稳定体系、投融资体系和信用体系建设。扩大沿线国家双边本币互换、结算的范围和规模。推动亚洲债券市场的开放和发展。共同推进亚洲基础设施投资银行、金砖国家新开发银行筹建，有关各方就建立上海合作组织融资机构开展磋商。加快丝路基金组建运营。深化中国-东盟银行联合体、上合组织银行联合体务实合作，以银团贷款、银行授信等方式开展多边金融合作。支持沿线国家政府和信用等级较高的企业以及金融机构在中国境内发行人民币债券。符合条件的中国境内金融机构和企业可以在境外发行人民币债券和外币债券，鼓励在沿线国家使用所筹资金。

加强金融监管合作，推动签署双边监管合作谅解备忘录，逐步在区域内建立高效监管协调机制。完善风险应对和危机处置制度安排，构建区域性金融风险预警系统，形成应对跨境风险和危机处置的交流合作机制。加强征信管理部门、征信机构和评级机构之间的跨境交流与合作。充分发挥丝路基金以及各国主权基金作用，引导商业性股权投资基金和社会资金共同参与"一带一路"重点项目建设。

（五）民心相通

民心相通是"一带一路"建设的社会根基。传承和弘扬丝绸之路友好合作精神，广泛开展文化交流、学术往来、人才交流合作、媒体合作、青年和妇女交往、志愿者服务等，为深化双多边合作奠定坚实的民意基础。

扩大相互间留学生规模，开展合作办学，中国每年向沿线国家提供1万个政府奖学金名额。沿线国家间互办文化年、艺术节、电影节、电视周和图书展等活动，合作开展广播影视剧精品创作及翻译，联合申请世界文化遗产，共同开展世界遗产的联合保护工作。深化沿线国家间人才交流合作。

加强旅游合作，扩大旅游规模，互办旅游推广周、宣传月等活动，联合打造具有丝绸之路特色的国际精品旅游线路和旅游产品，提高沿线各国游客签证便利化水平。推动21世纪海上丝绸之路邮轮旅游合作。积极开展体育交流活动，支持沿线国家申办重大国际体育赛事。

强化与周边国家在传染病疫情信息沟通、防治技术交流、专业人才培养等方面的合作，提高合作处理突发公共卫生事件的能力。为有关国家提供医疗援助和应急医疗救助，在妇幼健康、残疾人康复以及艾滋病、结核、疟疾等主要传染病领域开展务实合作，扩大在传统医药领域的合作。

加强科技合作，共建联合实验室（研究中心）、国际技术转移中心、海上合作中心，促进科技人员交流，合作开展重大科技攻关，共同提升科技创新能力。

整合现有资源，积极开拓和推进与沿线国家在青年就业、创业培训、职业技能开发、社会保障管理服务、公共行政管理等共同关心领域的务实合作。

充分发挥政党、议会交往的桥梁作用，加强沿线国家之间立法机构、主要党派和政治组织的友好往来。开展城市交流合作，欢迎沿线国家重要城市之间互结友好城市，以人文交流为重点，突出务实合作，形成更多鲜活的合作范例。欢迎沿线国家智库之间开展联合研究、合作举办论坛等。

加强沿线国家民间组织的交流合作，重点面向基层民众，广泛开展教育医疗、减贫开发、生物多样性和生态环保等各类公益慈善活动，促进沿线贫困地区生产生活条件改善。加强文化传媒的国际交流合作，积极利用网络平台，运用新媒体工具，塑造和谐友好的文化生态和舆论环境。

四 合作机制

当前，世界经济融合加速发展，区域合作方兴未艾。积极利用现有双多边合作机制，推动"一带一路"建设，促进区域合作蓬勃发展。

加强双边合作，开展多层次、多渠道沟通磋商，推动双边关系全面发展。推动签署合作备忘录或合作规划，建设一批双边合作示范。建立完善双边联合工作机制，研究推进"一带一路"建设的实施方案、行动路线图。充分发挥现有联委会、混委会、协委会、指导委员会、管理委员会等双边机制作用，协调推动合作项目实施。

强化多边合作机制作用，发挥上海合作组织（SCO）、中国-东盟"10+1"、亚太经合组织（APEC）、亚欧会议（ASEM）、亚洲合作对话（ACD）、亚信会议（CICA）、中阿合作论坛、中国-海合会战略对话、大湄公河次区域（GMS）经济合作、中亚区域经济合作（CAREC）等现有多边合作机制作用，相关国家加强沟通，让更多国家和地区参与"一带一路"建设。

继续发挥沿线各国区域、次区域相关国际论坛、展会以及博鳌亚洲论坛、中国-东盟博览会、中国-亚欧博览会、欧亚经济论坛、中国国际投资贸易洽谈会，以及中国-南亚博览会、中国-阿拉伯博览会、中国西部国际博览会、中国-俄罗斯博览会、前海合作论坛等平台的建设性作用。支持沿线国家地方、民间挖掘"一带一路"历史文化遗产，联合举办专项投资、贸易、文化交流活动，办好丝绸之路（敦煌）国际文化博览会、丝绸之路国际电影节和图书展。倡议建立"一带一路"国际高峰论坛。

五　中国各地方开放态势

推进"一带一路"建设，中国将充分发挥国内各地区比较优势，实行更加积极主动的开放战略，加强东中西互动合作，全面提升开放型经济水平。

（一）西北、东北地区

发挥新疆独特的区位优势和向西开放重要窗口作用，深化与中亚、南亚、西亚等国家交流合作，形成丝绸之路经济带上重要的交通枢纽、商贸物流和文化科教中心，打造丝绸之路经济带核心区。发挥陕西、甘肃综合经济文化和宁夏、青海民族人文优势，打造西安内陆型改革开放新高地，加快兰州、西宁开发开放，推进宁夏内陆开放型经济试验区建设，形成面向中亚、南亚、西亚国家的通道、商贸物流枢纽、重要产业和人文交流基地。发挥内蒙古联通俄蒙的区位优势，完善黑龙江对俄铁路通道和区域铁路网，以及黑龙江、吉林、辽宁与俄远东地区陆海联运合作，推进构建北京-莫斯科欧亚高速运输走廊，建设向北开放的重要窗口。

（二）西南地区

发挥广西与东盟国家陆海相邻的独特优势，加快北部湾经济区和珠江-西江经济带开放发展，构建面向东盟区域的国际通道，打造西南、中南地区开放发展新的战略支点，形成21世纪海上丝绸之路与丝绸之路经济带有机衔接的重要门户。发挥云南区位优势，推进与周边国家的国际运输通道建设，打造大湄公河次区域经济合作新高地，建设成为面向南亚、东南亚的辐射中心。推进西藏与尼泊尔等国家边境贸易和旅游文化合作。

（三）沿海和港澳台地区

利用长三角、珠三角、海峡西岸、环渤海等经济区开放程度高、经济实力强、辐射带动作用大的优势，加快推进中国（上海）自由贸易试验区建设，支持福建建设21世纪海上丝绸之路核心区。充分发挥深圳前海、广州南沙、珠海横琴、福建平潭等开放合作区作用，深化与港澳台合作，打造粤港澳大湾区。推进浙江海洋经济发展示范区、福建海峡蓝色经济试验区和舟山群岛新区建设，加大海南国际旅游岛开发开放力度。加强上海、天津、宁波-舟山、广州、深圳、湛江、汕头、青岛、烟台、大连、福州、厦门、泉州、海口、三亚等沿海城市港口建设，强化上海、广州等国际枢纽机场功能。以扩大开放倒逼深层次改革，创新开放型经济体制机制，加大科技创新力度，形成参与和引领国际合作竞争新优势，成为"一带一路"特别是21世纪海上丝绸之路建设的排头兵和主力军。发挥海外侨胞以及香港、澳门特别行政区独特优势作用，积极参与和助力"一带一路"建设。为台湾地区参与"一带一路"建设作出妥善安排。

（四）内陆地区

利用内陆纵深广阔、人力资源丰富、产业基础较好优势，依托长江中游城市群、成渝城市群、中原城市群、呼包鄂榆城市群、哈长城市群等重点区域，推动区域互动合作和产业集聚发展，打造重庆西部开发开放重要支撑和成都、郑州、武汉、长沙、南昌、合肥等内陆开放型经济高地。加快推动长江中上游地区和俄罗斯伏尔加河沿岸联邦区的合作。建立中欧通道铁路运输、口岸通关协调机制，打造"中欧班列"品牌，建设沟通境内外、连接东中西的运输通道。支持郑州、西安等内陆城市建设航空港、国际陆港，加强内陆口岸与沿海、沿边口岸通关合作，开展跨境贸易电子商务服务试点。优化海关特殊监管区域布局，创新加工贸易模式，深化与沿线国家的产业合作。

第三节 "一带一路"倡议的重大意义

2013年，习近平主席先后提出共建"丝绸之路经济带"和"21世纪海上丝绸之路"的倡议。"一带一路"倡议一经提出便引起了国际社会的广泛热议,获得了沿线国家的普遍支持。随后,习近平从理念到规划、从原则到方案、从历史到未来等方面对"一带一路"倡议作了全面深刻论述,初步形成了共建"一带一路"的基本框架。作为习近平新时代中国特色社会主义思想的重要组成部分,"一带一路"倡议具有重大理论与实践价值,不仅描绘了新时代中国改革开放再出发的壮丽前景,也对当今经济全球化和世界发展具有重要意义。随着"一带一路"成果不断造福地区和世界人民,越来越多的人意识到,"一带一路"不是什么"债务陷阱",而是惠民的"馅饼";不是什么"地缘政治工具",而是共同发展的机遇。本节主要从国内与国外两个方面讨论了"一带一路"倡议的意义。

一 "一带一路"倡议的国内意义

（一）"一带一路"倡议顺应了我国对外开放区域结构转型的需要

1978年,中国共产党召开了党的十一届三中全会,自此便开启了中国改革开放的历史征程。国家从1979年开始先后建立了深圳、珠海、汕头、厦门和海南5个经济特区,确定了上海、天津、北海、湛江、广州、福州、宁波、南通、连云港、青岛、威海、烟台、大连、秦皇岛等14个城市为沿海开放城市,相继开放了13个沿边、6个沿江和18个内陆省会城市,建立了众多的特殊政策园区,截至2019年,在全国建立了19个国家级新区。通过一系列的开放可以发现,前期的对外开放重点在东南沿海等省份。通过改革开放,广东、福建、江苏、浙江、上海等省市相继成为全国经济增长的"领头羊"。而直至今日,广大的中西部地区始终扮演着"追随者"的角色,这种格局在一定程度上造成东、中、西部地区发展不均衡。"一带一路"尤其是"一带"起始于西部,也主要经西部通向西亚和欧洲,这必将使得我国对外开放的地理格局发生重大调整,由中西部地区作为新的牵动者,与东部地区一起承担着"走出去"的重任。同时,东部地区正在通过连片式的"自由贸易区"建设进一步提升对外开放水平,依然是我国全面对外开放的重要引擎。

第一章 "一带一路"倡议的提出与反响

党的十八大以来，党中央着眼于我国"十三五"时期和更长时期的发展，逐步明确了"一带一路"建设和京津冀协同发展、长江经济带发展三大战略。其中，"一带一路"建设更宏大，更具有全球影响力，有利于改变过去点状、块状发展格局，形成以点连线、由点带面、线廊互动的发展格局，使西部地区一跃成为我国对外开放合作前沿，同时把京津冀、珠三角和粤港澳大湾区、长三角经济圈和长江经济带、东中西地区自由贸易区以及各省区市重点经济发展区域有机衔接起来，极大地优化我国经济发展空间布局，促进我国区域协调发展。党的十九大报告指出，开放带来进步，封闭必然落后。中国开放的大门不会关闭，只会越开越大。要以"一带一路"建设为重点，坚持"引进来"和"走出去"并重，遵循共商共建共享原则，加强创新能力开放合作，形成陆海内外联动、东西双向互济的开放格局。①

（二）"一带一路"倡议顺应了中国要素流动转型和国际产业转移的需要

在改革开放初期，中国经济发展水平不高，急需资本、技术和管理模式。因此，当初的对外开放主要是以引进外资、国外先进的技术和管理模式为主。1979~2012年，中国引进外商投资项目763278个，实际利用外资总额达到12761.08亿美元。不可否认，这些外资企业和外国资本对于推动我国经济增长、技术进步和管理现代化发挥了很大作用。可以说，这是一次由发达国家主导的国际性产业大转移。而今，尽管国内仍然需要大规模有效投资和技术改造升级，但我们已经具备了要素输出的能力。2023年，我国企业在"一带一路"共建国家非金融类直接投资2240.9亿元人民币，比上年增长28.4%（以美元计为318亿美元，增长22.6%）。对外承包工程方面，我国企业在"一带一路"共建国家新签承包工程合同额16007.3亿元人民币，增长10.7%（以美元计为2271.6亿美元，增长5.7%）；完成营业额9305.2亿元人民币，增长9.8%（以美元计为1320.5亿美元，增长4.8%）。②"一带一路"倡议通过政策沟通、设施联通、贸易畅通、资金融

---

① 王义桅：《王义桅讲"一带一路"故事》，人民出版社，2018。
② 《2023年我国企业对"一带一路"共建国家投资合作情况》，http://fec.mofcom.gov.cn/article/fwydyl/tjsj/202401/20240103469623.shtml，2014年1月29日。

通、民心相通这"五通",将中国的生产要素输送出去,让沿"带"沿"路"的发展中国家和地区共享中国发展成果。

(三)"一带一路"倡议顺应了中国与其他经济合作国家结构转变的需要

而今,中国的经济面临着全面转型升级的重任,经济发展进入新常态,长期建设过程中形成的一些产能需要出路。"一带一路"建设绝对不是向其他国家转移落后产能,而是帮助这些国家和地区进行道路、桥梁、港口等基础设施建设,帮助其发展一些产业,如纺织服装、家电甚至汽车制造、钢铁、电力等,提高其经济发展水平和生产能力,同时也适应了中国产业技术升级的需要。

二 "一带一路"建设的国际意义

(一)"一带一路"建设推动世界互联互通新进程促进各国共同繁荣

"一带一路"建设致力于打通亚欧大陆内部各种物质层面和精神层面的"中梗阻",推动陆海平衡发展、要素自由流动、文明互学互鉴,推动人类互联互通迈向新高度。"一带一路"建设不仅把"互联互通"作为奋斗目标,而且也作为推进路径,这实际是一种方法论革新。"一带一路"建设不急于制定具体的目标、规则和规划,更注重过程导向、理念导向和方法导向,更注重循序渐进和务实合作,更注重合作过程的韧性和弹性。它强调各方寻找发展战略的契合点,将各国发展思路和发展需求"对接"起来。这一方法论和推进模式渗透着中国传统文化中非此非彼、亦此亦彼、相互融合、相互转化的哲学智慧,有助于更务实、更灵活、更可持续地推进全球互联互通新进程。

投资合作是"一带一路"建设的重要内容。2013~2018年,中国企业对"一带一路"共建国家非金融类直接投资超过900亿美元,年均增长6.2%。作为共建"一带一路"的重要载体,中国企业在24个共建国家推进建设82个境外经贸合作区,累计投资超过364.8亿美元,入区企业超过4000家,上缴东道国税收近24亿美元,为当地创造26.5万个就业岗位。中国的对外投资已成为拉动全球对外直接投资增长的重要引擎。①

---

① 顾学明:《高质量发展,"一带一路"建设的全球意义》,《今日中国》2019年5月8日。

（二）"一带一路"建设为全球经济增长提供新动能

自2008年以来，世界经济面临动力不足、需求不振、金融市场反复动荡、国际贸易和投资持续低迷等多重风险和挑战。在上一轮科技进步带来的增长动力逐渐衰减、新一轮科技和产业革命尚未形成势头的大背景下，国际社会亟须寻找世界经济发展新动力，推动世界经济实现强劲、可持续、平衡、包容增长。"一带一路"建设致力于通过消除供应链壁垒、挖掘各方比较优势、鼓励各方创新合作模式等，努力为世界经济发展提供新动力。

首先，"一带一路"建设致力于通过提高有效供给来催生新的需求。"一带一路"建设努力减少供应链壁垒，通过改善基础设施、行业标准、政策和服务等方面的不足，推动跨境商品自由流动，推动国际经济合作发展。世界经济论坛一项研究显示，在当前全球平均关税壁垒已经下降到5%左右的情况下，减少供应链壁垒对全球贸易的促进作用是降低关税壁垒的6倍，这意味着，与美国提高经贸合作门槛的思路相比，"一带一路"建设的切入点务实有效，更能促进贸易便利化和经济发展。[①]

其次，"一带一路"建设有利于各方充分发挥比较优势。"一带一路"沿线地区人口占世界总人口的60%以上，而经济总量却不足世界的30%。这一"错位"凸显了"一带一路"沿线国家发展的相对落后和世界经济发展的严重失衡，但同时也意味着沿线地区经济发展存在巨大的潜力和空间。"一带一路"建设强调沿线国家发展规划对接，有助于将中国在基础设施建设能力、资金实力等方面的优势与沿线国家在能源、劳动力等方面的优势结合起来，相互借力、相互给力，共同提升在全球产业链中的地位。与此同时，"一带一路"建设打破以往注重引进和出口的开放模式，强调与相关国家共同打造开放发展的经济区和经济带，拓展发展空间，实现共同繁荣。

最后，"一带一路"建设引领国际经济合作模式创新。创新是经济发展

[①] 李向阳：《跨太平洋伙伴关系协定与"一带一路"之比较》，《世界经济与政治》2016年第9期。

的重要动力，而创新不仅包括技术上的，也包括制度和理念上的。"一带一路"建设在尊重现有国际经济合作机制的基础上进行创新超越，鼓励合作模式创新和合作经验推广，鼓励沿线国家因地制宜、量体裁衣，根据各自经济结构、资源禀赋、发展潜力等探索专属性合作方案。"一带一路"建设就类似于国际经济合作"孵化器"，强调机制的开放性、包容性和灵活性，强调充分调动各方积极性。

（三）"一带一路"建设引领全球化发展新方向

当前全球化进程受阻，最重要的原因是各国之间及各国内部发展不平衡。因此，新一轮全球化应更加强调发展的均衡性、联动性和包容性，确保世界经济发展能更好地体现公平正义，而"一带一路"建设恰好可以引领这一潮流。第一，"一带一路"建设注重高速铁路、能源管道等基础设施建设，能够推动全球产业布局调整，亚欧大陆将逐渐形成高速铁路、高速公路、能源管道及电商物流相结合的全新经济网络，并逐渐催生出新的产业链条、产业基地和经济中心，这将深刻改变亚欧大陆的经济格局，不仅将推动沿线国家经济发展，而且也能让沿线民众广泛受益，切实缓解国家内部和国家间发展的不平衡；第二，"一带一路"建设遵循以合作促发展、以发展促安全的思路，致力于通过与沿线国家开展更深层次的合作，推动沿线国家发展经济、改善民生、减少贫困，努力消除恐怖主义和极端势力赖以滋生的土壤，积极促成发展与安全相互助力的良好态势；第三，"一带一路"建设倡导开放包容原则，欢迎域外国家参与，是一种开放的区域经济合作框架，因此，与已经陷入僵局的TPP相比，"一带一路"建设更注重在不同层次、不同区域的国际经济合作之间疏通经络、搭建桥梁，解决全球化与地区一体化之间的逻辑矛盾，推动二者彼此包容、相互促进。总的来看，"一带一路"建设将推动全球化由横向拓展走向纵向深挖，优势技术、优势产业等将更均衡地分布于世界各地，世界发展的均衡性和包容性将进一步提升。

（四）"一带一路"建设有利于实现全球化再平衡

"一带一路"建设顺应了国际经贸合作与经贸机制转型的需要。2001年，中国加入WTO，成为世界贸易组织成员。"入世"对我国经济的方方面面都产生了巨大影响。可以说，WTO 这一被大多数成员一致遵守的国家经贸机制，在一定程度上冲破了少数国家对中国经济的封锁。但是，近年来国际经贸机制发生深刻变化并呈现新的动向。"一带一路"建设与中国自由贸易区建设是紧密联系的。因此，中国的自由贸易区必将随着"一带一路"建设的推进而得以发展。"一带一路"建设的目标是要建立政治互信、经济融合、文化包容的利益共同体、命运共同体和责任共同体，也就是说，是包括欧亚大陆在内的世界各国，构建一个互惠互利的利益、命运和责任共同体，有利于实现全球化再平衡。

（五）"一带一路"倡议促进全球成就绿色美好生活

在 2018 年 9 月举办的中非合作论坛北京峰会上，习近平主席指出，"中国愿同国际合作伙伴共建'一带一路'。我们要通过这个国际合作新平台，增添共同发展新动力，把'一带一路'建设成为和平之路、繁荣之路、开放之路、绿色之路、创新之路、文明之路"。习近平主席在主旨讲话中指出，要将"一带一路"建成绿色之路。绿色发展是中国重要的发展理念之一，在发展中努力践行"绿水青山就是金山银山"理念，将中国生态文明建设的重要理念和实践成果融入"一带一路"建设，不仅丰富了"一带一路"建设的内涵，而且必将助推"一带一路"建设高质量发展。在共建"一带一路"过程中，注重加强生态环境保护合作，践行低碳、环保和绿色发展理念，走出一条绿色发展之路。

中国企业在"一带一路"建设中致力于采用清洁生产技术。在南非，中国企业投资的曼巴水泥厂通过采用先进的污水处理和余热发电技术实现节电 40%，单位能耗远低于南非同行业平均水平。在埃塞俄比亚，中国援建的中埃皮革工业联合实验室采用中方自有知识产权的 3 项技术工艺和 1 项制革废水治理技术。其中，铬鞣废液循环利用技术可减少 99% 以上的重金属排放，同时节约 25% 以上的铬鞣剂使用量，每年节约铬鞣剂及废水处理成本 2000 余万元人民币，既消除铬鞣废液对环境的污染，又变废为宝、增加了效益，填补了埃塞俄比亚乃至整个非洲在该领域的空白。

中国还积极帮助相关国家提高防灾减灾能力。2013 年，中国政府启动了向非洲国家援建气象设施项目。华云集团在中国气象局指导下实施了7个非洲国家的援助项目，援建42个自动气象站、5套闪电定位仪、2套风云卫星数据接收处理系统等设备，帮助受援国增强气象观测、气象信息传输、天气预报制作、气象服务等业务能力，提高了受援国和周边区域的防灾减灾水平。[①] 中国以技术援助形式为孟加拉国编制防洪规划，指导其防洪工程和非工程体系建设，助力提升该国水利管理和防洪抗洪能力。

[①] 《践行国企担当　服务国计民生》，https：//www.cma.gov.cn/ztbd/2022zt/20220901/202209 0101/202209/t20220905_ 5070837.html，2022年9月5日。

第二章 "一带一路"倡议的理论体系

第一节 "一带一路"倡议的思想内涵

一 "一带一路"倡议的人文内涵

古代丝绸之路和海上丝绸之路的开通,为沿线不同国家、不同民族、不同种族之间的相互沟通和交流创造了条件。如今,"一带一路"倡议将"丝绸之路"延续千年的经济、文化、商贸友好交流传统继承下来并赋予新的时代含义。

(一)"一带一路"倡议是对历史的传承和发展

"一带一路"建设植根于丝绸之路的历史土壤,重点面向亚欧非大陆,同时向所有朋友开放。历史上"丝绸之路"商品和文化的交流带来了共同繁荣,因而这个文化符号的内涵可以归结为和平、友谊、交往和繁荣。从这个角度看,习近平主席提出"一带一路"倡议,借用"丝绸之路"这个文化符号,正是向世界传递了和平、合作、发展、共赢的理念,这也正是对古代丝绸之路文化内涵的传承和发展。

(二)"一带一路"倡议提倡开放包容

"一带一路"建设由大家共同商量,建设成果由大家共同分享。"一带一路"倡议的提出,不是为了单纯复原"无数铃声遥过碛,应驮白练到安西"的历史图景,而是为与世界各国、各地区一起构筑利益共同体、责任共同体和命运共同体。"一带一路"沿线国家存在不同的文化和文明,在这样的背景下,要持续推进"一带一路"建设,加强沿线国家的联系,就要求各个国家秉持开放包容的心态,面对文化差异,求同存异,保持文化的多样性。

（三）"一带一路"倡议强调中国担负起大国责任

"一带一路"建设为世界经济增长开辟了新的空间，为国际贸易和投资搭建了新平台，为完善全球经济治理拓展了新实践，为增进各国民生福祉作出了新贡献，成为共同的机遇之路、繁荣之路。站在新的起点上，中国将深入贯彻创新、协调、绿色、开放、共享的新发展理念，为"一带一路"建设注入强大动力，为世界带来新的发展机遇。中国愿在和平共处五项原则基础上，开创合作共赢新模式，建设和谐共存新家庭；将推动已达成协议的务实合作项目早日启动、早见成效。

二 "一带一路"倡议的经济内涵

"一带一路"倡议构想将东亚、东南亚、南亚、中亚、欧洲南部、非洲东部的广大地区联系在一起，区域内资源互补性强；沿途国家多为处于不同发展阶段、具有不同禀赋优势的发展中国家，经济发展潜力巨大，在农业、纺织、化工能源、交通通信、金融科技等诸多领域有广阔的经济技术合作空间。

（一）"一带一路"倡议强调陆海统筹

"一带一路"建设包含了陆线与海线，其中陆线通过铁路与公路将中国联通，然后外延至中亚、东南亚方向。而海线则是在古代海上丝绸之路基础上扩展的新航线。海线、陆线相互作用，实现海陆连接双向平衡。从某种角度来看，"一带一路"突破了海、陆分立的局面，促进了印度洋、太平洋、欧亚大陆及大西洋互相连接的海陆一体化平台形成。

（二）"一带一路"倡议强调东西互济

"一带一路"建设贯穿东西，连接南北，其主线则是东西方向，西部地区成为开放前沿。东西两个方向开放程度相对均衡，有利于东西部区域经济协调发展。尽管主线是东西方向，但是也需要考虑到南北方向，除了南方海上丝绸之路的国际贸易往来外，也有北方与蒙古国、俄罗斯相接的"草原丝绸之路"。"一带一路"倡议强调的是东西双向开放，尤其是通过中国内陆的国际大通道向西开放，这将是一个非常广阔的市场。

第二章 "一带一路"倡议的理论体系

(三)"一带一路"倡议强调市场作用

在推进"一带一路"建设的过程中,政府间合作关系持续长久需要依靠投资和贸易等,只有依靠市场的力量才能提高效率,提高劳动生产率,使得参与国获得经济效益,从而更有动力参与"一带一路"建设。《愿景与行动》中提到,投资贸易合作是"一带一路"建设的重点内容。宜着力研究解决投资贸易便利化问题,消除投资和贸易壁垒,构建区域内各国良好的营商环境,积极同沿线国家和地区共同商建自由贸易区,激发释放合作潜力,做大做好合作"蛋糕"。

(四)"一带一路"倡议强调对外开放

"一带一路"建设国内段覆盖了我国中西部的大部分地区,为中西部地区进一步提高对外开放水平、促进经济平稳健康发展提供了契机。在"一带一路"建设推进过程中,我国强调进一步对外开放,由此巩固扩大我国与中亚、东南亚以及更广大发展中国家和地区的互利合作,有利于全方位开放新格局的形成。《愿景与行动》中提到,当前中国经济和世界经济高度关联。中国将一以贯之地坚持对外开放的基本国策,构建全方位开放新格局,深度融入世界经济体系。推进"一带一路"建设既是中国扩大和深化对外开放的需要,也是加强和亚欧非及世界各国互利合作的需要,中国愿意在力所能及的范围内承担更多责任义务,为人类和平发展作出更大的贡献。

三 "一带一路"倡议的空间内涵

"一带一路"倡议的空间内涵从表面看,是一个具有高度空间选择性的概念。"带"与"路"都是指条带状的经济体,这种单纯字面意义上的理解已经引起了不少对"一带一路"倡议的误解。

(一)"一带一路"倡议不是封闭的体系,没有绝对的边界

"一带一路"从根本上是一个开放、包容的国际区域经济合作网络,愿意参与的国家均可参加,即它不是一个排他性平台。要打造开放型合作平台,维护和发展开放型世界经济,共同创造有利于开放发展的环境。要维护多边贸易体制,推动自由贸易区建设,促进贸易和投资自由化便利化。

（二）"一带一路"倡议鼓励沿线国家融入开放的国际合作网络

"一带一路"是一个国际区域经济合作网络，因而其必然以国家间合作为主，而不是相邻国家的次区域合作。推动"一带一路"建设，要聚焦发展这个根本性问题，释放各国发展潜力，实现经济大融合、发展大联动、成果大共享。要深入开展产业合作；建立稳定、可持续、风险可控的金融保障体系，创新投资和融资模式；着力推动陆上、海上、天上、网上"四位一体"的联通，扎实推进六大经济走廊建设，建设全球能源互联网，完善跨区域物流网；促进政策、规则、标准"三位一体"的联通。

（三）"一带一路"倡议的设施联通有特定的区域指向

"一带一路"建设涉及设施互联互通，特别是国际海陆运输大通道建设，其确实有具体的空间指向和空间范围。例如，《愿景与行动》中提出，丝绸之路经济带重点畅通中国经中亚、俄罗斯至欧洲，中国经中亚、西亚至波斯湾、地中海，中国至东南亚、南亚、印度洋的通道；21世纪海上丝绸之路重点方向是从中国沿海港口过南海到印度洋，延伸至欧洲，从中国沿海港口过南海到南太平洋；共同打造新亚欧大陆桥、中蒙俄、中国-中亚-西亚、中国-中南半岛等国际经济合作走廊，以及推进中巴、孟中印缅两个经济走廊建设。

第二节 "一带一路"倡议的逻辑发展

一 "一带一路"倡议的确立

2013年，习近平主席在出访中亚和东南亚国家期间先后提出共建"丝绸之路经济带"和"21世纪海上丝绸之路"的倡议。2013年9月7日，国家主席习近平在哈萨克斯坦纳扎尔巴耶夫大学发表题为《弘扬人民友谊 共创美好未来》的重要演讲，倡议用创新的合作模式，共建"丝绸之路经济带"，以点带面，从线到片，逐步形成区域大合作，从而使欧亚各国经济联系更加紧密、相互合作更加深入、发展空间更加广阔。2013年10月3日，国家主席习近平在印度尼西亚发表演讲时提出，中国致力于加强同东盟国家互联互通建设，倡议筹建亚投行，愿同东盟国家发展好海洋合作伙伴关系，共建21世纪"海上丝绸之路"。

2013年11月12日，在党的第十八届中央委员会第三次全体会议上审议通过了《决定》，"丝绸之路经济带"和"21世纪海上丝绸之路"首次被写入党的重大决定，明确把建设"丝绸之路经济带"和"21世纪海上丝绸之路"作为深化改革的重要工作，加快推进丝绸之路经济带、海上丝绸之路建设，形成全方位开放新格局。

2014年12月，中央经济工作会议将建设"丝绸之路经济带"与"21世纪海上丝绸之路"纳入了全年工作任务，简称为"一带一路"倡议，由此该倡议正式成为我国内政与外交的指导思想。2015年3月，国家发展改革委、外交部、商务部联合发布了《愿景与行动》。

二 "一带一路"思想的充实和丰富

（一）"丝绸之路"精神的提出

2014年6月5日，在中阿合作论坛第六届部长级会议开幕式上，习近平主席明确提出"丝绸之路精神"，即"千百年来，丝绸之路承载的和平合作、开放包容、互学互鉴、互利共赢精神薪火相传"，要继续弘扬丝路精神，促进文明互鉴、尊重道路选择、坚持合作共赢、倡导对话和平。

2014年11月，习近平在中央财经领导小组第八次会议上强调，丝绸之路经济带与21世纪海上丝绸之路倡议顺应了时代要求和各国加快发展的愿望，提供了一个包容性巨大的发展平台，具有深厚历史渊源和人文基础，能够把快速发展的中国经济同沿线国家的利益结合起来。

2015年10月15日，习近平主席在会见出席亚洲政党丝绸之路专题会议的外方主要代表时指出，"一带一路"建设要弘扬开放包容、互学互鉴的精神，坚持互利共赢、共同发展的目标，奉行以人为本、造福于民的宗旨，给沿线各国人民带来实实在在的利益。

2017年5月14日，在第一届"一带一路"国际合作高峰论坛开幕式上习近平主席指出，"一带一路"建设不是另起炉灶、推倒重来，而是实现战略对接、优势互补，要构建以合作共赢为核心的新型国际关系，打造对话不对抗、结伴不结盟的伙伴关系。各国应该尊重彼此主权、尊严、领土完整，尊重彼此发展道路和社会制度，尊重彼此核心利益和重大关切。

习近平多次就"丝绸之路精神"发表重要讲话，充分表明弘扬丝路精神，就是要促进文明互鉴，就是要尊重道路选择，就是要坚持合作共赢，就是要倡导对话和平。毫无疑问，习近平提出的丝绸之路精神，是沿线国家和人民参与"一带一路"建设的共同点、凝聚点，是开展"一带一路"建设的思想指南。

（二）"一带一路"建设原则的提出

2014年6月5日，在中阿合作论坛第六届部长级会议开幕式上，习近平主席强调"中阿共建'一带一路'，应该坚持共商、共建、共享原则；中阿共建'一带一路'，既要登高望远也要脚踏实地；依托并增进传统友谊"。

2014年9月18日，习近平主席在印度世界事务委员会发表重要讲话时指出要继承和发扬和平共处五项原则，坚持主权平等、公平正义、共同安全，坚持共同发展、合作共赢、包容互鉴。

2015年3月28日，习近平主席在出席博鳌亚洲论坛年会开幕式并做主旨演讲时指出，"一带一路"建设秉持的是"共商、共建、共享"原则，不是封闭的，而是开放包容的，不是中国一家的独奏，而是沿线国家的合奏。

2019年4月26日，习近平主席在第二届"一带一路"国际合作高峰论坛上指出，要秉持共商共建共享原则，坚持开放、绿色、廉洁理念，努力实现高标准、惠民生、可持续目标。

由此可见，"一带一路"建设原则被确定为"共商、共建、共享"，坚持开放合作、坚持和谐包容、坚持市场运作、坚持互利共赢。随后，习近平主席在多个国际重要峰会上都采用的是"共商、共建、共享"基本原则这一表述。[①]

[①] 在2015年10月12日中共中央政治局就全球治理格局和全球治理体制进行第二十七次集体学习时，习近平主席提出弘扬共商共建共享的全球治理理念。

（三）对"一带一路""互联互通"的全面诠释

2014年11月8日，在加强互联互通伙伴关系对话会上，习近平主席对"互联互通"的内涵予以全新诠释。习近平主席指出，"我们要建设的互联互通，不仅是修路架桥，不光是平面化和单线条的联通，而更应该是基础设施、制度规章、人员交流三位一体，应该是政策沟通、设施联通、贸易畅通、资金融通、民心相通五大领域齐头并进。这是全方位、立体化、网络状的大联通，是生机勃勃、群策群力的开放系统"。习近平主席的这一全新阐述，表明"互联互通"既涉及地理空间上的基础设施"硬联通"，也包括规章制度"软联通"，还包括人员流动"人联通"。习近平主席对"一带一路""互联互通"的全面诠释，从更广泛的领域解释了"互联互通"的科学内涵，为学术研究和建设规划奠定了思想基础。

（四）明确"一带一路"倡议与改革开放的关系

2014年11月4日，中央财经领导小组第八次会议研究丝绸之路经济带和21世纪海上丝绸之路规划、发起建立亚洲基础设施投资银行和设立丝路基金。习近平发表重要讲话，指出"一带一路"提供了一个包容性巨大的发展平台，具有深厚历史渊源和人文基础，能够把中国经济同沿线国家的利益结合起来。要秉持"亲、诚、惠、容"的周边外交理念，近睦远交，使沿线国家对我们更认同、更亲近、更支持。"一带一路"倡议，有利于扩大和深化对外开放。只有坚持对外开放，深度融入世界经济，才能实现可持续发展。要准确把握经济全球化新趋势和我国对外开放新要求。改革开放是我国经济社会发展的动力。不断扩大对外开放、提高对外开放水平，以开放促改革、促发展，是我国发展不断取得新成就的重要法宝。

（五）指出"一带一路"建设的推动路径

2013年9月7日，习近平主席在哈萨克斯坦纳扎尔巴耶夫大学演讲时首次提出"点线面"的发展路径，"一带一路"指的是中国模式的传播，"一带"就是以点带线，以线带面，最后形成一个发展带。[①] 其中"点"应

---

① 武琪：《王义桅：〈世界是通的——"一带一路"的逻辑〉》，《财经界》2016年第8期。

体现为国家和各国的重点城市、"线"应包括各种通道及经济走廊、"片"体现为不同的区域。区域合作可以成为点、线、片连接的载体，将区域内的国家、城市及通道与经济走廊连接起来，同时各次区域之间又首尾相连，最终形成完整的经济带。"一带一路"建设是沿线各国开放合作的宏大经济愿景，需各国携手努力，朝着互利互惠、共同安全的目标相向而行。2019年4月26日，习近平主席在第二届"一带一路"国际合作高峰论坛上指出，共建"一带一路"，顺应经济全球化的历史潮流，顺应全球治理体系变革的时代要求，顺应各国人民过上好日子的强烈愿望。面向未来，我们要聚焦重点、深耕细作，共同绘制精谨细腻的"工笔画"，推动共建"一带一路"沿着高质量发展方向不断前进。

（六）形成"一带一路""共同体"核心理念

"一带一路"倡议符合求和平、谋发展、促合作、图共赢的时代潮流，符合亚洲和世界各国人民共同利益，具有广阔发展空间和巨大发展潜力。"一带一路"致力于维护全球自由贸易体系和开放型世界经济，打造政治互信、经济融合、文化包容的利益共同体、命运共同体和责任共同体。2017年10月18日，党的十九大报告指出，中国坚持对外开放的基本国策，坚持打开国门搞建设，积极促进"一带一路"国际合作，努力实现政策沟通、设施联通、贸易畅通、资金融通、民心相通，打造国际合作新平台，增添共同发展新动力。加大对发展中国家特别是最不发达国家的援助力度，促进缩小南北发展差距。中国支持多边贸易体制，促进自由贸易区建设，推动建设开放型世界经济。

（七）提出"一带一路"搭建起国际合作新框架

在第三届"一带一路"国际合作高峰论坛开幕式上，习近平主席指出，共建"一带一路"坚持共商共建共享，跨越不同文明、文化、社会制度、发展阶段差异，"搭建起国际合作的新框架"。共建"一带一路"，需要各方合作伙伴，弘扬和平合作、开放包容、互学互鉴、互利共赢的丝路精神，共同为全球互联互通贡献力量，为国际经济合作搭建平台，为世界经济增长增添动力。

三 "一带一路"思想新导引

（一）明确"一带一路"进入提速建设阶段

2016年6月22日，习近平主席在乌兹别克斯坦最高会议立法院发表题为《携手共创丝绸之路新辉煌》的重要演讲，对"一带一路"三年来的成果进行了概括性评述："一带一路"建设已经初步完成规划和布局，正在向落地生根、深耕细作、持久发展的阶段迈进。这表明"一带一路"愿景和行动规划中"五个方向"中"六个国际经济走廊"正在稳步推进和实施，"一带一路"已经完成规划和布局，已经解决了做什么的问题，进入如何深度合作和发展与成效产出阶段。

（二）提出"一带一路"四点主张

习近平主席提出的"四点主张"，具体指的是："构建'一带一路'互利合作网络"、"共创'一带一路'新型合作模式"、"打造'一带一路'多元合作平台"和"推进'一带一路'重点领域项目"。这四点主张阐释了"一带一路"未来建设的四大方向。

一是构建互利合作网络，强调的是"一带一路"沿线国家要建立多方参与的合作架构，而且这种合作必须是互惠互利的，只有这样，才能把沿线各国凝聚起来。

二是共创新型合作模式，强调的是"一带一路"沿线国家合作的方式要有新意。只有创新合作方式，才能因地制宜地推进"一带一路"建设，最大限度地调动各国积极性，减少合作阻力。

三是打造多元合作平台，强调的是"一带一路"沿线国家合作的主体、形式、机制和领域都要多元化，要充分扩大合作空间。

四是推进重点领域项目，主要强调的是继续完善基础设施网络，全面推进国际产能合作，加强金融创新和合作以及加强人文领域合作。

（三）提出"一带一路"建设"四个丝路"

习近平主席提出建设"四个丝路"，即着力深化环保合作，携手打造"绿色丝绸之路"；着力深化医疗卫生合作，携手打造"健康丝绸之路"；着力深化人才培养合作，携手打造"智力丝绸之路"；着力深化安保合作，携手打造"和平丝绸之路"。

第三节 "一带一路"倡议的落脚点："五通"理论

2013年9月，国家主席习近平在首倡共建"丝绸之路经济带"的演讲中就明确提出要加强政策沟通、道路联通（后改为"设施联通"）、贸易畅通、货币流通（后改为"资金融通"）和民心相通。此后，习近平主席在多个国内外场合发表演讲时均指出要坚持"五通"，做好"一带一路"建设工作。

一 政策沟通：以政策和法律推动"一带一路"国家合作

政策沟通是国家间务实合作的基础与重要保障。习近平主席在论述丝路经济带合作"五通"模式时，将"在政策和法律上为区域经济融合开绿灯"的政策沟通列在首位。2017年5月14日，习近平主席在第一届"一带一路"国际合作高峰论坛上指出，"一带一路"建设不是另起炉灶、推倒重来，而是实现战略对接、优势互补。我们同有关国家协调政策，包括俄罗斯提出的欧亚经济联盟、东盟提出的互联互通总体规划、哈萨克斯坦提出的"光明之路"、土耳其提出的"中间走廊"、蒙古提出的"发展之路"、越南提出的"两廊一圈"、波兰提出的"琥珀之路"等。中国同老挝、柬埔寨、缅甸、匈牙利等国的规划对接工作也全面展开。

二 设施联通：打下坚实基础，重在统筹一体化

设施联通是"一带一路"建设初期的重点。"要想富，先修路"，基础设施在"一带一路"建设和发展中发挥着先导性作用。2017年5月14日，习近平主席在第一届"一带一路"国际合作高峰论坛上指出，"道路通，百业兴"。我们和相关国家一道共同加速推进雅万高铁、中老铁路、亚吉铁路、匈塞铁路等项目，建设瓜达尔港、比雷埃夫斯港等港口，规划实施一大

批互联互通项目。目前，以中巴、中蒙俄、新亚欧大陆桥等经济走廊为引领，以陆海空通道和信息高速路为骨架，以铁路、港口、管网等重大工程为依托，一个复合型的基础设施网络正在形成。

三 贸易畅通：消除贸易壁垒，促进贸易和投资便利化

贸易畅通是打开丝绸之路沿线国家彼此市场的"金钥匙"。在"一带一路"倡议的带动下，投资贸易日益便利化，双边自贸协定谈判稳步推进，与沿线多个国家签署了双边投资协定，并建立了经贸联委会机制和投资合作促进机制。2017年5月14日，习近平主席在第一届"一带一路"国际合作高峰论坛上指出，中国同"一带一路"参与国大力推动贸易和投资便利化，不断改善营商环境。仅哈萨克斯坦等中亚国家农产品到达中国市场的通关时间就缩短了90%。据统计，2013~2019年，中国与沿线国家货物贸易累计总额超过7.8万亿美元，对沿线国家直接投资超过1100亿美元，新签承包工程合同额接近8000亿美元，一大批重大项目和产业园区相继落地见效，有力促进了互利共赢、共同发展。[①]

四 资金融通：聚焦金融稳定性，形成合作网络

融资瓶颈是实现互联互通的突出挑战。2017年5月14日，习近平主席在第一届"一带一路"国际合作高峰论坛上指出，中国同"一带一路"建设参与国组织开展了多种形式的金融合作。亚洲基础设施投资银行已经为"一带一路"建设参与国的9个项目提供17亿美元贷款，"丝路基金"投资达40亿美元，中国同中东欧"16+1"金融控股公司正式成立。这些新型金融机制同世界银行等传统多边金融机构各有侧重、互为补充，形成层次清晰、初具规模的"一带一路"金融合作网络。

---

① 《6年时间中国与"一带一路"沿线国家货物贸易总额超7.8万亿美元》，http://www.mofcom.gov.cn/article/i/jyjl/e/202005/20200502966315.shtml，2020年5月19日。

五 民心相通:"一带一路"建设的重要保障

"一带一路"既是亚欧非的通商互信之路、经济合作之路,又是文化交流之路、文明对话之路。2017年5月14日,习近平主席在第一届"一带一路"国际合作高峰论坛上指出,"国之交在于民相亲,民相亲在于心相通"。"一带一路"建设参与国弘扬丝绸之路精神,开展智力丝绸之路、健康丝绸之路等建设,在科学、教育、文化、卫生、民间交往等各领域广泛开展合作,为"一带一路"建设夯实民意基础,筑牢社会根基。中国政府每年向相关国家提供1万个政府奖学金名额,地方政府也设立了丝绸之路专项奖学金,鼓励国际文教交流。各类丝绸之路文化年、旅游年、艺术节、影视桥、研讨会、智库对话等人文合作项目百花纷呈,人们往来频繁,在交流中拉近了心与心的距离。

第三章 "一带一路"倡议的总体设计

第一节 共建"一带一路"最重要的力量源泉——丝路精神

千百年来,"和平合作、开放包容、互学互鉴、互利共赢"的丝绸之路精神薪火相传,推进了人类文明进步,是东西方交流合作的象征,是世界各国共有的历史文化遗产。在新时代背景下,推动共建"一带一路",中国将继续秉承古丝绸之路精神,主要包括以下几个方面。

一 坚持开放合作

共建"一带一路"的国家基于但不限于古代丝绸之路的范围,各国和国际、地区组织均可参与,让共建成果惠及更广泛的区域。

中国改革开放深入推进。当今中国经济和世界经济高度关联,要实现中国经济全面协调可持续发展,必须一以贯之地坚持对外开放的基本国策,提升沿海开放水平,深化内陆和沿边开放,实施向西开放,构建全方位开放新格局,深度融入世界经济体系。中国的发展需要世界,世界的发展也需要中国。共建"一带一路"顺应世界多极化、经济全球化、社会信息化的潮流,有利于促进经济要素有序自由流动、资源高效配置和市场深度融合,推动沿线各国实现经济政策协调,维护全球自由贸易体系和开放型世界经济。共建"一带一路"符合中国和国际社会的根本利益,彰显人类社会共同理想和美好追求,将为世界和平发展增添新的正能量。中国将在力所能及的范围内承担更多责任义务,为人类和平发展作出更大的贡献。

二 坚持和谐包容

倡导文明宽容,尊重各国发展道路和模式的选择,加强不同文明之间的对话，求同存异、兼容并蓄、和平共处、共生共荣。

"一带一路"沿线国家具有不同的风俗习惯、国家制度、历史文化和文明，"一带一路"建设是在充分尊重各国不同文明和发展路径的基础上开展的合作，坚持各国文明交流互鉴。

三　坚持市场运作

遵循市场规律和国际通行规则，充分发挥市场在资源配置中的决定性作用和各类企业的主体作用，同时发挥好政府的宏观调控作用。

当今世界经济正发生复杂深刻的变化。国际金融危机深层次影响持续显现，世界经济缓慢复苏、发展分化，国际投资贸易格局和多边投资贸易规则酝酿深刻调整。各国面临的发展问题依然严峻，迫切需要秉持开放的精神，开展更大范围、更高水平、更深层次的区域合作，共同打造开放、包容、均衡、普惠的区域经济合作架构，发挥市场在资源配置中的主导作用，同时政府积极参与，推动区域内要素有序自由流动和优化配置。

四　坚持互利共赢

兼顾各方利益和关切，寻求利益契合点和合作最大公约数，体现各方智慧和创意，各施所长、各尽所能，把各方优势和潜力充分发挥出来。

互联互通、合作共赢成为时代最强音。历史上，陆上丝绸之路和海上丝绸之路就是中国同中亚、西亚、南亚、东南亚、东非、欧洲经贸和文化交流的大通道。共建"一带一路"致力于亚欧非大陆及附近海洋的互联互通，建立和加强沿线各国互联互通伙伴关系，构建全方位、多层次、复合型的互联互通网络，实现沿线各国多元、自主、平衡、可持续的发展。"一带一路"的互联互通项目将推动沿线各国发展战略的对接与耦合，挖掘区域内市场的潜力，促进投资和消费，创造需求和就业，增进沿线各国人民的人文交流与文明互鉴，让各国人民相逢相知、互信互敬，共享和谐安宁富裕的生活。

第二节 "一带一路"建设的指导原则

"一带一路"建设是新时代合作模式的创新,将为中国和沿线国家共同发展带来巨大机遇。沿线国家共襄盛举,坚持的是什么原则至关重要。习近平指出,"一带一路"建设秉持的是共商、共建、共享原则。

一 共商原则

习近平指出,共商,就是集思广益,好事大家商量着办,使"一带一路"建设兼顾双方利益和关切,体现双方智慧和创意。

(一)兼顾双方利益和关切

"一带一路"建设,要充分尊重沿线国家对各自参与的合作事项的发言权,妥善处理各国利益关系。"一带一路"沿线各国无论大小、强弱、贫富,都是平等的参与者,都可以积极建言献策,都可以就本国需要对多边合作议程产生影响,但是都不能对别国所选择的发展路径指手画脚。"一带一路"沿途经过的地区,既汇聚各种文明也交织着各种矛盾。这一区域集中了伊斯兰教、东正教、天主教和佛教等各大宗教,各国文化传统不一、国情迥异、制度多样、利益诉求多元,彼此之间有友好交往的历史。各国要坚持以开放包容心态看待他国,充分尊重各自发展道路、政治制度、资源禀赋、文化传统的差异,重视各方的呼声和关切,相互信任、求同存异、和谐共处。只有这样,才能在面向未来的新丝绸之路上,一起走得稳、走得好、走得远。习近平指出,"一带一路"建设,倡导不同民族、不同文化要"交而通",而不是"交而恶",彼此要多拆墙、少筑墙,把对话当作"黄金法则"用起来,大家一起做有来有往的邻居。

(二)体现各方智慧和创意

"一带一路"建设,任重道远,需要各国奉献智慧,交流互鉴,共同应对威胁和挑战,共同谋划利益和福祉。《愿景与行动》提出,兼顾各方利益和关切,寻求利益契合点和合作最大公约数,体现各方智慧和创意,各施所长，各尽所能，把各方优势和潜力充分发挥出来。中国是"一带一路"的倡导者、推动者，在发挥"中国智慧"方面负有特殊的使命，拥有独特的优势。"一带一路"倡议应时而生，正是中国智慧和创造的具体体现。习近平指出，丝绸之路是历史留给我们的伟大财富。"一带一路"倡议是中国根据古丝绸之路留下的宝贵启示，着眼于各国人民追求和平与发展的共同梦想，为世界提供的一项充满东方智慧的共同繁荣发展的方案。

二 共建原则

"一带一路"沿线国家市场规模和资源禀赋优势明显，互补性强，潜力巨大，前景广阔。"独行快、众行远。""一带一路"要抓住发展这个最大公约数，共同致力于构建全方位、多层次、复合型的互联互通网络，推动沿线各国发展战略的对接与耦合。习近平指出，共建，就是各施所长，各尽所能，把双方优势和潜能充分发挥出来，聚沙成塔，积水成渊，持之以恒加以推进。

（一）志同道合，合作共建

"一带一路"倡议，唤起了沿线国家的历史记忆，越来越多的国家参与"一带一路"建设。自2013年习近平提出"一带一路"倡议以来，沿线国家积极响应，截至2023年1月，共建"一带一路"大家庭成员增至151个国家和32个国际组织。沿线各国聚焦政策沟通、设施联通、贸易畅通、资金融通、民心相通，不断深化合作，已经在多个方面取得积极成果。"一带一路"建设已经初步完成规划和布局，正在向落地生根、深耕细作、持久发展的阶段迈进。习近平指出，我国是"一带一路"的倡导者和推动者，但建设"一带一路"不是我们一家的事。"一带一路"建设不应仅仅着眼于我国自身发展，而是要以我国发展为契机，让更多国家搭上我国发展快车，帮助他们实现发展目标。我们要在发展自身利益的同时，更多考虑和照顾其他国家利益。

（二）各施所长，各尽所能

"一带一路"倡议，就是要以互联互通为着力点，促进生产要素自由流动，打造多元合作平台，实现共赢和共享发展。"孤举者难起，众行者易趋。"开展发展战略对接，成为沿线国家不约而同的选择。向北，中国和俄罗斯签署丝绸之路经济带建设同欧亚经济联盟建设合作对接联合声明，与蒙古国商定对接"丝绸之路"与"草原之路"；向东，与韩国决定推进四项发展战略对接；向南，与越南加紧磋商"一带一路"和"两廊一圈"合作，孟中印缅经济走廊建设方兴未艾；向西，与哈萨克斯坦"光明之路"新经济政策联通，同波兰"可持续发展计划"对接，同欧洲"容克投资计划"相衔接。习近平指出，"一带一路"建设不是要替代现有地区合作机制和倡议，而是要在已有基础上，推动沿线国家实现发展战略相互对接、优势互补。

三 共享原则

"一带一路"由各国共建，成果理应由各国共享。共享，就是让建设成果更多更公平惠及各国人民，打造"一带一路"利益共同体和命运共同体。

（一）让建设成果更多更公平惠及各国人民

"一带一路"不仅是理念和概念，更有实实在在的规划和项目支撑。建设"丝绸之路经济带"和"21世纪海上丝绸之路"，就要坚持合作发展、共赢发展，共商大计、共建项目、共享收益，不断创造更多利益契合点和合作增长点，给共建各国人民带来实实在在的利益和好处。习近平指出，"一带一路"建设不是空洞的口号，而是看得见、摸得着的实际举措，将给地区国家带来实实在在的利益。在有关各方共同努力下，"一带一路"建设的愿景与行动文件已经制定，亚洲基础设施投资银行筹建工作迈出实质性步伐，丝路基金已经顺利启动，一批基础设施互联互通项目已经在稳步推进。这些早期收获向我们展现了"一带一路"的广阔前景。要切实推进关键项目落地，以基础设施互联互通、产能合作、经贸产业合作区为抓手，实施好一批示范性项目，多搞一点早期收获，让有关国家不断有实实在在的获得感。

（二）互利共赢，打造沿线国家命运共同体

无论是海上的"21世纪海上丝绸之路"，还是陆上的"丝绸之路经济

带",目标都是着力深化互利共赢格局,打造利益共同体和命运共同体。"一带一路"建设是一项惠及数十亿人口的大事业,将为共建国家创造一个共同利益最多、合作机遇最大的历史时期。习近平指出,"一带一路"是互利共赢之路,将带动各国经济更加紧密结合起来,推动各国基础设施建设和体制机制创新,创造新的经济和就业增长点,增强各国经济内生动力和抗风险能力。"一带一路"各共建国虽然社会制度、发展水平、文化传统、宗教信仰不同,但发展经济、改善民生的目标是相同的,深化双边多边合作、实现互利共赢的意愿是一致的。只有合作共赢才能办大事、办好事、办长久之事。要摒弃零和游戏、你输我赢的旧思维,树立双赢、共赢的新理念,在追求自身利益时兼顾他方利益,在寻求自身发展时促进共同发展。

第三节 "一带一路"建设的目标

共建"一带一路"以高标准、可持续、惠民生为目标,努力实现更高合作水平、更高投入效益、更高供给质量、更高发展韧性,推动高质量共建"一带一路"不断走深走实。

共建"一带一路"以构建人类命运共同体为最高目标,并为实现这一目标搭建了实践平台、提供了实现路径,推动美好愿景不断落实落地,是完善全球治理的重要公共产品。共同体是一个有多层次内涵的概念。第一层次的共同体是基于共同利益形成的,称为利益共同体。第二层次的共同体强调权责对等,在实现利益的同时承担相应的责任,称为责任共同体。第三层次的共同体是强调政治上讲信修睦、经济上合作共赢、安全上守望相助、文化上心心相印、对外关系上开放包容,即人类命运共同体。

一 打造利益共同体是"一带一路"建设的基调

作为惠及各方的重大倡议,"一带一路"建设奏响打造跨越国界利益共同体的乐章,通过共建国家的互联互通和贸易投资便利化等深度国际经济合作,打造世界经济新的增长极,实现互利共赢。"一带一路"共建国家受资源禀赋、产业基础、历史条件等因素的制约，国家之间发展不平衡，而且大部分为发展中国家。"一带一路"建设有利于各国发挥比较优势，将经济互补性转化为发展推动力。"一带一路"贯穿欧亚非大陆，东牵发展势头强劲的东亚经济圈，西连发达的欧洲北美经济圈，形成纵贯东西的大经济带，可以使沿线各国挖掘潜力、深入合作，建立世界跨度最大、最具活力、发展前景看好的经济走廊，形成共建国家经济利益对接整合的大格局。

二 构建责任共同体是"一带一路"建设的担当

"一带一路"建设体现了世界经济失衡环境下的中国担当。现在，发达国家单靠自己的力量平衡世界经济已力不从心，中国愿意在力所能及的范围内承担更多责任义务。中国已成为世界上最具基础设施建设能力的国家，有实力帮助"一带一路"共建国家开展大规模基础设施建设。共建"一带一路"是世界经济平衡发展的过程，也为发展中国家提供了难得的发展机遇。2008年国际金融危机以来，新兴经济体和发展中国家成为世界经济增长的重要引擎。"一带一路"建设有利于助于发展中国家经济快速发展，有利于维护地区稳定，有利于促进文化交流。建设持久和平、共同繁荣的欧亚非大陆乃至世界，是"一带一路"共建国家的共同愿望。"一带一路"建设以全新的合作模式连接起不同的文明，促进不同国家及其人民和谐共处、相互学习，共同担负起解决国际性难题的责任。这是不同种族、不同信仰、不同文化背景的国家在新时期为人类文明发展作出的重大贡献。

三 建设命运共同体是"一带一路"建设的升华

当今国际社会呈现出世界多极化、经济全球化、文化多样化和社会信息化等特点。粮食安全、资源短缺、气候变化、网络攻击、环境污染、疾病流行、跨国犯罪等全球性非传统安全问题层出不穷，对国际秩序和人类生存都构成了严峻挑战，在越来越多的传统与非传统安全问题面前，任何一个国家都难以独善其身。不论人们身处何国、信仰如何、是否愿意，实际上都已经处在一个命运相关的共同体当中。无论政治、经济还是安全层面，"一带一路"共建国家一荣俱荣、一损俱损，因此，只有形成利益共同体、责任共同体，才能最终实现互利共赢的人类命运共同体。

从利益共同体、责任共同体到命运共同体，是水到渠成的理念升华。自2013年习近平提出"一带一路"倡议以来，无论亲、诚、惠、容周边外交理念和全面、共同、合作、可持续安全观的提出，还是创设亚投行与丝路基金，打造中国与有关国家伙伴关系升级版，都体现了命运共同体意识。建设命运共同体，必须摒弃"零和"思维，不追求排他性利益，坚持平等协商，注重照顾各方舒适度，以合作促互信、以互信促合作，最终实现各方同呼吸共命运。建设命运共同体，各国必须坚持相互尊重、平等相待，坚持合作共赢、共同发展，坚持不同文明兼容并蓄、交流互鉴。建设命运共同体，还需加强非经济领域的合作，主要包括保障运输通道尤其是海洋运输通道的安全，加强区域层面的反恐合作，建立领土与领海争端解决机制，推动海洋资源共同开发，促进环境保护领域的合作等。[①] 致力于打造"人类命运共同体"的目标，表达了中国希望与共建国家携手共建、同舟共济，实现互惠互利、共同发展的良好意愿。"一带一路"倡议是打造"人类命运共同体"的路径和支撑、桥梁和纽带，而打造"人类命运共同体"则是"一带一路"倡议的终极目标。

第四节 "一带一路"高质量发展的路径和举措

2023年11月24日，推进"一带一路"建设工作领导小组办公室发布《坚定不移推进共建"一带一路"高质量发展走深走实的愿景与行动——共建"一带一路"未来十年发展展望》，[②] 提出在未来十年，中国愿携手各方，充分汲取"和平合作、开放包容、互学互鉴、互利共赢"丝路精神的力量

[①] 乌东峰：《"一带一路"的三个共同体建设》，《人民日报》2015年9月22日。
[②] 《坚定不移推进共建"一带一路"高质量发展走深走实的愿景与行动——共建"一带一路"未来十年发展展望》，https://www.gov.cn/yaowen/liebiao/202311/content_6916832.htm，2023年11月24日。

源泉，以共商共建共享、开放绿色廉洁、高标准惠民生可持续为重要指导原则，推动共建"一带一路"不断取得新的更大成效，为各国和世界发展带来更多实实在在的好处。

（一）统筹打造品牌亮点，构建高水平立体互联互通网络

一是统筹打造一批标志性工程。加强与共建国家发展战略和市场需求对接，充分考虑共建国家政府、地方和民众多方利益和关切，不断提升标志性工程项目规划、建设、运营的系统性、协调性和可持续性，全面提升示范引领作用。建设好中泰铁路、匈塞铁路等在建项目，高质量共建中巴经济走廊，运营好雅万高铁、亚吉铁路、蒙内铁路等项目，做好中吉乌铁路前期研究，促进投资、建设、运营一体化。与相关共建国家共同稳妥有序推进皎漂港、瓜达尔港、科伦坡港、汉班托塔港、比雷埃夫斯港等港口建设运营，积极推进"丝路海运"港航贸一体化发展。稳步推进援巴基斯坦瓜达尔新国际机场、柬埔寨暹粒吴哥国际机场等民航基础设施领域规划、建设、运营合作，助力共建国家民航基础设施高质量发展。保持中俄东线天然气管道、中俄原油管道、中国-中亚天然气管道、中缅管道等项目稳定运营。加快推进中欧班列高质量发展，参与跨里海国际运输走廊建设，办好中欧班列国际合作论坛，会同各方搭建以铁路、公路直达运输为支撑的亚欧大陆物流新通道。做大中老铁路品牌影响力，推动西部陆海新通道建设全面提质增效。

二是不断擦亮"小而美"项目"金字招牌"。聚焦共建国家民众"看得见、摸得着"，容易提升获得感、幸福感的基础设施建设、卫生健康、绿色生态、农业合作、水利、林草发展、减贫和人道主义、教育培训等重点领域，以接地气、聚人心、低成本、可持续为导向，深入推进共建"一带一路""小而美"项目建设，着力打造一批新的有示范效应的代表性项目。鼓励做优做强"菌草"等品牌项目，通过鲁班工坊等推进中外职业教育合作，稳步推进海外中国学校试点建设。进一步拓展"丝绸之路沿线民间组织合作网络"，在共建国家广泛开展"光明行"等。充分发挥援外资金作用，扎实做好对外援助促进减贫脱贫和粮食安全工作，建设一批促进减贫脱贫和粮食安全合作的标志性项目，持续打造发展合作援助旗舰项目。

（二）统筹强化风险防控，建立完善系统性安全保障体系

一是坚持共同、综合、合作、可持续的安全观。秉持共同安全理念，统筹维护传统领域和非传统领域安全，协调推进安全治理。充分利用联合国大会和相关委员会、安理会、相关机构以及其他有关国际和地区组织等平台，汇聚国际社会应对安全挑战共识。加强安全领域多双边合作，积极深化执法、联演联训联巡等合作，帮助相关国家提升安全保障能力，推动建设一个普遍安全的世界。

二是提升系统性风险防控能力。共建国家间加强沟通对接，强化安全共同体意识，共同细化完善安全保障措施，加强对共建"一带一路"项目和人员安全保障。引导企业落实好风险防控主体责任，增强风险防控意识和能力，切实做好"走出去"前的风险综合评估，规范海外经营行为，加强风险源头管控，前置风险防控关口，做到"早发现、早预警、早防范"。不断推动反腐败国际合作向纵深发展，坚持一切国际合作都在阳光下运作，推出《"一带一路"廉洁建设高级原则》，建立"一带一路"企业廉洁合规评价体系，合作开展"一带一路"廉洁研究和培训，同各方共建风清气正的廉洁丝绸之路。

（三）统筹完善机制平台，深化拓展多双边务实合作

一是加强战略规划对接。有序推动与合作基础较好、合作意愿较强的国家围绕各自的发展战略和合作规划加强有效对接，找准深化务实合作的结合点、对接点，实现优势互补、协同并进，产生"一加一大于二"的效果。及时建立完善合作规划落实协调机制，加强沟通对接，积极开展合作规划框架下各领域双边合作，形成更多可视性成果，促进共同繁荣发展。

二是加强共建"一带一路"合作平台建设。继续高质量办好"一带一路"国际合作高峰论坛，为各方深化交往、增进互信、密切往来提供重要平台。在"一带一路"国际科学组织联盟、"一带一路"律师联盟、"一带一路"绿色发展国际联盟、"一带一路"能源合作伙伴关系、"一带一路"税收征管合作机制、"一带一路"自然灾害防治和应急管理国际合作机制、"一带一路"新闻合作联盟、"一带一路"国际智库合作委员会、"一带一

路"国际法治合作共建委员会、"一带一路"共建国家出版合作体、"一带一路"纪录片学术共同体等专业领域合作平台框架下,加强多层次、多渠道沟通磋商,深化重点领域合作。办好博鳌亚洲论坛、中国国际进口博览会、中国进出口商品交易会、中国国际服务贸易交易会、中国国际投资贸易洽谈会、全球数字贸易博览会,以及中国-东盟博览会、中非经贸博览会、中国-阿拉伯国家博览会、中国-中东欧国家博览会等经贸合作平台,深入推进共建"一带一路"经贸合作。支持共建国家地方、民间挖掘"一带一路"历史文化遗产,联合举办专项经贸、文化交流活动,办好丝绸之路(敦煌)国际文化博览会等国际交流活动,举办"良渚论坛",深化同共建国家的文明对话。

三是充分发挥多双边合作机制作用。同共建国家加强能源、税收、金融、绿色发展、减灾、反腐败、智库、媒体、文化等领域的多边合作平台建设,举办部长级会议或其他形式国际会议,为各专业领域务实合作提供支撑。支持二十国集团、上海合作组织、亚太经合组织、金砖国家、大图们倡议、大湄公河次区域经济合作、中亚区域经济合作等多边合作机制发挥建设性作用,加强宏观政策协调,加强与相关国家沟通,深入开展共建"一带一路"务实合作。

(四)统筹提升政策服务,增强全方位支撑保障

一是加强国际化人才培养。构建科学有效的选人用人机制,加强共建"一带一路"重点领域人才培养,打造国际化、复合型人才队伍。健全引进人才制度,完善外国人永久居留制度,营造吸引海外高层次人才的良好工作、生活环境。

二是构建共建"一带一路"涉外法律服务体系。加强国际商事纠纷解决机制建设,充分发挥国际商事争端预防与解决组织功能作用,完善国际商事法庭运行机制,更好发挥国际仲裁商事调解作用,优化诉讼与调解、仲裁有机衔接的"一站式"国际商事纠纷多元化解决机制。积极稳妥推进国际商事仲裁中心建设,打造国际一流仲裁机构。发挥国际商事专家委员会优势,加强对国际法、国别法的研究和运用,积极参与国际规则制定。加强涉

外法律服务机构建设，鼓励律师事务所等针对共建"一带一路"重点国家开展法律制度、法律环境咨询服务。推进共建国家法律数据库建设，加强国际法律交流合作。

（五）统筹深化互利合作，携手构建人类命运共同体

一是深化拓展平等、开放、合作的全球伙伴关系。中国呼吁各国弘扬和平、发展、公平、正义、民主、自由的全人类共同价值，坚持对话协商、共建共享、合作共赢、交流互鉴、绿色低碳，共同建设持久和平、普遍安全、共同繁荣、开放包容、清洁美丽的世界。坚持在和平共处五项原则基础上同各国发展友好合作，推动构建新型国际关系。促进大国协调和良性互动，推动构建和平共处、总体稳定、均衡发展的大国关系格局。坚持亲诚惠容和与邻为善、以邻为伴周边外交方针，深化同周边国家友好互信和利益融合。秉持真实亲诚理念和正确义利观，加强同发展中国家的团结合作。

二是不断丰富和完善构建人类命运共同体的内涵和体系。通过发布构建双边命运共同体的行动计划、联合声明等多种形式，积极与友好伙伴构建命运共同体，推动实现更多实践成果，更好增进民生福祉。坚持真诚友好、平等相待，义利相兼、以义为先，推动中非、中阿、中拉、中国-太平洋岛国、中国-东盟、中国-中亚、澜沧江-湄公河等区域命运共同体建设取得丰硕成果，为地区和世界携手构建人类命运共同体树立典范。推动人类卫生健康共同体、网络空间命运共同体、核安全命运共同体、海洋命运共同体、人与自然生命共同体等建设走深走实，为破解全球和平赤字、发展赤字、安全赤字、治理赤字作出更大贡献。

第二部分
构想与规划

第四章 "一带一路"建设宏观构想

第一节 "一带一路"建设六大国际经济合作走廊

2017年5月14日,"一带一路"国际合作高峰论坛在北京开幕,国家主席习近平出席开幕式并发表题为《携手推进"一带一路"建设》的主旨演讲,"我们已经确立'一带一路'建设六大经济走廊框架,要扎扎实实向前推进。要抓住新一轮能源结构调整和能源技术变革趋势,建设全球能源互联网,实现绿色低碳发展。要完善跨区域物流网建设。我们也要促进政策、规则、标准三位一体的联通,为互联互通提供机制保障"。

其中,中蒙俄、新亚欧大陆桥、中国-中亚-西亚、中国-中南半岛、中巴、孟中印缅六大国际经济合作走廊作为"一带一路"倡议的支柱、"一带一路"倡议的主要内容和骨架,将沿线60多个发展中国家列为中国对外交往的优先对象,将"一带一路"倡议构想落到了实处。下文对"一带一路"六大经济走廊的进展进行梳理。

一 中蒙俄经济走廊

中蒙俄经济走廊分为两条线路:一是从华北京津冀到呼和浩特,再到蒙古和俄罗斯;二是东北地区从大连、沈阳、长春、哈尔滨到满洲里和俄罗斯的赤塔。两条线路互动互补形成一个新的开放开发经济带。建设中蒙俄经济走廊的关键,是把丝绸之路经济带同俄罗斯跨欧亚大铁路、蒙古国"草原之路"倡议进行对接;加强铁路、公路等互联互通建设,推进通关和运输便利化,促进过境运输合作,研究三方跨境输电网建设,开展旅游、智库、媒体、环保、减灾救灾等领域的务实合作。

（一）相关协议

2014年9月11日，中国国家主席习近平在出席中国、俄罗斯、蒙古三国元首会晤时提出，将"丝绸之路经济带"同俄罗斯"跨欧亚大铁路"、蒙古国"草原之路"倡议进行对接，打造中蒙俄经济走廊。

2015年7月9日，习近平在乌法同俄罗斯总统普京、蒙古国总统额勒贝格道尔吉举行中俄蒙元首第二次会晤，批准了《中华人民共和国、俄罗斯联邦、蒙古国发展三方合作中期路线图》。其间，根据三国元首首次会晤达成的共识，三国有关部门分别签署了《关于编制建设中蒙俄经济走廊规划纲要的谅解备忘录》《关于创建便利条件促进中俄蒙三国贸易发展的合作框架协定》《关于中俄蒙边境口岸发展领域合作的框架协定》，明确了三方联合编制《建设中蒙俄经济走廊规划纲要》的总体框架和主要内容。

2016年6月23日，国家主席习近平在塔什干同俄罗斯总统普京、蒙古国总统额勒贝格道尔吉举行中俄蒙元首第三次会晤。会晤后，三国元首见证了《建设中蒙俄经济走廊规划纲要》和《中华人民共和国海关总署、蒙古国海关与税务总局和俄罗斯联邦海关署关于特定商品海关监管结果互认的协定》等合作文件的签署。9月13日，国家发展改革委公布《建设中蒙俄经济走廊规划纲要》，标志着"一带一路"框架下的第一个多边合作规划纲要正式启动实施。

2018年6月9日，国家主席习近平同俄罗斯总统普京、蒙古国总统巴特图勒嘎在青岛举行中俄蒙三国元首第四次会晤。习近平主持会晤。三国元首全面总结三方合作进展和成果，共同规划下一阶段优先任务和方向。下阶段，要以推动重点合作事项为龙头，带动全面合作，围绕落实《建设中蒙俄经济走廊规划纲要》，着力推动经济走廊建设，积极探讨基础设施互联互通等领域合作，推进三国毗邻地区次区域合作。要扩大在上海合作组织框架内的协调和配合，提升蒙方同上海合作组织关系水平，欢迎蒙方更加深入参与上海合作组织合作。

（二）主要投资领域

根据《建设中蒙俄经济走廊规划纲要》，中蒙俄三国的合作领域包括交通基础设施发展及互联互通、口岸建设和海关、产能与投资合作、经贸合作、人文交流合作、生态环保合作、地方及边境地区合作共七大方面。

(三)项目建设情况

1. 中蒙二连浩特-扎门乌德经济合作区

中蒙二连浩特-扎门乌德经济合作区位于中蒙国界两侧的毗邻接壤区域,紧邻二连浩特、扎门乌德边境口岸,规划总占地面积18.03平方公里,其中中方区域9.03平方公里、蒙方区域9平方公里。通过"两国一区、境内关外、封闭运行"模式,打造集国际贸易、物流仓储、进出口加工、电子商务、旅游娱乐及金融服务等功能于一体的综合开放平台。跨境经济合作区将主要发展加工制造、商贸物流和现代服务业,通过吸引人流、物流、资金流、技术流向合作区聚集,建设面向中国、蒙古、俄罗斯及国际市场的商品加工生产基地,实行开放的贸易和投资政策。

中方一侧基础设施项目于2016年9月19日开工建设。项目总投资9亿元,主要实施"三横四纵"主干道20公里、"两横三纵"次干道13.5公里以及综合管廊、给排水、供热、电力、通信等基础设施建设,建设年限为2016~2018年。

2. 满洲里综合保税区

2015年3月23日,国务院正式批复设立满洲里综合保税区,[①]成为内蒙古自治区首个综合保税区。满洲里综合保税区规划建设面积1.44平方公里,地处满洲里市公路、铁路和航空三大口岸的中心交汇处,地理位置极为优越,总投资4.6亿元。建成运营后,以现代物流、保税仓储、国际贸易和保税加工四大产业为重点,逐渐发展成为内蒙古自治区乃至全国重要的生产服务基地、国际物流集散地、大宗商品交易地、制造业加工出口基地和国际展览展示中心,成为服务全国、面向俄蒙、辐射东北亚的重要载体和平台。

[①] 综合保税区是设立在内陆地区的具有保税港区功能的海关特殊监管区域,由海关参照有关规定对综合保税区进行管理,执行保税港区的税收和外汇政策,集保税区、出口加工区、保税物流区、港区的功能于一体,可以发展国际中转、配送、采购、转口贸易和出口加工等业务。

2016年12月20日，满洲里综合保税区正式实现封关运营。

3. 策克口岸跨境铁路

2016年5月26日，策克口岸跨境铁路通道项目正式开工建设。该条铁路建设采用中国标准轨距（1435mm），是中国实施"一带一路"倡议后，通往境外的第一条标轨铁路。策克口岸铁路标志着中蒙两国政治互信达到了新的高度，也为不久的将来策克口岸贸易量大幅度提升奠定了坚实的基础。

策克口岸跨境铁路通道项目建成后，将与国内的京新铁路、临策铁路、嘉策铁路及拟建的额酒铁路相连，构成南联北开、东西贯通的能源输送网。向东通过乌里亚斯太与北京至莫斯科铁路相连，再往北经斯特口岸与中西伯利亚欧洲铁路相连，最终经鹿特丹港入海，成为中蒙俄经济走廊的西翼和第四条欧亚大陆桥，为中国充分利用境外资源提供有力保障。届时，策克公路、铁路两个口岸年过货量将突破3000万吨，策克口岸将成为中国第一大陆路口岸和蒙古国最大口岸。

4. 中蒙"两山"铁路

中蒙"两山"铁路是连接中国内蒙古阿尔山市至蒙古国东方省乔巴山市的国际铁路，建成后将形成珲春-长春-乌兰浩特-阿尔山-乔巴山市-俄罗斯赤塔，最后与俄罗斯远东铁路相连的一条新欧亚大陆路桥。根据初步计划，"两山"铁路全长476公里，预计总投资142亿元，含20个站场，8万平方米厂房、桥梁25座、涵洞445米。铁路按照国际一级标准建设，年均货流密度为1500万吨至2500万吨、年收益率为8.1%，投资回收期为14.8年，从勘探、设计，再到施工，大约需要3年完成。2016年11月，"两山"铁路的后方通道白阿铁路、长白铁路如期转线贯通。

5. 莫斯科-喀山高铁项目

作为中俄共建的"俄罗斯（莫斯科）-中国（北京）"欧亚高速运输走廊的重要组成部分，截至2016年11月莫斯科-喀山高铁项目已基本完成勘察设计工作。2015年6月，俄罗斯企业与中国中铁二院组成的联合体，中标莫斯科-喀山高铁项目，项目造价约为1万亿卢布（约合1084亿元人民币）。莫喀高铁线路全长770公里，穿越俄罗斯的7个地区，全程计划设立15个车站。铁路最高设计时速400km/h，轨距为1520毫米，预计建成后莫斯科至喀山将只需3个半小时。项目规划在2018年第四季度开工。未来线路还将继续向东，经过叶卡捷琳堡、哈萨克斯坦首都阿斯塔纳至中国境内的乌鲁木齐，并最终融入中国"八纵八横"高速铁路网络。中俄高铁合作与习近平主席倡导的丝绸之路经济带建设和普京总统倡导的欧亚经济联盟建设相契合。

6. 乌力吉公路口岸建设项目

乌力吉口岸位于阿拉善左旗西北部，处于中蒙交接的中心节点，对内辐射西北、华北、华中等地区，并与欧亚大陆桥连通；对外辐射蒙古国巴音洪格尔、南戈壁、前杭盖、后杭盖和戈壁阿尔泰等五个省。优越的地理位置和得天独厚的区位优势，使乌力吉口岸将成为中国连通欧亚大陆桥，连接长江经济带，打通中国、蒙古、俄罗斯之间最便捷的陆路大通道，也是三大欧亚大陆桥和"一带一路"的重要枢纽节点、实现"北开南联""西进东出"[①]的重要枢纽。2021年10月22日，口岸实现首次临时开放通关过货。2021年、2022年、2023年乌力吉口岸连续3年实现临时开放通关过货，共计向蒙方出口援建物资738吨，出入境148人次。[②]

阿左旗计划在2016~2018年实施14项乌力吉口岸建设项目，总投资约14.9亿元。其中，2016年启动乌力吉口岸联检楼建设工程、乌力吉大道建设工程、生活区市政道路建设工程、监管区市政道路建设工程、智能化信息平台、通关查验设施6个项目，总投资约5.66亿元。

二 新亚欧大陆桥经济走廊

新亚欧大陆桥又名"第二亚欧大陆桥"，是从江苏省连云港市到荷兰鹿特丹港的国际化铁路交通干线，国内由陇海铁路和兰新铁路组成。大陆桥途

---

① 乌力吉口岸的开放，得益于其优越的地理区位。它是"东出华北、南接川渝、西连中亚、北通俄蒙"的国际物流通道，对内可辐射环渤海经济圈、珠三角经济圈，向南可辐射西三角经济圈，对外可辐射蒙古国、俄罗斯。

② 《乌力吉口岸》，http://www.alszq.gov.cn/col/col2168/index.html，2024年1月3日。

经江苏、安徽、河南、陕西、甘肃、青海、新疆7个省区，到中哈边界的阿拉山口出国境。出国境后可经3条线路抵达荷兰的鹿特丹港。中线与俄罗斯铁路友谊站接轨，进入俄罗斯铁路网，途经斯摩棱斯克、布列斯特、华沙、柏林达荷兰的鹿特丹港，全长10900公里，辐射世界30多个国家和地区。

（一）项目概况及相关协议

1992年12月1日，横贯亚欧两大洲的铁路大通道——新亚欧大陆桥开通运营。如今，新亚欧大陆桥东桥头堡起点的连云港已经开通了至阿拉山口、喀什、霍尔果斯、阿拉木图等集装箱进、出境多条通道，极大地促进了新亚欧大陆桥运输畅通。"一带一路"背景下，通过在沿桥地带实行沿海地区的开放政策，根据需要可继续设立各种开发区和保税区；试办资源型开发区；按照高起点和国际接轨的要求，建立资源和资源加工型新型企业；促进沿线地区工业化和城市化；利用外资，试办中国西部农业合作开发区，营造亚欧农产品批发交易中心；根据交通枢纽、资源状况、地理位置，以中心城市为依托，在沿桥地区建立若干个经济发展区，如以日照为中心的国际经济贸易合作区等，新亚欧大陆桥经济走廊必定将发挥更大的作用。

（二）项目建设情况

1. 中欧班列陆续开通

中欧班列是指按照固定的车次、线路、班期和全程运行时刻开行，往来于中国与欧洲以及"一带一路"沿线各国的集装箱国际线路联运班列。中欧班列具有安全快捷、绿色环保、受自然环境影响小等综合优势，已成为国际物流中陆路运输的重要方式，为服务中国对外经贸发展，贯通中欧陆路贸易通道，实现中欧间的道路联通、物流畅通，推进国家"一带一路"建设提供了运力保障。

2016年6月8日，中国铁路决定正式启用中欧班列统一品牌。统一品牌中欧班列当日分别从重庆、成都、郑州、武汉、长沙、苏州、东莞、义乌等八地始发。之后，中国开往欧洲的所有中欧班列将全部采用这一品牌。2016年6月20日，习近平主席访问波兰期间举行了统一品牌中欧班列首达欧洲（波兰）仪式。

2018年以来，中欧班列年开行数量均突破《中欧班列建设发展规划（2016—2020年）》中确定的年开行5000列的目标，开行数量和质量持续稳步提升，开行范围已拓展到欧洲21个国家。[1]

2. 中哈（连云港）物流合作基地

2013年9月7日，国家主席习近平在哈萨克斯坦纳扎尔巴耶夫大学发表重要演讲，提出用创新的合作模式共同建设"丝绸之路经济带"的倡议构想。会后，在中哈两国元首的共同见证下，连云港市政府与哈萨克斯坦国有铁路股份有限公司签署了中哈国际物流合作项目协议，此项目成为丝绸之路经济带和海上丝绸之路"一带一路"建设的首个实体平台，项目总投资超过30亿元，其中一期工程规划建设集装箱堆场22万平方米，拆装箱库2.3万平方米；堆场铁路专用线3.8公里，日均装卸能力10.2列，年最大装卸能力41万标箱，主要经营国际多式联运、集装箱托运、仓储等国际货物运输业务。2014年5月19日，中哈（连云港）物流合作基地项目一期工程在连云港港庙岭作业区正式启用投产。

截至2022年6月，中哈（连云港）物流合作基地已常态化开行6条精品线路，从中亚五国逐步拓展到土耳其、德国、俄罗斯等国家，覆盖了104个国际货运站点。[2]

3. 中哈霍尔果斯国际边境合作中心项目

中哈霍尔果斯国际边境合作中心是由中国与哈萨克斯坦共同承建的经贸合作项目，是中国与其他国家建立的首个国际边境合作中心，是上海合作组织框架下国家间经贸往来的示范区，是霍尔果斯打造"丝绸之路经济带"的强大引擎。合作中心总面积5.28平方公里，其中中方区域3.43平方公里，哈方区域1.85平方公里，于2006年开工建设，2012年4月封关试运营。中方区域总投资234.5亿元，涉及商品展示、餐饮娱乐、商业设施、金融服务等领域

---

[1] 《中欧班列运输》，http：//www.china-railway.com.cn/gjhz/zoblys/201812/t20181217_91349.html，2018年12月17日。

[2] 《中哈（连云港）物流合作基地5年来累计开行中欧班列超过3500列》，http：//www.customs.gov.cn/nanjing_customs/589276/589278/4443664/index.html，2022年6月25日。

的 22 个重点项目。哈方区于 2015 年 4 月开建，规划建设了仓储物流、旅游购物、休闲娱乐、酒店式公寓、民俗村、国际哈中大学等 107 个项目。

三 中国-中亚-西亚经济走廊

中国-中亚-西亚经济走廊东起中国，向西经中亚至阿拉伯半岛，是丝绸之路经济带的重要组成部分。该条经济走廊由新疆出发，抵达波斯湾、地中海沿岸和阿拉伯半岛，主要涉及中亚五国（哈萨克斯坦、吉尔吉斯斯坦、塔吉克斯坦、乌兹别克斯坦、土库曼斯坦）、伊朗、土耳其等国。

（一）政策对接

从中国与中亚国家的政策沟通来看，依托常态化的高层互访和政府间合作机制，中国积极推进丝绸之路经济带倡议同哈萨克斯坦"光明之路"等发展规划之间的全面对接，同哈萨克斯坦、塔吉克斯坦、吉尔吉斯斯坦、乌兹别克斯坦等国家签署了与共建丝绸之路经济带相关的双边合作协议，这为中国同中亚国家加强务实合作创造了良好的政策条件。

从中国与西亚国家的政策沟通来看，2013 年以来中国同西亚国家高层互访频繁，加强了中国同西亚国家之间的政策协调。2014 年 6 月 5 日，中国-阿拉伯国家合作论坛第六届部长级会议在北京召开。习近平在会议开幕式上发表重要讲话，倡导构建中阿"1+2+3"合作格局，即以能源合作为主轴，以基础设施建设、贸易和投资便利化为两翼，以核能、航天卫星、新能源三大高新领域为新的突破口，全面加强中国同阿拉伯国家之间的合作，这为中阿关系发展和丝绸之路经济带建设创造了良好条件。2016 年 5 月 12 日，中国-阿拉伯国家合作论坛第七届部长级会议在卡塔尔多哈开幕，深入探讨"共建'一带一路'、深化中阿战略合作"这一重要议题，全面规划未来两年中阿集体合作的重点领域和合作项目。2018 年 7 月 10 日中国-阿拉伯国家合作论坛第八届部长级会议在北京举行。该届部长会将就进一步巩固中阿传统友好，推进"一带一路"建设，共同推动建设新型国际关系和构建人类命运共同体，以及加强中阿合作论坛机制建设和其他双方共同关心的国际、地区问题进行全面、深入的讨论。中国-阿拉伯国家合作论坛第九届部长级会议于2020年7月6日通过视频连线方式召开，会议除发表《中国和阿拉伯国家团结抗击新冠肺炎疫情联合声明》外，还通过了《中国-阿拉伯国家合作论坛第九届部长级会议安曼宣言》和《中国-阿拉伯国家合作论坛2020年至2022年行动执行计划》。[①]

（二）项目建设情况

1. 中国-中亚天然气管道

中国-中亚天然气管道起于阿姆河右岸的土库曼斯坦和乌兹别克斯坦边境，经乌兹别克斯坦中部和哈萨克斯坦南部，从霍尔果斯进入中国，成为"西气东输二线"。管道全长约1万公里，其中土库曼斯坦境内长188公里，乌兹别克斯坦境内长530公里，哈萨克斯坦境内长1300公里，其余约8000公里位于中国境内。

表1 中国-中亚天然气管道建设情况

名称	起始国家	管道长度（公里）	年输气量（亿立方米）	通气时间
A线	土库曼斯坦	1833	300	2009年12月
B线	乌兹别克斯坦	1833	300	2010年10月
C线	乌兹别克斯坦	1840	250	2014年5月
D线	土库曼斯坦	1000	300	未完工

中国-中亚天然气D线管道以土库曼斯坦复兴气田为气源，途经乌兹别克斯坦、塔吉克斯坦、吉尔吉斯斯坦进入中国，止于新疆乌恰的末站。全长1000公里，其中境外段840公里，设计年输气量300亿立方米，投资总额约67亿美元。预计中亚天然气管道D线将于2020年底全线完工，从而使中国-中亚天然气管道的整体输气能力达到850亿立方米。按照2020年中国天然气消费将达到4000亿~4200亿立方米来计算，可满足国内超过20%的天然气

[①] 《中阿合作论坛第九届部长级会议通过的〈安曼宣言〉和〈行动执行计划〉》，http://www.chinaarabcf.org/chn/ltjz/bzjhy_1/djjbzjhy/202007/t20200707_6910788.htm，2020年7月7日。

需求。

中亚天然气管道自2009年12月投产至2022年6月，单日最高输量超1.6亿立方米，输送的4000亿标方天然气折合可替代煤炭5.32亿吨。[①]

2. 卡姆奇克隧道项目

卡姆奇克隧道是乌兹别克斯坦"安格连-帕普"铁路建设的重点和难点工程。隧道全长19.2公里，位于乌兹别克斯坦纳曼干州巴比斯科地区，穿越库拉米山、库伊尼德及萨尼萨拉克萨伊河等复杂地质环境，是全长169公里的"安格连-帕普"电气化铁路的"咽喉"。该项目金额14.6亿美元，由中铁隧道集团有限公司承建。

"安格连-帕普"铁路隧道是目前中国企业在乌兹别克斯坦承建的最大工程，是共建"一带一路"互联互通合作的示范性项目。2013年9月5日正式开工，2016年2月25日实现全隧贯通，比原计划提前了近100天。2016年6月22日，"安格连-帕普"铁路隧道正式通车。

3. 安格连火电厂项目

乌兹别克斯坦安格连电厂工程位于塔什干市东偏南130公里，建设一台150兆瓦燃煤火力发电机组。该工程是中国在乌兹别克斯坦的第一个火电厂施工项目，哈电国际与乌兹别克斯坦火电公司于2012年9月26日签订的火力发电施工项目。安格连项目合同于2013年12月31日起正式生效，厂址位于乌兹别克斯坦的安格连市南郊老安格连市火力发电厂内，合同工期36个月，质保期2年。2016年8月21日，哈电国际承建的中乌"一带一路"标志性工程——安格连150兆瓦燃煤火电厂施工项目成功并网发电。[②]

4. 安伊高铁二期项目

安卡拉-伊斯坦布尔高铁全长533公里。2006年，由中国铁道建筑总公司和中国机械进出口总公司组成的联合体击败欧美多家公司，成功中标安伊

---

① 《中亚天然气管道累计向我国输气超4000亿方》，http：//www.news.cn/fortune/2022-06/16/c_1128747180.htm，2022年6月16日。
② 《中国能建承建的乌兹别克斯坦安格连电厂并网发电》，http：//www.sasac.gov.cn/n2588025/n2588124/c3827932/content.html，2016年8月31日。

高铁二期项目。项目覆盖路段全长 158 公里，设计时速 250 公里，合同金额 12.7 亿美元。2014 年 7 月 25 日正式举行开通仪式。安伊高铁是中国与土耳其建交 40 年来最大的工程合作项目，也是中国企业在北约国家拿下的第一单高铁项目。截至 2016 年，安伊高铁项目已安全商业运营两年，并于 8 月 10 日完全移交给土耳其铁路总局。

5. "瓦赫达特-亚湾"铁路项目

瓦亚铁路是中国铁建首次在塔吉克斯坦承揽的工程项目，也是中国铁路施工企业首次进入中亚铁路市场。瓦亚铁路全长 48.65 公里，总投资 7200 万美元。2015 年 5 月 15 日开工建设，主要工程量包括隧道 3 座、桥梁 5 座。2016 年 3 月 7 日，"瓦赫达特-亚湾"铁路项目一号隧道顺利贯通。1 号隧道全长 2 公里，是该项目三条隧道任务中最长的一条，也是最后贯通的一条。2016 年 8 月 24 日，塔吉克斯坦瓦赫达特-亚湾铁路（以下简称"瓦亚铁路"）正式建成通车。

6. 杜尚别 2 号热电厂

塔吉克斯坦能源部与中国新疆特变电工股份有限公司（以下简称"特变电工"）签订了建设杜尚别 2 号热电厂的合同，并于 2012 年 10 月正式动工。2014 年 9 月 13 日杜尚别 2 号热电厂一期工程竣工并网发电供热。随后，杜尚别 2 号热电厂二期开工。塔吉克斯坦杜尚别二期 2×150MW 电厂是塔吉克斯坦重点建设项目，也是"一带一路"重点建设项目之一。电厂主体工程建设始于 2015 年 6 月 10 日吊装第一根锅炉钢架，至 2016 年 11 月 13 日顺利完成两台机组 72 小时满负荷试运行，标志着由中国电建集团所属湖北工程公司承建的塔吉克斯坦杜尚别二期项目 2 号热电厂竣工，比主合同工期提前 6 个月完成，创造了海外火力发电厂项目建设新速度。二期工程完成后，全年总发电量将达 22 亿度，可解决整个塔吉克斯坦电力缺口的 60%，同时提供 430 万平方米采暖面积，覆盖杜尚别 70%的供热面积。[1] 该工程将

---

[1]《中企助力塔吉克斯坦建设电力"生命线"》，http://www.scio.gov.cn/ztk/wh/slxy/31200/Document/1486434/1486434.htm，2016 年 8 月 10 日。

为杜尚别地区四季供电和冬季供暖提供可靠保障，是塔吉克斯坦发展经济、改善民生的重要工程。

四　中国-中南半岛经济走廊

中国-中南半岛经济走廊以中国广西南宁和云南昆明为起点，以新加坡为终点，纵贯中南半岛的越南、老挝、柬埔寨、泰国、缅甸、马来西亚等国家，是中国连接中南半岛的大陆桥，也是中国与东盟合作的跨国经济走廊。

（一）项目进展及相关协议

2014年12月20日，中国国务院总理李克强出席在曼谷举行的大湄公河次区域经济合作第五次领导人会议并发言。李克强着眼于次区域经济合作方向和重点，就发掘新的增长动力和合作模式，深化中国同中南半岛五国关系提出了三点建议：共同规划建设全方位交通运输网络和产业合作项目、打造融资合作的新模式、促进经济社会可持续和协调发展。

2016年5月26日，第九届泛北部湾经济合作论坛暨中国-中南半岛经济走廊发展论坛在广西南宁举行，会议发布《中国-中南半岛经济走廊建设倡议书》，中国-中南半岛跨境电商结算平台、中国-东盟（钦州）华为云计算及大数据中心、龙邦茶岭跨境经济合作区试点建设项目、南海国际邮轮母港及航线建设工程、缅甸中国（金山都）农业示范区等9个项目签约，总投资额达784亿元人民币。

2018年5月24日，以"打造国际陆海贸易新通道，共建中国-东盟命运共同体"为主题的第十届泛北部湾经济合作论坛暨第二届中国-中南半岛经济走廊发展论坛在南宁举行。建设国际陆海贸易新通道是贯彻落实习近平主席关于南向通道系列重要讲话精神、推进中国-东盟"一带一路"国际合作的重要实践，是构建陆海内外联动、东西双向互济的开放格局的具体举措，是推动中国-东盟融合发展、打造命运共同体的有效载体。[①]

---

① 《第十届泛北部湾经济合作论坛暨第二届中国-中南半岛经济走廊发展论坛开幕》，http://www.gxzf.gov.cn/sytt/20180524-696061.shtml，2018年5月24日。

（二）项目建设情况

1. 雅万高铁建设项目

雅万高铁一期工程全长142公里，项目投资额51.35亿美元，连接印尼首都雅加达和第四大城市万隆，最高设计时速350公里，计划3年建成通车。雅加达到万隆的车程将由现在的3个多小时缩短至40分钟。2016年3月16日印尼交通部与中印尼合资公司签署项目特许经营协议，根据协议中印尼高铁合资公司获得的雅万高铁特许经营权将从2019年5月31日开始，为期50年；3月24日由中印尼企业联合体承建的印尼雅加达至万隆高铁项目5公里先导段实现全面开工。2016年8月，雅万高铁正式获得全线建设许可证。铁路预计将在2023年通车。

中国和印尼全面合作的印尼雅加达至万隆高铁作为印尼和东南亚地区的首条高铁，是中国高速铁路从技术标准、勘察设计、工程施工、装备制造、物资供应到运营管理、人才培训、沿线综合开发等全方位整体"走出去"的第一单，是国际上首个由政府搭台，两国企业合作建设、管理、运营的高铁项目，是对接中国提出的建设"21世纪海上丝绸之路"倡议和印尼"全球海洋支点"构想的重大成果，创造了中印尼务实合作的新纪录，树立了两国基础设施和产能领域合作的新标杆。

2. 中老铁路建设项目

中老铁路项目北起中国老挝边境磨憨-磨丁，南至老挝首都万象市，途经老挝孟塞、琅勃拉邦、万荣等主要城市，全长418公里，其中60%以上为桥梁和隧道。建设标准为国铁Ⅰ级、单线设计、电力牵引、客货混运，时速达160公里。中老铁路项目总投资约374亿元人民币，建设期5年。按照协议，中老双方按70∶30的股比合资进行建设。

2015年11月，中老两国政府正式签署《关于铁路基础设施合作开发和中老铁路项目的协定》，标志着中老铁路项目正式落地生效。2015年12月，中老铁路在老挝首都万象举行了奠基仪式。但由于资金、环境、沿线开发、偿还方式等多种因素，中老铁路一直未能如期建设。2016年9月，李克强在访问老挝期间与老挝政府总理通伦·西苏里发布了《中华人民共和国和老挝人民民主共和国联合公报》，落实中老铁路的修建问题。2016年12月25日，中老铁路项目全线开工仪式在老挝琅勃拉邦举行。2021年12月3日铁路正式通车。

中老铁路是泛亚铁路中通道的重要组成部分，对构建印度洋出口新通道，加强中国与老挝、泰国的经贸合作，促进中国与东盟自由贸易区建设，发挥中国铁路整体输出的示范和引领作用，带动沿线地区经济社会发展具有十分重要的意义。中老铁路项目也是老挝21世纪的重大事件，承载着老挝从内陆"陆锁国"到"陆联国"的转变之梦，将极大地带动当地的经济社会发展。老挝国家"八五"规划将中老铁路项目列为国家1号重点项目。

3. 磨憨-磨丁跨境经济合作区

2013年10月15日，在中国云南-老挝北部合作特别会议暨工作组第六次会议上，云南省人民政府与老挝中央特区管理委员会正式签署《加快中国磨憨—老挝磨丁经济合作区建设合作备忘录》；2014年6月6日第二届南博会期间，中老两国签署《关于建设磨憨-磨丁经济合作区的谅解备忘录》，标志着磨憨-磨丁经济合作区正式被纳入中老两国国家层面项目并开启推动；2016年11月28日至12月1日老挝政府总理通伦·西苏里访华期间，中老两国签署了《中国老挝磨憨-磨丁经济合作区共同发展总体规划（纲要）》。经合区占地21.23平方公里。2016年7月，连接中国磨憨口岸与老挝磨丁口岸的货运专用通道正式开工建设，标志着中老跨境经济合作区建设又跨出了实质性的一步。货运通道分为国内段和老挝段，国内段长800米，老挝段长1654.461米，总投资近5000万元。其中老挝段先启动建设489.52米的一段，概算总投资为1300万元，由中国云南省政府援建。

2018年5月14日，中国老挝磨憨-磨丁经济合作区联合协调理事会第一次会议在云南省昆明市召开，此次会议上，双方一致表示，将在理事会机制下，共同推进合作区建设，便利贸易投资和人员往来，推动两国产业合作，造福两国边境地区和人民。①

---

① 《中国老挝磨憨-磨丁经济合作区联合协调理事会第一次会议在昆明召开》，http://www.mofcom.gov.cn/article/ae/ai/201805/20180502743335.shtml，2018年5月。

五　中巴经济走廊

中巴经济走廊（CPEC）的初衷是加强中巴之间交通、能源、海洋等领域的交流与合作，加强两国互联互通，促进两国共同发展。该条经济走廊起点位于新疆喀什，终点在巴基斯坦瓜达尔港，全长3000公里，北接"丝绸之路经济带"、南连"21世纪海上丝绸之路"、贯通南北丝路关键枢纽，是一条包括公路、铁路、油气和光缆通道在内的贸易走廊。中巴经济走廊被称为"一带一路"的"旗舰项目"，外交部长王毅曾表示："如果说'一带一路'是一首惠及多个国家的交响乐的话，那么中巴经济走廊就是这首交响乐甜蜜的开场曲。"

（一）项目进程及相关协议

2015年4月，中巴两国政府初步制定了修建新疆喀什市到巴方西南港口瓜达尔港的公路、铁路、油气管道及光缆覆盖"四位一体"通道的远景规划。中巴两国将在沿线建设交通运输和电力设施，预计总工程费将达到450亿美元，于2030年完工。4月20日，习近平主席和纳瓦兹·谢里夫总理举行了中巴经济走廊五大项目破土动工仪式，并签订了中巴51项合作协议和备忘录，包括《中华人民共和国国家铁路局与巴基斯坦伊斯兰共和国铁道部关于开展1号铁路干线（ML1）升级和哈维连陆港建设联合可行性研究的框架协议》、《拉合尔轨道交通橙线项目商业合同》，以及喀喇昆仑公路（KKH）升级工程第二期（赫韦利扬至塔科特）、卡拉奇至拉合尔高速公路（KLM）、瓜达尔港东湾高速公路以及瓜达尔国际机场项目的谅解备忘录等。

（二）主要项目建设情况

1. 卡西姆港燃煤电站项目

卡西姆港燃煤电站（以下简称"卡西姆火电站"）位于卡拉奇东南部市郊的沿海地区，是首个开工的中巴经济走廊框架下能源项目。该燃煤电站建成后预计可以填补巴全国电力约20%的缺口，在很大程度上缓解巴基斯坦电力供应紧张问题。

卡西姆火电站由中国电建旗下的中国电建集团海外投资有限公司和卡塔

尔王室控股的 AMC 公司共同投资开发，电站总投资约 20.85 亿美元，75% 的资金由中国进出口银行提供贷款。电站设计安装两台 66 万千瓦超临界机组，总装机容量为 132 万千瓦，年均发电量约 90 亿千瓦时。2017 年 11 月正式投产发电，是巴基斯坦装机容量最大、负荷最高、电价最低和发电量最多的环保电站之一。

2. 萨希瓦尔燃煤电站项目

巴基斯坦萨希瓦尔燃煤电站，位于巴基斯坦旁遮普省萨希瓦尔市，规划建设 2 台 66 万千瓦超临界燃煤发电机组，由华能山东发电有限公司承建。2015 年 7 月 31 日，巴基斯坦萨希瓦尔燃煤电站举行主厂房第一方混凝土浇筑仪式，标志着萨希瓦尔燃煤电站建设全面启动。电站的年发电量预计约 90 亿千瓦时，将极大地缓解巴基斯坦严重缺电的局面并有效推动中巴经济走廊建设。2018 年 8 月 17 日，由中国电建以 F（融资）+EPC 模式总承包建设的华能山东如意巴基斯坦萨希瓦尔 2×660MW 燃煤电站项目（以下简称"萨希瓦尔项目"），顺利通过竣工验收委员会专家组的验收检查。至此，华能萨希瓦尔项目建设实现全面竣工。[1]

3. 喀喇昆仑公路二期（赫韦利扬-塔科特）

喀喇昆仑公路是目前中国和巴基斯坦唯一的陆路交通通道。项目二期在对原有公路进行提升改造的基础上，逐渐将喀喇昆仑公路延伸至巴基斯坦腹地。喀喇昆仑公路升级改造二期项目于 2015 年 12 月签订商务合同，项目金额为 1339.8 亿卢比（约合 13.15 亿美元），由中国交通建设股份有限公司子公司中国路桥工程有限责任公司负责项目建设。

2020 年 7 月 28 日，巴基斯坦喀喇昆仑公路二期（赫韦利扬-塔科特）项目二级公路段（曼塞赫拉-塔科特）通车，标志着该项目全线贯通。喀喇昆仑公路二期项目高速公路段（赫韦利扬-曼塞赫拉）为双向四车道标准，长约 39 公里，已于 2019 年 11 月 18 日正式通车。该项目是中巴经济走廊的

---

[1] 《中国电建 EPC 总承包巴基斯坦萨希瓦尔燃煤电站项目全面竣工》，http://coal.in-en.com/html/coal-2552355.shtml，2018 年 8 月 20 日。

旗舰工程，为巴基斯坦经济发展和中巴经贸合作起到积极推动作用，对加强巴基斯坦与邻国及中亚等国家的国际贸易关系也将发挥重要作用。[①]

4. 卡拉奇-拉合尔高速公路（苏库尔-木尔坦）

卡拉奇-拉合尔高速公路（苏库尔-木尔坦）是连接巴基斯坦南北的经济大动脉。2015年4月中国领导人访巴期间，两国签署了该项目的政府间框架协议。项目线路全长393千米，工期是3年，将建成双向6车道，设计时速为120公里。项目合同价值共计2943亿卢比（约合28.9亿美元），由中国进出口银行提供融资支持，承建方是中国建筑股份有限公司。

该条高速公路连接的卡拉奇和拉合尔分别是巴基斯坦第一和第二大城市，线路全长1152公里。作为中巴经济走廊框架下最大的交通基础设施项目，卡拉奇-拉合尔高速公路项目建成后将极大地改善巴基斯坦两大城市之间的交通状况，有力促进巴经济社会发展。与此同时，该条公路能将巴基斯坦南部瓜达尔港经卡拉奇同中国西部城市喀什相连，有助于巴基斯坦同中国、伊朗、阿富汗、中亚国家等的互联互通。

2020年12月16日，巴基斯坦PKM高速公路（白沙瓦至卡拉奇高速公路）项目（苏库尔-木尔坦）正式移交通车。

5. 瓜达尔港建设与运营项目

瓜达尔港被称为中巴经济走廊的旗舰项目，总投资额为16.2亿美元，包括修建瓜达尔港东部连接港口和海岸线的高速公路、瓜达尔港防波堤建设、锚地疏浚工程、自贸区基建建设、新瓜达尔国际机场等9个早期收获项目，预期在3~5年内完成。中国拥有该港40年的运营权。中国海外港口控股有限公司在2013年2月从新加坡国际港务集团的手中接过瓜达尔港。2015年5月，瓜达尔港首次进行了货物出口。与瓜达尔港一并移交中国企业的还有总面积923公顷的瓜达尔自由区，中方首先开发的临近瓜达尔港区的25公顷土地，被称为自由区的"起步区"。

[①] 《巴基斯坦喀喇昆仑公路二期项目全线通车》，https://www.ccccltd.cn/news/jcxw/jx/202209/t20200804_196104.html，2020年8月4日。

2016年11月12日，中巴经济走廊首次完成陆路连通，由60辆货车组成的联合贸易车队经过15天行程，跨越3115公里，经过巴基斯坦西部联通起中国新疆的喀什市和巴基斯坦的瓜达尔港。广阔的南亚和中亚地区同中东、东南亚等印度洋沿岸地区，将通过中巴经济走廊历史性地联结在一起。2018年3月7日，中远海运集装箱运输有限公司开辟了巴基斯坦瓜达尔中东快航，正式挂靠瓜达尔港。①

6. 巴基斯坦1号铁路干线（ML1）升级与哈维连陆港建设项目

巴基斯坦1号铁路干线从卡拉奇向北经拉合尔、伊斯兰堡至白沙瓦，全长1726公里，是巴基斯坦最重要的南北铁路干线。哈维连站是巴基斯坦铁路网北端尽头，规划建设由此向北延伸经中巴边境口岸红其拉甫至喀什铁路，哈维连拟建陆港，主要办理集装箱业务。1号铁路干线升级和哈维连陆港建设，是中巴经济走廊远景规划联合合作委员会确定的中巴经济走廊交通基础设施领域优先推进项目。

该铁路升级项目初期投入约40亿美元，总投资达60亿美元，预计2年内完工。被分为5部分实施，分别是木尔坦至拉合尔段升级、木尔坦至海德拉巴段升级、海德拉巴至卡拉奇段升级、哈维连陆港建设和专业人员培训。

7. 卡洛特水电站

卡洛特水电站位于巴基斯坦北部印度河支流吉拉姆河流域，是吉拉姆河梯级水电开发的第四级，装机容量72万千瓦，是巴基斯坦第五大水电站。该项目总投资约16.5亿美元，采用BOOT方式投资建设。丝路基金与中国进出口银行、中国发展银行一起将向负责建设项目的三峡南亚子公司卡洛特水电公司提供贷款。

卡洛特水电站是"一带一路"首个水电大型投资建设项目，也是"中巴经济走廊"首个水电投资项目，由三峡集团投资，长江委设计院设计，中国电建水电七局承建。2016年1月10日，巴基斯坦卡洛特水电站主体工

---

① 《瓜达尔港——中巴经济走廊的璀璨明珠》，http://www.chinatradenews.com.cn/shangmao/201808/26/c34017.html，2018年8月26日。

程奠基仪式,在距离巴基斯坦首都伊斯兰堡 55 公里的吉拉姆河畔举行,标志着"中巴经济走廊"首个水电投资项目主体工程全面开工建设,卡洛特水电站是中国企业在海外投资在建的最大绿色水电项目。2021 年 11 月 20 日,三峡集团巴基斯坦卡洛特水电站实现下闸蓄水。

8. 拉合尔轨道交通橙线项目

巴基斯坦拉合尔轨道交通橙线项目是"一带一路"框架下中巴经济走廊首个正式启动的交通基础设施项目。项目位于巴基斯坦第二大城市拉合尔市,是巴基斯坦第一条城轨项目,线路全长 25.58 公里,全线设置车站 26 座,其中地下车站 6 座,高架车站 20 座,总投资 16.02 亿美元,采用中国技术标准,地铁车辆及机电系统全部采用中国设备。

2014 年 5 月亚信峰会期间,中巴双方就橙线项目签署了政府间合作框架协议。2015 年 4 月,在两国最高领导人见证下,中国铁路总公司(现中国国家铁路集团有限公司)和北方工业公司组成联营体作为总承包商与旁遮普省公共交通公司签订了橙线项目 EPC 合同。2016 年 6 月 EPC 合同开始执行,2020 年 5 月通过巴方业主竣工验收,2020 年 10 月举行开通运营仪式。[①]

9. 恰希玛核电项目

巴基斯坦恰希玛核电工程是中国自行设计、建造的第一座出口商用核电站,被中巴双方誉为"南南合作"的典范。其中,恰希玛 1 号、2 号 30 万千瓦压水堆核电机组已分别于 2000 年和 2011 年投入商业运行。3 号、4 号机组分别于 2011 年 3 月和 12 月正式开工,由中核集团中国中原对外工程有限公司负责总承包建设。

2020 年 9 月 23 日,巴基斯坦恰希玛核电站 4 号(C-4)机组通过巴基斯坦国家最终验收。

10. 卡拉奇核电项目

卡拉奇核电项目是巴基斯坦国内目前最大的核电项目,厂址位于阿拉伯

[①] 《巴基斯坦拉合尔轨道交通橙线项目》,http：//www.china-railway.com.cn/gjhz/jwxmjs/201812/t20181217_91360.html,2018 年 12 月 17 日。

海沿岸、巴基斯坦卡拉奇市附近，距巴基斯坦首都伊斯兰堡约 900 公里。卡拉奇核电项目总金额为 96 亿美元，中方贷款额为 65 亿美元，发电能力为 220 万千瓦。巴基斯坦卡拉奇 2 号、3 号机组由中核集团全资子公司中国中原对外工程有限公司承建，中核工程、中国核电、核动力院、中核华兴、中核五公司、中核咨询等单位参建。2015 年 8 月，中核集团具有完整自主知识产权的三代核电华龙一号巴基斯坦卡拉奇 K2 核电项目开工建设。2022 年 3 月，华龙一号全球第四台机组 K3 项目首次并网成功，为后续投入商业运行奠定了坚实的基础。至此，华龙一号海外 2 台机组全部并网发电，标志着进入 21 世纪以来中国核电走向世界实现了重大飞跃。

六　孟中印缅经济走廊

孟中印缅经济走廊建设倡议于 2013 年 5 月提出，得到印度、孟加拉国、缅甸三国的积极响应。该倡议对深化四国间友好合作关系、促进东亚与南亚两大区域的互联互通有重要意义。

（一）项目进展及相关协议

2013 年 12 月，孟中印缅经济走廊联合研究工作组第一次会议在昆明召开，各方签署了孟中印缅经济走廊联合研究计划，正式建立了四国政府推进孟中印缅合作的机制。2014 年 9 月，习近平主席在访问印度期间同莫迪总理会谈时提出中印双方要加快推进孟中印缅经济走廊建设，开展在"一带一路"框架内的合作。2014 年 12 月，在孟加拉国考斯巴萨举行了孟中印缅经济走廊联合研究工作组第二次会议，讨论并展望了经济走廊的前景、优先次序和发展方向。2017 年 4 月，孟中印缅经济走廊联合研究工作组第三次会议在印度加尔各答召开，四方代表就四国联合编制的研究报告进行了讨论。四国代表均认为，联合研究报告在互联互通、能源、投融资、货物与服务贸易及投资便利化、可持续发展与人文交流等重点领域的交流与合作达成了诸多共识。孟中印缅经济走廊不仅直接惠及四国，而且其辐射作用将有助于带动南亚、东南亚、东亚三大经济板块联合发展。

第 12 次孟中印缅地区合作论坛于 2015 年 2 月 10～11 日在缅甸仰光召

开。论坛的主题是"加强孟中印缅地区的合作",会议结束时发表的联合声明表示孟中印缅地区合作论坛应继续作为一个多轨平台发挥作用;承认保护环境可持续性需要共同框架;强调促进贸易和交通便利化改革的需要;同意考虑开发和利用水道;鼓励成员国商务和工业部门开展更多的交流;决定考虑孟中印缅旅游圈的概念;同意考虑建立一个新闻媒体联合报道计划（Joint Media Coverage Program）以提升本地区的全球知名度;同意于2016年在中国云南省召开第13次论坛讨论地区合作。但作为一项长期、复杂而艰巨的系统工程,孟中印缅经济走廊建设在推进实施中面临诸多风险与挑战,孟中印缅经济走廊建设进度滞后于预期。

2018年9月11日,中缅经济走廊联合委员会第一次会议于北京召开。双方就中缅经济走廊合作理念及原则、联委会工作机制、早期收获项目、合作规划,以及推进重大合作项目等问题进行了深入磋商,达成共识。双方同意成立发展规划、产能与投资、交通、能源、农业、边境经济合作区、数字丝绸之路、生态环境、旅游、金融、信息,以及地方合作等12个重点合作领域专项工作组。双方将依托联委会工作机制开展发展战略和规划对接,推动各领域务实合作。

（二）项目建设情况

1. 中缅油气管道建设

中缅油气管道项目由天然气管道和原油管道两个组成,天然气管道起点为缅甸皎漂,原油油管起于缅甸西海湾马德岛,从中国西南边陲瑞丽入境,接入保山后,借由澜沧江跨越工程连接大理,继而经由楚雄进入昆明。2010年6月,中石油与缅甸国家油气公司签署了一系列协议,明确中国将在缅甸境内建设并经营天然气与原油两条管道,经营期30年。中缅天然气管道干线全长2520公里,缅甸段793公里,国内段1727公里;原油管道全长771公里。天然气管道设计输量120亿立方米/年,原油管道缅甸段设计输量2200万吨/年。缅甸每年可下载天然气总输量的20%,以及下载200万吨原油。

2013年10月,中缅油气管道的天然气管道正式投产。2015年4月,中缅天然气管道在缅甸配套建设的皎漂、仁安羌、曼德勒、当达等4个天然气分输站全部投用。中缅油气管道的建成投运，拉动了包括云南省在内的西南地区的油气工业及基础设施建设，提振了西南地区经济实力。作为缅甸境内重要的能源基础设施，中缅油气管道对促进缅甸经济社会发展而言意义巨大。中缅油气管道每年将为缅甸带来税收、投资分红、路权费、过境费及社会经济援助资金等巨大的直接收益，并创造大量的就业机会。中缅油气管道作为一个多国合作的国际化商业项目，已发展成为中缅两国能源合作的重要平台，成为孟中印缅经济走廊和中国与东盟国家开展互联互通基础设施建设的先导项目。

2. 缅甸皎漂工业园与深水港项目

皎漂经济特区位于缅甸西部的若开邦，濒临孟加拉湾，处于连接非洲、欧洲和印度的干线上，是缅甸政府规划兴建的三个经济特区之一。特区内的皎漂港为世界级天然良港，中缅油气管道的起点就位于此。2015年12月30日，缅甸皎漂特别经济区项目评标及授标委员会（BEAC）宣布中信企业联合体中标皎漂经济特区工业园和深水港项目。深水港项目包含马德岛和延白岛两个港区，共10个泊位，计划分4期建设，总工期约20年。中缅双方代表于2018年11月8日在缅甸商务部签署了皎漂深水港项目框架协议。[①]

2020年1月，皎漂深水港项目正式签约。皎漂特区深水港和工业园项目（以下简称"皎漂项目"）是中缅两国共建"一带一路"和中缅经济走廊框架下的重点项目，对于促进缅甸经济发展和社会进步、深化中缅两国经贸合作和传统友谊具有重要意义。中缅双方将遵循"共商、共建、共享"原则，在开发过程中坚持贯彻 PEOPLE（社会人文）、PROSPERITY（经济繁荣）、PLANET（生态友好）的"3Ps"理念，通过开发皎漂特区帮助缅甸提升整体基础设施水平，促进当地经济可持续发展，为当地创造就业机会，为当地人民带来福祉。[②]

---

① 《中缅签署皎漂深水港项目框架协议》，http://www.dzwww.com/xinwen/guoneixinwen/201811/t20181108_18045703.htm，2018年11月8日。
② 《皎漂深水港项目正式签约 双方交换协议》，http://world.people.com.cn/n1/2020/0119/c1002-31555777.html，2020年1月19日。

3. 帕德玛大桥项目

作为象征中孟友谊的标志性项目，由中国企业承建的帕德玛大桥于2022年6月25日建成通车。帕德玛大桥全长9.8公里，跨越帕德玛河，连接孟加拉国首都达卡和孟南部21个地区，被孟加拉国人民称为"梦想之桥"。孟加拉国总理哈西娜说，帕德玛大桥每年可为孟加拉国国内生产总值增长贡献1.23个百分点，同时降低贫困率0.84个百分点。新的经济区和高科技园区将以帕德玛大桥为中心规划建设，将会吸引更多的国内外投资，国家的工业化进程也会因此提速。[①]

第二节 签署共建"一带一路"合作文件的国家

截至2023年8月，中国已经同152个国家[②]和32个国际组织签署200余份共建"一带一路"合作文件。

其中，非洲国家52个：苏丹、南非、塞内加尔、塞拉利昂、科特迪瓦、索马里、喀麦隆、南苏丹、塞舌尔、几内亚、加纳、赞比亚、莫桑比克、加蓬、纳米比亚、毛里塔尼亚、安哥拉、吉布提、埃塞俄比亚、肯尼亚、尼日利亚、乍得、刚果布、津巴布韦、阿尔及利亚、坦桑尼亚、布隆迪、佛得角、乌干达、冈比亚、多哥、卢旺达、摩洛哥、马达加斯加、突尼斯、利比亚、埃及、赤道几内亚、利比里亚、莱索托、科摩罗、贝宁、马里、尼日尔、刚果（金）、博茨瓦纳、中非、几内亚比绍、厄立特里亚、布基纳法索、圣多美和普林西比、马拉维。

亚洲国家41个：韩国、蒙古国、新加坡、东帝汶、马来西亚、缅甸、柬埔寨、越南、老挝、文莱、巴基斯坦、斯里兰卡、孟加拉国、尼泊尔、马尔代夫、阿联酋、科威特、土耳其、卡塔尔、阿曼、黎巴嫩、沙特阿拉伯、

[①] 《建设孟中印缅经济走廊》，http：//yn.news.cn/reporter/2023-01/31/c_1310693823.htm，2023年1月31日。

[②] 《已同中国签订共建"一带一路"合作文件的国家一览》，https：//www.yidaiyilu.gov.cn/xwzx/roll/77298.htm。

巴林、伊朗、伊拉克、阿富汗、阿塞拜疆、格鲁吉亚、亚美尼亚、哈萨克斯坦、吉尔吉斯斯坦、塔吉克斯坦、乌兹别克斯坦、土库曼斯坦、泰国、印度尼西亚、菲律宾、也门、叙利亚、巴勒斯坦、约旦。

欧洲国家 27 个：塞浦路斯、俄罗斯、奥地利、希腊、波兰、塞尔维亚、捷克、保加利亚、斯洛伐克、阿尔巴尼亚、克罗地亚、波黑、黑山、爱沙尼亚、立陶宛、斯洛文尼亚、匈牙利、北马其顿（原马其顿）、罗马尼亚、拉脱维亚、乌克兰、白俄罗斯、摩尔多瓦、马耳他、葡萄牙、意大利、卢森堡。

大洋洲国家 11 个：新西兰、巴布亚新几内亚、萨摩亚、纽埃、斐济、密克罗尼西亚联邦、库克群岛、汤加、瓦努阿图、所罗门群岛、基里巴斯。

南美洲国家 9 个：智利、圭亚那、玻利维亚、乌拉圭、委内瑞拉、苏里南、厄瓜多尔、秘鲁、阿根廷。

北美洲国家 12 个：哥斯达黎加、巴拿马、萨尔瓦多、多米尼加、特立尼达和多巴哥、安提瓜和巴布达、多米尼克、格林纳达、巴巴多斯、古巴、牙买加、尼加拉瓜。

第五章 "一带一路"建设新理念、组织与平台

第一节 "一带一路"建设的新理念

共建"一带一路"始终坚守开放的本色、绿色的底色、廉洁的亮色,坚持开放包容,推进绿色发展,以零容忍态度打击腐败,在高质量发展的道路上稳步前行。

"一带一路"是大家携手前行的阳光大道,不是某一方的私家小路,不排除也不针对任何一方,不打地缘博弈小算盘,不搞封闭排他"小圈子",也不搞基于意识形态标准划界的小团体,更不搞军事同盟。从亚欧大陆到非洲、美洲、大洋洲,无论什么样的政治体制、历史文化、宗教信仰、意识形态、发展阶段,只要有共同发展的意愿都可以参与其中。各方以开放包容为导向,坚决反对保护主义、单边主义、霸权主义,共同推进形成全方位、立体化、网络状的大联通格局,探索开创共赢、共担、共治的合作新模式,构建全球互联互通伙伴关系,建设和谐共存的大家庭。

共建"一带一路"顺应国际绿色低碳发展趋势,倡导尊重自然、顺应自然、保护自然,尊重各方追求绿色发展的权利,响应各方可持续发展需求,形成共建绿色"一带一路"共识。各方积极开展"一带一路"绿色发展政策对话,分享和展示绿色发展理念和成效,增进绿色发展共识和行动,深化绿色基建、绿色能源、绿色交通、绿色金融等领域的务实合作,努力建设资源节约、绿色低碳的丝绸之路,为保护生态环境、实现碳达峰和碳中和、应对气候变化作出重要贡献。中国充分发挥在可再生能源、节能环保、

清洁生产等领域优势，运用中国技术、产品、经验等，推动绿色"一带一路"合作蓬勃发展。

共建"一带一路"将廉洁作为行稳致远的内在要求和必要条件，始终坚持一切合作在阳光下运行。各方一道完善反腐败法治体系和机制，深化反腐败法律法规对接，务实推进国际反腐合作，坚决反对各类腐败和其他国际犯罪活动，持续打击商业贿赂行为，让资金、项目在廉洁中高效运转，让各项合作更好地落地开展，让"一带一路"成为风清气正的廉洁之路。2019年4月，中国与有关国家、国际组织以及工商学术界代表共同发起了《廉洁丝绸之路北京倡议》，呼吁各方携手共商、共建、共享廉洁丝绸之路。中国"走出去"企业坚持合规守法经营，既遵守中国的法律，也遵守所在国当地法律和国际规则，提升海外廉洁风险防范能力，加强项目监督管理和风险防控，打造良心工程、干净工程、精品工程；中央企业出台重点领域合规指南868件，制定岗位合规职责清单5000多项，中央企业、中央金融企业及分支机构制定和完善境外管理制度1.5万余项。2020年11月，60余家深度参与"一带一路"建设的中方企业共同发起《"一带一路"参与企业廉洁合规倡议》。

第二节 "一带一路"建设的推动组织

一 国际组织参与"一带一路"建设

国际组织是"一带一路"建设重要的利益相关方。作为中国推进"一带一路"和参与全球治理的重要平台，国际组织对"一带一路"建设的作用具有辐射性，主要为联合国（UN）、联合国亚太经社会（ESCAP）、世界卫生组织（WHO）、上海合作组织（SCO）、世界银行（WB）、亚太经合组织（APEC）、阿盟（LAS）等国际组织。

一些国际组织对"一带一路"倡议持积极态度，主要国际组织参与"一带一路"建设的进程和概况如下。

第五章 "一带一路"建设新理念、组织与平台

1. 联合国亚太经社会

一直以来,联合国亚太经社会对"一带一路"建设给予高度评价和积极关注。2015年亚太经社会提出其秘书处应积极参加"一带一路"倡议。

2016年4月11日,外交部与联合国亚太经社会签署《中华人民共和国外交部与联合国亚洲及太平洋经济社会委员会关于推进地区互联互通和"一带一路"倡议的意向书》,双方共同规划推进互联互通和"一带一路"的具体行动,推动沿线各国政策对接和务实合作。[1]

2019年4月26日,国务委员兼外交部部长王毅与联合国亚太经社会执行秘书阿里沙赫巴纳在北京签署《中华人民共和国外交部和联合国亚洲及太平洋经济社会委员会关于推进"一带一路"倡议和2030年可持续发展议程的谅解备忘录》。谅解备忘录强调,"一带一路"倡议顺应地区和国际合作潮流,秉持共商共建共享原则,对推动落实2030年可持续发展议程、加强亚太国家和地区互联互通具有重要作用。中国与亚太经社会将在基础设施、交通运输、贸易、能源、创新等领域开展合作,充分发掘"一带一路"倡议对落实2030年可持续发展议程的潜力,推动地区国家互利共赢。[2]

亚太经社会作为主管亚太地区经济社会发展的联合国机构,长期致力于促进地区互联互通和区域经济一体化。中国外交部和亚太经社会2016年签署的"一带一路"合作意向书系中方与国际组织签署的首份"一带一路"合作文件。签署的谅解备忘录进一步深化了双方共建"一带一路"的政治共识,将为未来一个时期的合作提供指引。

2. 上海合作组织

"一带一路"倡议提出以来,获得上合组织成员国的广泛认可和积极参与。2015年7月,上合组织元首乌法峰会发表的《上海合作组织成员国元

---

[1] 《外交部与联合国亚太经社会签署"一带一路"合作文件》,http://www.scio.gov.cn/ztk/wh/slxy/35492/Document/1520600/1520600.htm,2016年4月12日。

[2] 《外交部与联合国亚太经社会签署"一带一路"合作文件》,http://www.beltandroadforum.org/n100/2019/0426/c24-1270.html,2019年4月26日。

首乌法宣言》和《上海合作组织成员国元首理事会会议新闻公报》，表示支持中国关于建设丝绸之路经济带的倡议，并表示正在积极筹建的上海合作组织开发银行和发展基金也将为"一带一路"建设提供新的强大推动力。12月，上合组织成员国政府首脑（总理）理事会会议发表的声明重申了支持建设"丝绸之路经济带"的倡议，认为该倡议符合上合组织发展目标。自此，上合组织首次将成员国的经济合作纳入"丝绸之路经济带"建设框架。在2016年6月上合组织塔什干峰会期间，成员国与会领导人纷纷表示希望将本国发展战略与"一带一路"倡议对接。2017年11月30日至12月1日在俄罗斯索契举行的上合国家总理会晤，对"一带一路"表现出更大的热忱。联合公报指出，哈萨克斯坦共和国、吉尔吉斯斯坦共和国、巴基斯坦伊斯兰共和国、俄罗斯联邦、塔吉克斯坦共和国和乌兹别克斯坦共和国总理重申支持中华人民共和国提出的"一带一路"倡议。[1]

3. 阿盟

2014年6月，习近平主席在北京召开的中阿合作论坛第六届部长级会上发表了题为《弘扬丝路精神 深化中阿合作》的讲话，深入阐释了"和平合作、开放包容、互学互鉴、互利共赢"的丝路精神，明确提出了中阿共建"一带一路"倡议。习近平主席强调，中国同阿拉伯国家因为丝绸之路相知相交，我们是共建"一带一路"的天然合作伙伴。2016年1月，习近平主席在阿盟总部的演讲中再次强调，中国愿与阿拉伯国家开展共建"一带一路"行动，秉持和平、创新、引领、治理、交融的行动理念，开展促进稳定、创新合作、产能对接、增进友好行动，共同推动中阿两大民族复兴形成更多交汇。习近平主席两次面向阿拉伯世界的重要讲话为中阿关系发展指明了方向，中阿共建"一带一路"倡议得到众多阿拉伯国家的热烈反响，许多国家都在积极谋划将各自的发展规划与"一带一路"建设相对接。例如埃及"振兴计划"、沙特"2030愿景"、科威特"丝绸新城"等。"一

---

[1] 《上海合作组织成员国政府首脑（总理）理事会第十六次会议联合公报（全文）》，http://www.xinhuanet.com/world/2017-12/02/c_1122045902.htm，2017年12月2日。

带一路"建设为新时期中阿务实合作升级换代打造了新平台,增添了新动力,创造了新机遇。① 截至 2022 年 12 月,中国已同 21 个阿拉伯国家以及阿盟签署了"一带一路"合作文件。

4. 世界银行

2016 年 4 月 13 日,亚洲基础设施投资银行行长金立群与世界银行行长金墉在美国华盛顿签署了共同投资框架性协议。根据协议,双方合作的项目遍及中亚、南亚和东亚等地区,涉及交通、水利、能源等。

5. 世界卫生组织

2017 年 1 月 19 日,中国与世界卫生组织签署《关于"一带一路"卫生领域合作的谅解备忘录》,这是中国首次与联合国专门机构签署"一带一路"合作协议。由于世卫组织与"一带一路"倡议在健康和人文交流等领域发展理念相契合,世卫组织总干事陈冯富珍期待世卫组织在"一带一路"倡议的框架下与中国展开合作。

6. 联合国

联合国将"一带一路"倡议纳入决议,为"一带一路"建设营造环境。2016 年,联合国开始实施 2030 年可持续发展议程,越来越多的国际组织希望中国的"一带一路"倡议能在推动全球可持续发展方面发挥积极作用。2016 年 9 月,中国政府与联合国开发计划署在纽约签署《中华人民共和国政府与联合国开发计划署关于共同推进丝绸之路经济带和 21 世纪海上丝绸之路建设的谅解备忘录》,这是国际组织参与"一带一路"建设的一大创新。

二 中国社会组织参与"一带一路"建设

社会组织参与"一带一路"建设是社会组织参与全球治理的方式之一,也是社会组织担负国际责任的体现。

---

① 《"中国—阿拉伯国家合作论坛"成就与展望》报告正式发布,http://mideast.shisu.edu.cn/a8/c0/c3991a108736/page.htm,2018 年 6 月 18 日。

在"一带一路"建设的过程中,我国社会组织开始意识到抓住这一机遇积极参与国际事务的重要性,并且积极践行。2017年5月14日举行的"一带一路"国际合作高峰论坛"增进民心相通"平行主题会议,展示了中国近几年同沿线各国和地区以及相关国际组织开展的文化、教育、科技、旅游、卫生、新闻等领域的交流合作的相关成果,同时宣布启动《中国社会组织推动"一带一路"民心相通行动计划(2017—2020)》、"丝路沿线民间组织合作网络"以及"增进'一带一路'民心相通国际智库合作项目"。2018年5月,中国社会科学院发布了《社会组织蓝皮书:中国社会组织报告(2018)》。报告指出,我国社会组织正逐步成为"走出去"参与"一带一路"建设、助力民心相通的重要力量。[①] 近年来,一些在国内发展相对较好的社会组织,认识到了"一带一路"建设带来的发展机遇,结合自身优势,根据东道主国家和地区的社会现实,开展力所能及的服务。但是从总体上看,有这样意识和行动的社会组织数量较少,主要是在国内比较有影响力的大型社会组织,如中国扶贫基金会等。

中国社会组织在国际事务中发挥的作用远小于西方国家非政府组织。2010年美国注册的国际非政府组织数量为20069家,是中国2016年涉外社会组织的37.9倍。据不完全统计,国际非政府组织总部设在欧美,主要集中在法、比、美、德、荷、意等国,中国社会组织"走出去"参与国际事务的程度较低,主要是"走出去"的组织少且影响力不大。

社会组织参与"一带一路"建设遇到的难题很多,主要集中在以下几方面。第一,缺乏政策依据和政策支持力度。社会团体、民办非企业单位(社会服务机构)和基金会三个管理条例中均未为社会组织在海外设立办事处或分支机构提供政策依据,而且审批程序和方法也不完整,还缺乏国家宏观政策方面的支持。第二,有话语权、有国际影响力的社会组织较少。截至2016年9月3日,在全世界拥有联合国经社理事会(EOCSOC)非政府组织

[①] 黄晓勇主编《社会组织蓝皮书:中国社会组织报告(2018)》,社会科学文献出版社,2018。

咨商地位的4360家机构中，中国（含港澳台地区）的社会组织只有56家，仅占1.3%，这与中国作为经济和外交大国的地位不匹配。而美国达到951家，是中国近17倍。第三，社会组织参与"一带一路"建设的资金不足。从中国民间组织国际交流促进会的统计来看，大多数社会组织参与国际事务都局限于参加国际会议和区域活动，还没有真正形成实体类的社会组织在海外设立的办事处和工作执行机构。第四，社会组织缺乏专业人才。社会组织参与国际事务，要求一批综合素质较高的人才，这些人才需要具备宽阔的国际视野、广博的知识面、良好的政治素质、专业化知识和良好的多语言能力。除此之外，还需要工作人员拥有丰富的参与国际事务的经验、熟练的沟通能力、较强合作意愿和较好的人际关系网络等。显然，中国社会组织的人才现状与上述要求是不匹配的。第五，政府部门的资金支持不够。在北美和欧洲，政府的官方发展援助途径是多样的，有相当一部分的政府援助资金是通过社会组织走向世界来实施的，其合作模式是政府与本国从事国际事务的社会组织合作，将资金转入本国社会组织并纳入国家财政预算，再由本国社会组织与发展中国家的社会组织开展合作。目前中国政府官方发展援助资金运作主要通过政府机构负责实施，社会组织能力尚显不足，在援外机制中参与程度很低，在对外援助中发挥的作用还十分有限。

毫无疑问，"一带一路"倡议将为我国社会组织参与国际事务能力的提升带来千载难逢的机遇，它将为社会组织"走出去"提供项目、资金保障、技术指导、组织协调。我国政府需在"一带一路"建设中为社会组织留足空间，培育一批有影响力的国际性社会组织，我国社会组织亦需抓住机遇加快发展。

第三节 "一带一路"建设的支持经贸平台

一 境外经贸合作区建设概况

境外经济贸易合作区是指在中华人民共和国境内（不含香港、澳门和台湾地区）注册、具有独立法人资格的中资控股企业，通过在境外设立的中资控股的独立法人机构，投资建设的基础设施完备、主导产业明确、公共服务功能健全、具有集聚和辐射效应的产业园区。合作区是我国参与"一带一路"建设，促进国际产能合作，构建全球产业链、价值链的重要载体和助推器。截至2021年末，纳入商务部统计的合作区分布在46个国家，累计投资507亿美元，上缴东道国税费66亿美元，为当地创造39.2万个就业岗位，有力促进了互利共赢、共同发展。[①] 同时，由于合作区发展历史尚短，受制于技术、资金、经验等因素，尚未进入经济水平较高、科技较发达的西欧、北美等发达地区。

表1 通过确认考核的境外经贸合作区名录

序号	合作区名称	境内实施企业名称
1	柬埔寨西哈努克港经济特区	江苏太湖柬埔寨国际经济合作区投资有限公司
2	泰国泰中罗勇工业园	华立产业集团有限公司
3	越南龙江工业园	前江投资管理有限责任公司
4	巴基斯坦海尔-鲁巴经济区	海尔集团电器产业有限公司
5	赞比亚中国经济贸易合作区	中国有色矿业集团有限公司
6	埃及苏伊士经贸合作区	中非泰达投资股份有限公司
7	尼日利亚莱基自由贸易区（中尼经贸合作区）	中非莱基投资有限公司
8	俄罗斯乌苏里斯克经贸合作区	康吉国际投资有限公司
9	俄罗斯中俄托木斯克木材工贸合作区	中航林业有限公司
10	埃塞俄比亚东方工业园	江苏永元投资有限公司
11	中俄（滨海边疆区）农业产业合作区	黑龙江东宁华信经济贸易有限责任公司
12	俄罗斯龙跃林业经贸合作区	黑龙江省牡丹江龙跃经贸有限公司
13	匈牙利中欧商贸物流园	山东帝豪国际投资有限公司
14	吉尔吉斯斯坦亚洲之星农业产业合作区	河南贵友实业集团有限公司
15	老挝万象赛色塔综合开发区	云南省海外投资有限公司
16	乌兹别克斯坦"鹏盛"工业园	温州市金盛贸易有限公司
17	中匈宝思德经贸合作区	烟台新益投资有限公司

---

① 《商务部召开例行新闻发布会》，http://ca.mofcom.gov.cn/article/xwfb/202202/20220203283083.shtml，2022年2月3日。

续表

序号	合作区名称	境内实施企业名称
18	中国·印尼经贸合作区	广西农垦集团有限责任公司
19	中国印尼综合产业园区青山园区	上海鼎信投资(集团)有限公司
20	中国·印度尼西亚聚龙农业产业合作区	天津聚龙集团

资料来源：《通过确认考核的境外经贸合作区名录》，http://fec.mofcom.gov.cn/article/jwjmhzq/article01.shtml。

二 中国与"一带一路"沿线经济体自贸区建设现状

2015年12月，国务院发布的《关于加快实施自由贸易区战略的若干意见》指出，积极同"一带一路"沿线国家共建自由贸易区，形成"一带一路"大市场。

截至2022年，中国与"一带一路"沿线国家已经签署协定的自由贸易区（FTA）共19个，正在谈判的自贸区有10个，正在研究的自贸区有8个。[①]

（一）已签署协定的19个自贸区

1. 中国-东盟自由贸易区

中国与东盟于2002年11月签署《中国-东盟全面经济合作框架协议》，同年开始实施早期计划，2010年全面建成。中国-东盟自贸区是中国对外建立的第一个且最大的自贸区，成员包括中国和东盟十国，涵盖19亿人口和1300万平方公里。中国-东盟自贸区有力推动了双边经贸关系的发展，双边贸易从2002年的548亿美元增长至2014年的4804亿美元，增长近8倍，双向投资从2003年的33.7亿美元增长至2014年的122亿美元，增长近3倍。目前，中国是东盟最大的贸易伙伴，东盟是中国第三大贸易伙伴，双方累计相互投资已超过1500亿美元。为打造更紧密的中国-东盟经济共同体，中国、东盟于2014年8月宣布启动中国-东盟自贸区升级谈判，于2015年

[①] 详见中国自由贸易区服务网站"已签协议的自贸区""正在谈判的自贸区"等板块，http://fta.mofcom.gov.cn/。

11月结束谈判并签订《中华人民共和国与东南亚国家联盟关于修订〈中国-东盟全面经济合作框架协议〉及项下部分协议的议定书》。该议定书对原有自贸区进行了多方面的丰富、完善、补充和提升,是我国在现有自贸区基础上完成的第一个升级协议。

2. 中国-新加坡自由贸易区

中国与新加坡于2006年10月启动自由贸易区谈判,于2008年9月结束谈判,同年10月双方签署《中华人民共和国政府和新加坡共和国政府自由贸易协定》,2009年1月正式实施。该协定是中国与亚洲国家签订的第一个自贸区,有力推动了双边经贸关系的发展,中国成为新加坡的第一大贸易伙伴、第一大投资目的国,新加坡成为中国在东盟的第三大贸易伙伴,在东盟的第一大投资目的国。为深化两国经贸合作,两国于2015年11月启动自贸协定升级谈判。谈判重点集中在提升贸易便利化和服务业开放程度、促进双向投资以及其他具有合作潜力的领域。2018年11月5日,商务部国际贸易谈判代表兼副部长傅自应在出席首届中国国际进口博览会期间,会见新加坡贸工部部长陈振声,共同宣布结束中国与新加坡自由贸易协定升级谈判。11月12日,《中华人民共和国政府和新加坡共和国政府关于升级〈中华人民共和国政府和新加坡共和国政府自由贸易协定〉议定书》正式签订。议定书对原中新自由贸易协定的原产地规则、海关程序与贸易便利化、贸易救济、服务贸易、投资、经济合作等6个领域进行升级,还新增电子商务、竞争政策和环境等3个领域,实现了全面、高水平、互利共赢的谈判目标,有助于促进双方深化有关领域务实合作,不断增进两国企业和人民福祉。

3. 中国-巴基斯坦自由贸易区

中国和巴基斯坦于2005年8月启动自贸区谈判,于2006年11月签订《中华人民共和国政府和巴基斯坦伊斯兰共和国政府自由贸易协定》。自中巴自贸协定实施以来,双边贸易额持续增长,从2007年的69亿美元增加至2014年的160亿美元,年均增长约15.3%。

4. 中国-巴基斯坦自贸协定第二阶段

为进一步提高贸易自由化便利化水平,双方于2011年启动第二阶段谈判。2019年4月28日，经过11次谈判，中巴双方结束第二阶段谈判并正式签订了《中华人民共和国政府和巴基斯坦伊斯兰共和国政府关于修订〈自由贸易协定〉的议定书》。议定书对原自贸协定中的货物贸易市场准入及关税减让表、原产地规则、贸易救济、投资等内容进行了升级和修订，并新增了海关合作章节。其中，核心内容是在原自贸协定基础上，进一步大幅提高两国间货物贸易自由化水平。议定书生效后，中巴两国间相互实施零关税产品的税目数比例将从此前的35%逐步增加至75%。此外，双方还将对占各自税目数比例5%的其他产品实施20%的部分降税。

5. 中国-韩国自由贸易区

中国和韩国于2012年5月正式启动自贸区谈判，于2015年6月正式签订《中华人民共和国政府和大韩民国政府自由贸易协定》。该协定于2015年12月生效，是东北亚地区的第一个FTA。中韩自贸区是中国"一带一路"倡议和韩国"欧亚倡议"的重要连接点，有助于推动"一带一路"建设和欧亚大陆的经济融合。目前达成的协定是两国第一阶段谈判成果，待该协定生效两年后，将以负面清单形式启动服务贸易第二阶段谈判，力争实现更高自由化水平。

6. 中国-澳大利亚自由贸易区

中澳自贸协定于2005年4月启动谈判，2015年6月17日正式签署。2015年12月9日，中国驻澳大利亚大使马朝旭与澳大利亚候任驻华大使亚当斯分别代表两国政府在悉尼就中澳自贸协定生效互换两国外交照会，双方共同确认《中华人民共和国政府和澳大利亚政府自由贸易协定》将于2015年12月20日正式生效并第一次降税，2016年1月1日第二次降税。

7. 中国-秘鲁自由贸易区

中秘自贸协定谈判于2007年9月7日胡锦涛主席在悉尼出席APEC领导人非正式会议期间与秘鲁总统加西亚共同宣布启动。经过八轮谈判和一次工作组会议，2008年11月19日，胡锦涛主席在对秘鲁进行国事访问期间，与加西亚总统共同宣布中国-秘鲁自贸协定谈判成功结束。2009年4月28日，商务部副部长易小准与秘鲁外贸旅游部部长梅塞德斯·阿劳斯分别代表两国政府在人民大会堂签署了《中华人民共和国政府与秘鲁共和国政府自由贸易协定》。中秘自贸协定是我国与拉美国家签署的第一个一揽子自贸协定，是两国关系发展史上新的里程碑。

8. 中国-智利自由贸易区

2005年11月18日韩国釜山APEC领导人非正式会议期间在胡锦涛主席和智利总统拉戈斯的见证下，中智签署《中华人民共和国政府和智利共和国政府自由贸易协定》（主要包括货物贸易）。2006年10月1日，《中华人民共和国政府和智利共和国政府自由贸易协定》开始实施。2008年4月13日签署《中华人民共和国政府和智利共和国政府自由贸易协定关于服务贸易的补充协定》（即中智自贸区服务贸易协定），自2010年8月1日起开始实施。根据该协定，中国的计算机、管理咨询、房地产、采矿、环境、体育、空运等23个部门和分部门，以及智利的法律、建筑设计、工程、计算机、研发、房地产、广告、管理咨询、采矿、制造业、租赁、分销、教育、环境、旅游、体育、空运等37个部门和分部门将在各自WTO承诺基础上向对方进一步开放。

9. 中国-新西兰自由贸易区（含升级）

2008年4月7日，在国务院总理温家宝和新西兰总理克拉克的见证下，商务部部长陈德铭与新西兰贸易部部长菲尔·戈夫签署《中华人民共和国政府和新西兰政府自由贸易协定》。2021年1月26日，商务部部长王文涛与新西兰贸易和出口增长部部长奥康纳分别代表两国政府，通过视频方式正式签署《中华人民共和国政府和新西兰政府关于升级〈中华人民共和国政府和新西兰政府自由贸易协定〉的议定书》。升级议定书实现了中新自贸关系在《区域全面经济伙伴关系协定》（RCEP）基础上进一步提质增效，主要内容包括：货物领域新增部分木材和纸制品的市场开放，进一步优化原产地规则、技术性贸易壁垒、海关便利化等贸易规则。服务贸易领域，中方在RCEP基础上，进一步扩大航空、教育、金融、养老、客运等领域对新方开放。新方在特色工种工作许可安排中，将中国公民申请量较大的汉语教师和中文导游赴新就业的配额在原有基础上增加1倍，分别提高到300名和200

名。投资领域，新方放宽中资审查门槛，确认给予中资与《全面与进步跨太平洋伙伴关系协定》（CPTPP）成员同等的审查门槛待遇。规则领域，双方承诺在电子商务、竞争政策、政府采购、环境与贸易等领域加强合作，其中环境与贸易部分超出了RCEP，就提高环境保护水平、加强环境执法、履行多边环境公约形成了较高水平的合作条款。

10. 中国-哥斯达黎加自由贸易区

中哥自贸协定谈判于2009年1月正式启动。经过一年多时间的密集磋商，中哥双方于2010年4月正式签署自贸协定。《中华人民共和国政府和哥斯达黎加共和国自由贸易协定》经中哥双方友好协商并书面确认，于2011年8月1日起正式生效，成为中国达成并实施的第10个自贸协定。

11. 中国-冰岛自由贸易区

中冰自贸区谈判于2006年12月启动，2013年4月15日，在中国国务院总理李克强和冰岛总理西于尔扎多蒂共同见证下，中国商务部部长高虎城与冰岛外交外贸部部长奥叙尔·斯卡费丁松代表各自政府在北京签署《中华人民共和国政府和冰岛政府自由贸易协定》。协定是我国与欧洲国家签署的第一个自由贸易协定，涵盖货物贸易、服务贸易、投资等诸多领域。

12. 中国-瑞士自由贸易区

中瑞双方于2011年1月启动《中华人民共和国政府和瑞士联邦自由贸易协定》谈判。2013年5月，李克强总理访问瑞士期间，中瑞双方签署了关于完成中瑞自贸区谈判的谅解备忘录。2013年7月，商务部部长高虎城与瑞士联邦委员兼经济部部长施奈德-阿曼代表两国政府在京签署协定。协定的中、英、法三种语言文本已在中国自由贸易区服务网（http://fta.mofcom.gov.cn）上全文公布。

13. 中国-东盟自贸协定（"10+1"）升级

《中华人民共和国与东南亚国家联盟关于修订〈中国-东盟全面经济合作框架协议〉及项下部分协议的议定书》于2015年11月22日在马来西亚首都吉隆坡正式签署，于2016年7月1日率先对中国和越南生效。此后东盟其他成员陆续完成国内核准程序，升级议定书生效范围不断扩大。2019

年8月22日，所有东盟国家均完成了国内核准程序，10月22日，升级议定书对所有协定成员国全面生效。升级议定书的全面生效，将进一步释放自贸区实施的红利，让自贸协定的优惠政策真正惠及自贸区所有协定成员国的企业和人民，也必将有力地推动双方经贸合作再上新台阶，为双方经济发展提供新的助力，为实现《中国-东盟战略伙伴关系2030年愿景》做出积极贡献。

14. 中国-格鲁吉亚自由贸易区

中国和格鲁吉亚于2015年3月签署《关于加强共建丝绸之路经济带合作备忘录》，共同推进建设"丝绸之路经济带"的经贸合作。同年4月启动自贸区联合可行性研究，12月签署了《中华人民共和国商务部和格鲁吉亚经济与可持续发展部关于启动中格自由贸易协定谈判的谅解备忘录》，并于2016年2月举行了第一轮自贸区谈判。截至2016年10月，两国实质性结束自贸区谈判。2017年5月13日，中国与格鲁吉亚正式签署自贸协定，协定将于2018年1月1日正式生效。这是中国与"一带一路"沿线国家签署的第12个自贸协定。

15. 中国-智利自贸协定升级

2017年11月11日，在国家主席习近平和智利总统米歇尔·巴切莱特的共同见证下，商务部部长钟山与智利外交部部长埃拉尔多·穆尼奥斯分别代表两国政府，在越南岘港正式签署中国-智利自贸区升级谈判成果文件《中华人民共和国政府和智利共和国政府关于修订〈自由贸易协定〉及〈自由贸易协定关于服务贸易的补充协定〉的议定书》（以下简称《议定书》）。《议定书》是我国继中国-东盟自贸区升级后达成的第二个自贸区升级协定，也是我国与拉美国家的第一个自贸区升级协定，将使中智自贸协定成为迄今我国货物贸易开放水平最高的自贸协定。《议定书》涵盖货物贸易、服务贸易、经济技术合作以及电子商务、环境、竞争、政府采购等规则领域，是对原有协定的丰富、完善、补充和提升，体现了两国深化经贸合作的共同愿望和现实需求。《议定书》的达成和签署，将为双方经济互利合作提供新的助力，并为充实中智全面战略伙伴关系提供重要支撑。

16. 中国-马尔代夫自由贸易区

中国和马尔代夫于2015年2月启动自贸区联合可行性研究，9月双方共同签署了启动中马自由贸易协定谈判的谅解备忘录，12月启动了自贸区谈判。历经五轮谈判和一次部长级磋商后，2017年12月7日，正式签订《中华人民共和国政府和马尔代夫共和国政府自由贸易协定》。中马自贸协定是我国商签的第16个自贸协定，也是马尔代夫对外签署的首个双边自贸协定。协定的签署既是党的十九大提出的"促进自由贸易区建设，推动建设开放型世界经济"的最新成果，也是双方按照领导人共识，巩固和加强两国面向未来的全面友好合作伙伴关系的重要举措，树立了规模差异巨大的国家间开展互利合作的典范，在两国经贸发展史上具有里程碑意义，将有力推动双边经贸关系取得更大发展。

17. 中国-新加坡自贸协定升级

2018年11月12日，在李克强总理和新加坡总理李显龙共同见证下，商务部国际贸易谈判代表兼副部长傅自应与新加坡贸易与工业部部长陈振声分别代表两国政府在新加坡签署了《中华人民共和国政府和新加坡共和国政府关于升级〈中华人民共和国政府和新加坡共和国政府自由贸易协定〉的议定书》。议定书不仅将进一步充实中新"与时俱进的全方位合作伙伴关系"的内涵，还将对深化中国与东盟的经贸关系起到积极作用。议定书对原中新自由贸易协定的原产地规则、海关程序与贸易便利化、贸易救济、服务贸易、投资、经济合作等6个领域进行升级，还新增电子商务、竞争政策和环境等3个领域。双方在自由贸易协定中首次纳入"一带一路"合作，强调"一带一路"倡议对于深化双方全方位合作、实现共同发展目标、建立和强化互联互通以及促进地区和平发展的重要意义。

18. 中国-毛里求斯自由贸易区

中国-毛里求斯自贸协定谈判于2017年12月正式启动。在两国领导人关心和指导下，双方团队经过四轮密集谈判，于2018年9月2日正式结束谈判。协定涵盖货物贸易、服务贸易、投资、经济合作等内容，实现了"全面、高水平和互惠"的谈判目标。2019年10月17日，中国商务部部长钟山与毛里求斯驻华大使李淼光分别代表两国政府在北京签署了《中华人民共和国政府和毛里求斯共和国政府自由贸易协定》。

19. 中国-柬埔寨自由贸易区

双方于2020年1月启动谈判，历经7个月3轮正式谈判，于2020年7月20日宣布完成谈判。2020年10月12日，商务部部长钟山与柬埔寨商业大臣潘索萨分别在北京和金边代表中柬两国政府，通过视频正式签署了《中华人民共和国政府和柬埔寨王国政府自由贸易协定》。协定于2022年1月1日正式生效实施。根据协定安排，双方货物贸易零关税产品税目比例均将达到90%以上，双方还将加强在服务贸易、投资、"一带一路"倡议、电子商务、经济技术等领域的合作。中柬双方将积极推动协定实施，让成果充分惠及两国企业和人民。

（二）正在谈判的10个自贸区

1. 中日韩自由贸易区

2002年，中日韩三国领导人峰会提出建立中日韩自贸区的设想。2010年5月至2011年12月，中日韩共举行7次自贸区官产学联合研究，对货物贸易、服务贸易与投资领域的有关议题进行了磋商。2012年5月，中日韩三国签署了《中华人民共和国政府、日本国政府及大韩民国政府关于促进、便利和保护投资的协定》。同年11月，三国宣布启动自贸区谈判。2013年3月，三国举行第一轮自贸区谈判，讨论了自贸区的机制安排、谈判领域及谈判方式等议题。截至2019年6月，中国、日本、韩国三国举行了15轮谈判。

2. 中国-海合会自由贸易区

2004年7月，中国与海合会签署了《中国-海合会经济、贸易投资和技术合作框架协议》，并共同宣布启动自贸区谈判。2005年4月，中国与海合会进行了首轮自贸区谈判。截至2016年12月，中国与海合会双方已进行9轮自贸区谈判。双方就服务贸易、投资、电子商务以及货物贸易遗留问题等内容进行了深入磋商，结束了在经济技术合作等领域的谈判。至此双方已就15个谈判议题中的9个结束谈判，并就技术性贸易壁垒（TBT）、法律条款、电子商务等内容接近达成一致,在核心的货物、服务等领域取得积极进展。

3. 中国-斯里兰卡自由贸易区

中国和斯里兰卡于 2014 年 3 月结束自贸区联合可行性研究。2014 年 9 月,两国签署《关于启动中国-斯里兰卡自由贸易协定谈判的谅解备忘录》,宣布正式启动双边自贸区谈判。截至 2017 年 1 月,两国已经举行 5 轮自贸区谈判。目前,中斯双方就货物贸易、服务贸易、投资、经济技术合作、原产地规则、海关程序和贸易便利化、技术性贸易壁垒和卫生与植物卫生措施、贸易救济等议题充分交换意见,谈判取得积极进展。

4. 中国-巴勒斯坦自由贸易区

2018 年 7 月 26 日,在中国-巴勒斯坦第一次经贸联委会期间,中巴自贸协定联合可行性研究正式完成。2018 年 10 月 23 日,双方宣布正式启动中巴自贸协定谈判。中国-巴勒斯坦自贸区首轮谈判于 2019 年 1 月 30 日在拉马拉举行。双方就谈判基本原则、协定领域范围、谈判推进方式及各自重点关注进行了深入磋商,并就谈判职责范围文件达成一致。

5. 中国-以色列自由贸易区

2015 年 12 月,中国和以色列已经完成自贸区联合可行性研究。2016 年 3 月 29 日,中国和以色列正式宣布开启自由贸易区谈判。截至 2019 年 2 月,中以双方已进行 5 轮谈判,双方就货物贸易、服务贸易、投资、原产地规则、海关程序及贸易便利化、贸易救济、环境、争端解决及机制条款等议题展开磋商,并取得积极进展。

6. 中国-挪威自由贸易区

2020 年 9 月 11 日,中国和挪威举行自贸协定首席谈判代表视频会议,双方就货物贸易、服务贸易、贸易救济、竞争、电子商务、知识产权、环境与贸易、海关议题、技术性贸易壁垒、法律、争端解决等议题展开深入磋商。2021 年 3 月 11 日,中国与挪威举行自贸协定首席谈判代表视频会议。双方围绕货物贸易、服务贸易、投资、原产地规则、海关程序与贸易便利化、卫生与植物卫生措施、技术性贸易壁垒、争端解决、协定序言等领域开展深入磋商，会议在已有共识基础上取得了更多进展。双方认为，加快自贸协定磋商对于两国共同抗击新冠疫情、支持自由贸易和多边主义、加强经贸合作、恢复经济增长以及维护全球产业链供应链稳定等而言十分重要。中挪双方承诺将致力于尽早完成谈判。

7. 中国-摩尔多瓦自由贸易区

中摩自贸协定联合可行性研究于2016年12月正式启动。此后双方分别成立专家组，开展联合研究。通过工作交流及3次专家会，最终确认了联合可研报告的内容与结论，于2017年5月15日结束自贸协定联合可行性研究。双方于2017年12月28日签署了《中华人民共和国商务部和摩尔多瓦共和国经济与基础设施部关于启动中国-摩尔多瓦自由贸易协定谈判的谅解备忘录》，正式启动中摩自贸协定谈判。2018年3月5~6日，中国-摩尔多瓦自贸协定首轮谈判在摩尔多瓦首都基希讷乌举行。双方就谈判职责文件交换了意见，成立谈判工作组，对协定中方建议文本进行逐条磋商，就后续工作路线图和具体任务达成共识并签署会议纪要。双方初步商定，第二轮谈判在北京举行。

8. 中国-巴拿马自由贸易区

2018年6月12日，商务部部长钟山和巴拿马工商部部长阿罗塞梅纳共同主持召开中巴政府间经贸混委会第一次会议。双方签署谅解备忘录，宣布正式启动中巴自贸协定谈判。2019年4月24~26日，中国-巴拿马自贸协定第五轮谈判举行。双方在此前谈判基础上，围绕货物贸易、服务贸易、金融服务、投资、原产地规则、海关程序和贸易便利化、贸易救济、贸易经济合作以及法律议题等展开深入磋商，谈判取得积极进展。

9. 中国-韩国自贸协定第二阶段谈判

2017年12月14日，中韩两国签署了《关于启动中韩自贸协定第二阶段谈判的谅解备忘录》，中韩自贸协定第二阶段谈判正式启动。中韩自贸协定第二阶段谈判是中国首次使用负面清单方式进行服务贸易和投资谈判的自由贸易协定谈判。截至2019年4月，双方已举行4轮谈判。在2019年3月29日第四轮谈判中，双方就服务贸易和投资展开进一步磋商，推动谈判取得稳步进展。

10. 中国-秘鲁自贸协定升级谈判

2016年11月，中秘两国领导人就启动双边自贸协定升级联合研究达成共识。在联合研究中，双方一致认为，开展中秘自贸协定升级谈判有助于深入挖掘中秘自贸协定给两国带来的潜在利益，进一步密切双边关系，共同维护自由贸易，发展开放型世界经济。2018年11月17日，商务部部长钟山与秘鲁外贸旅游部部长瓦伦西亚签署谅解备忘录，宣布启动中国-秘鲁自由贸易协定升级谈判。2019年8月23日，中国-秘鲁自贸协定升级第三轮谈判顺利完成。

（三）正在研究的8个自贸区

1. 中国-哥伦比亚自由贸易区

2012年5月9日，在国家主席胡锦涛和来访的哥伦比亚总统桑托斯的见证下，商务部部长陈德铭和哥伦比亚贸易工业旅游部长格拉纳多斯签署了《中华人民共和国商务部与哥伦比亚共和国贸易工业旅游部关于开展双边自由贸易协定联合可行性研究的谅解备忘录》，正式启动两国自贸区联合可行性研究。

2. 中国-斐济自由贸易区

2015年11月4~5日，中国和斐济自贸协定联合可研第一次工作组会议在斐济楠迪举行。双方就联合可研报告提纲、职责范围及下一步工作安排等交换了意见。2016年11月14~15日，中国-斐济自贸协定联合可研工作组第二次会议在北京举行。双方就可研报告初稿交换了意见，就联合可研涉及的领域和内容达成共识，为完成联合可研报告奠定了基础。

3. 中国-尼泊尔自由贸易区

2016年3月21日，中国商务部部长高虎城与尼泊尔商业部部长迪帕克·博赫拉在北京共同签署了《中华人民共和国商务部和尼泊尔商业部关于启动中国-尼泊尔自由贸易协定联合可行性研究谅解备忘录》，宣布正式启动双边自贸协定联合可行性研究。双方同意成立工作组，尽快就共同关注的领域开展全面研究。

4. 中国-巴新自由贸易区

2020年8月6日，首届中国-巴布亚新几内亚经贸联委会以视频会议形式召开。双方一致同意，继续加强抗疫国际合作，深入开展"一带一路"倡议与巴新重大战略对接，加快推进两国自贸区联合可研，深化贸易投资合作，扩大经济技术合作，促进地方务实合作，加强区域及多边框架下的沟通协调。

5. 中国-加拿大自由贸易区

2016年9月，李克强总理对加拿大进行正式访问期间，与加拿大总理特鲁多共同宣布启动中加自贸协定联合可研与探索性讨论。

6. 中国-孟加拉国自由贸易区

中孟于2018年6月20~21日在北京举行首次自贸协定工作会议，对中孟建立自贸区的可行性进行研究，明确职责分工及可行性研究报告的主要内容。

7. 中国-蒙古自由贸易区

2017年5月12日，在蒙古国总理额尔登巴特来华出席第一届"一带一路"国际合作高峰论坛期间，中国商务部部长钟山与蒙古对外关系部部长蒙赫奥尔吉勒共同签署《中华人民共和国商务部和蒙古国对外关系部关于启动中国-蒙古自由贸易协定联合可行性研究的谅解备忘录》，宣布启动自贸协定联合可行性研究，正式开启双边自贸区建设进程。

8. 中国-瑞士自贸协定升级联合研究

2017年1月，习近平主席对瑞士进行国事访问期间，双方宣布启动中瑞自贸协定升级联合研究。

第四节 "一带一路"建设的金融平台

随着"一带一路"倡议的提出，"一带一路"资金融通问题备受关注。目前共建"一带一路"的资金平台主要有亚洲基础设施投资银行、丝路基金、中国-欧亚经济合作基金、中国-东盟银行联合体、上海合作组织开发银行、金砖国家新开发银行等。

第五章 "一带一路"建设新理念、组织与平台

一 亚洲基础设施投资银行

2014年10月24日，包括中国、印度、新加坡等在内21个首批意向创始成员国的财长和授权代表在北京签约，共同决定成立亚洲基础设施投资银行。截至2015年4月15日，经现有意向创始成员国同意，瑞典、以色列、南非、阿塞拜疆、冰岛、葡萄牙、波兰正式成为亚洲基础设施投资银行意向创始成员国，亚投行意向创始成员国全部确定，为57个。2015年6月29日，亚投行"基本大法"《亚洲基础设施投资银行协定》在北京举行签署仪式，中国成为第一大股东；2015年12月25日，《亚洲基础设施投资银行协定》正式生效，亚投行宣告成立。亚投行作为一个政府间的金融开发机构，将重点支持"一带一路"沿线国家和地区基础设施互联互通和经济一体化进程。亚投行的建立可以助推基础设施互联互通建设，为未来人民币全球性结算、投融资、储备和贸易提供便利和条件，扩大"一带一路"沿线国家、地区之间的经贸交流与商务合作。亚投行赢得了国际社会的认可，至2022年6月有105个成员，包括91个正式成员和14个意向成员。[①] 国际三大评级机构皆给予亚投行3A级的最高信用评级，巴塞尔银行监管委员会也给予亚投行零风险的权重。

二 丝路基金

2014年11月8日"加强互联互通伙伴关系对话会"在北京举行，习近平发表重要讲话宣布我国将出资400亿美元成立丝路基金专门来支持"一带一路"沿线国家和地区基础设施、资源开发、产业合作和金融合作等。

丝路基金成立后，第一单投资即投向中巴经济走廊的清洁能源项目——支持三峡集团投资建设巴基斯坦卡洛特水电站项目。此后，在中俄能源合作中，丝路基金先后购买了亚马尔液化天然气一体化项目9.9%股权并提供专

---

① 《亚洲基础设施投资银行》，http：//new.fmprc.gov.cn/web/wjb_673085/zzjg_673183/gjjjs_674249/gjzzyhygk_674253/yzjcsstzyh_700164/gk_700166/。

项贷款，入股了垂直一体化天然气处理和石化企业西布尔公司；在西亚北非，丝路基金携手哈电集团投资迪拜哈翔清洁燃煤电站项目，开拓"一带一路"沿线重要的中东市场；在亚洲，丝路基金与世界银行集团所属IFC开展基金合作，开展在亚洲新兴经济体的产业投资；在欧洲，丝路基金支持中国化工投资意大利倍耐力公司进军高端制造业，并作为基石投资人投资了专注于新兴行业投资的中法FC Value Trail基金。此外，丝路基金还与中外有关企业达成了合作意向，签订了投资合作框架性协议。

截至2017年6月丝路基金投资规模已经超过60亿美元。中国国家主席习近平2017年5月14日在"一带一路"国际合作高峰论坛开幕式上宣布，中国将加大对"一带一路"建设的资金支持力度，向丝路基金新增资金1000亿元人民币。2019年4月29日，在中国国务院总理李克强和新加坡总理李显龙的见证下，丝路基金与新加坡盛裕集团（Surbana Jurong）在北京签署了设立"中国-新加坡共同投资平台"的框架协议。根据框架协议，该平台将出资约5亿美元，通过股权、债权等多种途径投资于东南亚等地区的基础设施绿地项目。

丝路基金投资业务已覆盖俄罗斯、南亚、中亚、西亚北非、东南亚、中东欧等区域，并在欧洲、南美洲、撒哈拉以南非洲等区域与合作伙伴积极探索合作机会。在项目推进过程中，丝路基金与多边开发机构、相关政府部门、各类企业、金融机构等合作伙伴加深了理解，进一步凝聚了"开放包容、互利共赢"的共识。

三　中国-欧亚经济合作基金

2014年9月，习近平主席在上海合作组织杜尚别元首峰会期间，宣布中国-欧亚经济合作基金启动。中国-欧亚经济合作基金是深入推进"一带一路"建设的重要股权投资平台之一。中国-欧亚经济合作基金以深化上海合作组织区域经济合作、推动丝绸之路经济带建设、提升中国与欧亚地区国家经济合作水平为己任，全力支持中国企业"走出去"，促进区域内产业资本与金融资本的密切合作。主要发起人为中国进出口银行和中国银行。基金首期批复规模为 10 亿美元，总规模为 50 亿美元，主要投资能源资源及其加工、农业开发、物流、基础设施建设、信息技术、制造业等欧亚地区优先发展产业。

四　中国-东盟银行联合体

2010 年 10 月 29 日，中国-东盟银行联合体在第十三次中国-东盟（10+1）领导人会议期间正式成立。中国-东盟银联体由中国国家开发银行发起，中国与东盟各国具有影响力的银行共同组建。

中国-东盟银联体首批成员行包括文莱伊斯兰银行、柬埔寨加华银行、印度尼西亚曼迪利银行、老挝开发银行、马来西亚联昌国际银行、缅甸外贸银行、菲律宾 BDO 银行、新加坡星展银行、泰国泰华农民银行（大众）有限公司、越南投资发展银行和中国国家开发银行。中国-东盟银联体成立的宗旨是：服务中国与东盟的金融发展，促进相互贸易与投资，为中国与东盟成员国政府支持的基础设施等项目提供融资及相关金融服务，实现中国与东盟的社会和经济发展；按平等、互赢原则与各成员行建立长期合作关系，向中国与东盟各成员国间的重点合作领域提供更为广泛的金融服务；增强中国与东盟间区域经济发展的内生动力、积极应对经济全球化带来的机遇和挑战。

五　上海合作组织开发银行

成立上合组织开发银行的倡议，最早见于温家宝总理在 2010 年 11 月上海合作组织第九次总理会议上的讲话。2013 年 9 月，为了使欧亚各国经济联系更加紧密、相互合作更加深入、发展空间更加广阔，中国国家主席习近平在访问哈萨克斯坦时提出以创新模式共同建设丝绸之路经济带的倡议，并在上合组织元首理事会第十三次会议上重申了成立上合组织开发银行的主张。2015 年 7 月，在上合组织元首理事会第十五次会议上，习近平进一步明确指出，成立上合组织开发银行是促进本组织多边合作的战略举措，应当争取早日建成，同时表示，希望丝绸之路经济带建设同上合组织各国发展规划相辅相成。

目前，上合组织正在成为丝绸之路经济带与欧亚经济联盟实现对接的重要平台，而上合组织开发银行建设则是对接过程中必不可少的一环。推进建立上海合作组织开发银行，扩大本币结算合作，将深刻地影响各成员国金融、经济关系的进一步发展。迈出此一步伐，从长远来看，是为合作组织内部形成自由贸易区的框架打下坚实的基础。而自由贸易区的组建，必然极大地促进各成员国互惠互利的发展，为世界经济新的增长一极的产生创造条件，进而改变世界经济的格局。2018年6月10日，在上海合作组织成员国元首理事会第十八次会议期间，习近平提出，要打造共同发展繁荣的强劲引擎，促进发展战略对接，推进"一带一路"建设，加快地区贸易便利化进程。另外，中方将在上海合作组织开发银行框架内设立300亿元人民币等值专项贷款。①

六 金砖国家新开发银行

金砖国家新开发银行是由中国、俄罗斯、巴西、印度、南非五个金砖国家发起成立的国际金融机构，于2014年7月15日成立，2015年7月21日正式开业，总部设在中国上海，金砖银行多边秘书处设立在上海中国金融信息中心。金砖国家新开发银行储备基金为1000亿美元，用于金砖国家应对金融突发事件，其中中国提供410亿美元，俄罗斯、巴西和印度分别提供180亿美元，南非提供其余的50亿美元。新开发银行已与多家多边和国家开发银行签署了谅解备忘录，包括世界银行、亚洲开发银行，以及新开发银行成员国中的主要商业银行。2018年，新开发银行获得联合国大会观察员地位，为与联合国开展卓有成效的合作奠定了坚实的基础。2021年，新开发银行接纳孟加拉国、乌拉圭、阿联酋和埃及为新成员国。

金砖国家新开发银行批准的项目侧重于可持续性原则，并致力于解决成员国的一些关键发展需求。新开发银行项目投资的重点领域包括清洁能源、交通基础设施、城市发展、水资源管理和卫生、社会基础设施和数字基础设施。

---

① 习近平：《弘扬"上海精神" 构建命运共同体——在上海合作组织成员国元首理事会第十八次会议上的讲话》，《人民日报》2018年6月10日。

第六章 "一带一路"建设重点领域

第一节 "一带一路"建设的主要内容——互联互通

2013年9月,国家主席习近平对土库曼斯坦、哈萨克斯坦、乌兹别克斯坦、吉尔吉斯斯坦进行国事访问并出席上海合作组织比什凯克峰会。习近平提出,构建"丝绸之路经济带"要创新合作模式,加强"五通",即政策沟通、道路联通(后改为"设施联通")、贸易畅通、货币流通(后改为"资金融通")和民心相通,以点带面,从线到片,逐步形成区域大合作格局。

2015年3月,国家发展改革委、外交部、商务部联合发布的《愿景与行动》指出,沿线各国资源禀赋各异,经济互补性较强,彼此合作潜力和空间很大,以政策沟通、设施联通、贸易畅通、资金融通、民心相通为主要内容,重点在以下方面加强合作,并对"五通"的合作领域进行了细化和措施落实。

一 政策沟通

加强政策沟通是"一带一路"建设的重要保障。加强政府间合作,积极构建多层次政府间宏观政策沟通交流机制,深化利益融合,增进政治互信,达成合作新共识。共建国家可以就经济发展战略和对策进行充分交流对接,共同制定推进区域合作的规划和措施,协商解决合作中的问题,共同为务实合作及大型项目的实施提供政策支持。

二 设施联通

在尊重相关国家主权和安全关切的基础上,共建国家宜加强基础设施建设规划、技术标准体系的对接，共同推进国际骨干通道建设，逐步形成连接亚洲各次区域以及亚欧非之间的基础设施网络。强化基础设施绿色低碳化建设和运营管理，在建设中充分考虑气候变化影响。

第一，抓住交通基础设施的关键通道、关键节点和重点工程，优先打通缺失路段，畅通瓶颈路段，配套完善道路安全防护设施和交通管理设施设备，提升道路通达水平。推进建立统一的全程运输协调机制，促进国际通关、换装、多式联运有机衔接，逐步形成兼容规范的运输规则，实现国际运输便利化。推动口岸基础设施建设，畅通陆水联运通道，推进港口合作建设，增加海上航线和班次，加强海上物流信息化合作。拓展建立民航全面合作的平台和机制，加快提升航空基础设施水平。

第二，加强能源基础设施互联互通合作，共同维护输油、输气管道等运输通道安全，推进跨境电力与输电通道建设，积极开展区域电网升级改造合作。

第三，共同推进跨境光缆等通信干线网络建设，提高国际通信互联互通水平，畅通信息丝绸之路。加快推进双边跨境光缆等建设，规划建设洲际海底光缆项目，完善空中（卫星）信息通道，扩大信息交流与合作。

三　贸易畅通

投资贸易合作是"一带一路"建设的重点内容。宜着力研究解决投资贸易便利化问题，消除投资和贸易壁垒，构建区域内和各国良好的营商环境，积极同有关国家和地区共同商建自由贸易区，激发释放合作潜力，做大做好合作"蛋糕"。

第一，共建国家宜加强信息互换、监管互认、执法互助的海关合作，以及检验检疫、认证认可、标准计量、统计信息等方面的双多边合作，推动世界贸易组织《贸易便利化协定》生效和实施。改善边境口岸通关设施条件，加快边境口岸"单一窗口"建设，降低通关成本，提升通关能力。加强供应链安全与便利化合作，推进跨境监管程序协调，推动检验检疫证书国际互联网核查，开展"经认证的经营者"（AEO）互认。降

第六章 "一带一路"建设重点领域

低非关税壁垒，共同提高技术性贸易措施透明度，提高贸易自由化便利化水平。

第二，拓宽贸易领域，优化贸易结构，挖掘贸易新增长点，促进贸易平衡。创新贸易方式，发展跨境电子商务等新的商业业态。建立健全服务贸易促进体系，巩固和扩大传统贸易，大力发展现代服务贸易。把投资和贸易有机结合起来，以投资带动贸易发展。

第三，加快投资便利化进程，消除投资壁垒。加强双边投资保护协定、避免双重征税协定磋商，保护投资者的合法权益。

第四，拓展相互投资领域，开展农林牧渔业、农机及农产品生产加工等领域深度合作，积极推进海水养殖、远洋渔业、水产品加工、海水淡化、海洋生物制药、海洋工程技术、环保产业和海上旅游等领域合作。加强煤炭、油气、金属矿产等传统能源资源勘探开发合作，积极推动水电、核电、风电、太阳能等清洁、可再生能源合作，推进能源资源就地就近加工转化合作，形成能源资源合作上下游一体化产业链。加强能源资源深加工技术、装备与工程服务合作。

第五，推动新兴产业合作，按照优势互补、互利共赢的原则，促进共建国家加强在新一代信息技术、生物、新能源、新材料等新兴产业领域的深入合作，推动建立创业投资合作机制。

第六，优化产业链分工布局，推动上下游产业链和关联产业协同发展，鼓励建立研发、生产和营销体系，提升区域产业配套能力和综合竞争力。扩大服务业相互开放，推动区域服务业加快发展。探索投资合作新模式，鼓励合作建设境外经贸合作区、跨境经济合作区等各类产业园区，促进产业集群发展。在投资贸易中突出生态文明理念，加强生态环境、生物多样性和应对气候变化合作，共建绿色丝绸之路。

第七，中国欢迎各国企业来华投资。鼓励本国企业参与沿线国家基础设施建设和产业投资。促进企业按属地化原则经营管理，积极帮助当地发展经济、增加就业、改善民生，主动承担社会责任，严格保护生物多样性和生态环境。

四　资金融通

资金融通是"一带一路"建设的重要支撑。深化金融合作，推进亚洲货币稳定体系、投融资体系和信用体系建设。扩大沿线国家双边本币互换、结算的范围和规模。推动亚洲债券市场的开放和发展。共同推进亚洲基础设施投资银行、金砖国家新开发银行筹建，有关各方就建立上海合作组织融资机构开展磋商。加快丝路基金组建运营。深化中国-东盟银行联合体、上合组织银行联合体务实合作，以银团贷款、银行授信等方式开展多边金融合作。支持沿线国家政府和信用等级较高的企业以及金融机构在中国境内发行人民币债券。符合条件的中国境内金融机构和企业可以在境外发行人民币债券和外币债券，鼓励在沿线国家使用所筹资金。

加强金融监管合作，推动签署双边监管合作谅解备忘录，逐步在区域内建立高效监管协调机制。完善风险应对和危机处置制度安排，构建区域性金融风险预警系统，形成应对跨境风险和危机处置的交流合作机制。加强征信管理部门、征信机构和评级机构之间的跨境交流与合作。充分发挥丝路基金以及各国主权基金作用，引导商业性股权投资基金和社会资金共同参与"一带一路"重点项目建设。

五　民心相通

民心相通是"一带一路"建设的社会根基。传承和弘扬丝绸之路友好合作精神，广泛开展文化交流、学术往来、人才交流合作、媒体合作、青年和妇女交往、志愿者服务等，为深化双多边合作奠定坚实的民意基础。

第一，扩大相互间留学生规模，开展合作办学，中国每年向沿线国家提供1万个政府奖学金名额。沿线国家间互办文化年、艺术节、电影节、电视周和图书展等活动，合作开展广播影视剧精品创作及翻译，联合申请世界文化遗产，共同开展世界遗产的联合保护工作。深化沿线国家间人才交流合作。

第二，加强旅游合作，扩大旅游规模，互办旅游推广周、宣传月等活动，联合打造具有丝绸之路特色的国际精品旅游线路和旅游产品，提高沿线各国游客签证便利化水平。推动21世纪海上丝绸之路邮轮旅游合作。积极开展体育交流活动，支持沿线国家申办重大国际体育赛事。

第三，强化与周边国家在传染病疫情信息沟通、防治技术交流、专业人才培养等方面的合作，提高合作处理突发公共卫生事件的能力。为有关国家提供医疗援助和应急医疗救助，在妇幼健康、残疾人康复以及艾滋病、结核、疟疾等主要传染病领域开展务实合作，扩大在传统医药领域的合作。

第四，加强科技合作，共建联合实验室（研究中心）、国际技术转移中心、海上合作中心，促进科技人员交流，合作开展重大科技攻关，共同提升科技创新能力。

第五，整合现有资源，积极开拓和推进与沿线国家在青年就业、创业培训、职业技能开发、社会保障管理服务、公共行政管理等共同关心领域的务实合作。

第六，充分发挥政党、议会交往的桥梁作用，加强沿线国家之间立法机构、主要党派和政治组织的友好往来。开展城市交流合作，欢迎沿线国家重要城市之间互结友好城市，以人文交流为重点，突出务实合作，形成更多鲜活的合作范例。欢迎沿线国家智库之间开展联合研究、合作举办论坛等。

第七，加强沿线国家民间组织的交流合作，重点面向基层民众，广泛开展教育医疗、减贫开发、生物多样性和生态环保等各类公益慈善活动，促进沿线贫困地区生产生活条件改善。加强文化传媒的国际交流合作，积极利用网络平台，运用新媒体工具，塑造和谐友好的文化生态和舆论环境。

2018年太和智库与北京大学联合发布"一带一路"五通指数研究报告，[①] 认为已经融入"一带一路"建设的94个国家与我国的互联互通水平平均达到"良好型"等级，说明"一带一路"建设整体向好，但仍有巨大

[①] 《太和智库与北京大学联合发布"一带一路"五通指数研究报告（2018）》，http：//www.taiheinstitute.org/Content/2018/12-24/0913043250.html，2018年12月24日。

发展空间。

　　报告显示，随着"一带一路"不断走实走深，其辐射范围以及"五通"的内涵都发生了重要变化。一方面，"一带一路"朋友圈不断扩大，国际号召力持续增强，越来越多的国家与我国签订协议融入其中；另一方面，随着"一带一路"从理念转化为实践，互联互通形式日益丰富，新的建设成果不断涌现，"五通"内涵也不断发展。

　　各"通"发展水平差异显现，国别差异更加突出。整体发展水平方面，贸易畅通和民心相通得分较高，而其余3个一级指标得分较低，五大领域之间差异显现。国别离散程度方面，各国在资金融通水平上的差异最大，说明各国金融领域互联互通水平分化明显，政策沟通和民心相通次之，贸易畅通和设施联通的离散程度则相对较低。由此可见，无论是在五大领域还是国别方面，"一带一路"建设中的差异化发展态势愈发凸显。

　　各"通"之间并不是独立的，贸易、资金、民心密切相关，设施与其他四大领域均相关。"五通"间的关系存在三种特征：一是民心相通、资金融通、贸易畅通两两之间密切相关；二是设施联通虽然没有与某一特定领域高度相关，但与其他四大领域都中度相关；三是政策沟通与贸易畅通的相关系数相对较低。

　　报告建议，制定针对性中长期政策推进"一带一路"建设。一方面，各国"五通"总体发展水平呈正态分布，多数国家的互联互通发展潜力巨大，但水平不一。另一方面，从各国在各"通"的特征来看，我国与大量国家的互联互通存在侧重点，已形成多种不同类型。在此背景下，可以从宏观上因类制宜，为互联互通处于不同水平、呈现不同特征的类型制定针对性的中长期规划，推动"一带一路"建设的持续发展。

　　及时评估和预防"五通"短板带来的潜在风险。虽然"一带一路"建设整体形势向好，但仍需保持风险忧患意识。报告发现，有超过1/3的国家在"五通"上存在明显短板，在资金融通方面尤为突出。"五通"作为有机整体，在以差异化策略逐步实现其均衡发展过程中，不应忽视某一领域短板背后的潜在风险，例如研究发现资金融通与贸易畅通、民心相通高度相关，前者不畅或成为后两者发展的"天花板"。因此需要对此类风险进行及时评估，防患于未然。

进一步完善"一带一路"建设的监测评估机制。随着"一带一路"建设的推进，不断有新的国家融入，不断有新的机遇出现，不断有新的问题产生。在此背景下，为了更好地把握历史机遇，防范未知风险，需要不断优化"一带一路"建设的监测评估的指导思想、体系、方法，不断革新理念、创新方法、补充数据，形成从中长期预测乃至实时监测的完备监测体系，为"一带一路"持续健康发展保驾护航。

第二节 "一带一路"建设中八大重点领域

党的十九大报告提出"推动形成全面开放新格局"。中央经济工作会议指出，要在开放的范围和层次上进一步拓展，更要在开放的思想观念、结构布局、体制机制上进一步拓展。这是在国内外形势发生深刻复杂变化、机遇挑战前所未有的背景下所作出的重大部署。"一带一路"建设为我国扩展同发展中国家的经贸联系，形成更为多元化的全球伙伴关系，推动经济全球化向更为普惠平衡、公正共赢的方向发展，提供了有力保障。"一带一路"建设已从顶层设计迈入推进务实合作的阶段，中国将与沿线国家和地区共同努力，在以下领域取得实质性进展。

一 促进基础设施互联互通

促进基础设施互联互通，中国将与沿线国家和地区在交通基础设施、能源基础设施和通信干线网络三个方面加强合作。"一带一路"沿线国家和地区基础设施建设比较滞后，多数骨干通道存在缺失路段，不少通道等级低、路况差、安全隐患大，而海上航道运输信息合作水平低、安全问题频发。这种滞后状态是"一带一路"建设的瓶颈，也是我国对外承包工程企业的重要建设内容。虽然目前周边国家对互联互通及基础设施建设的热情饱满、需求旺盛，但在这个过程中，同样存在许多不容忽视的问题，如标准问题、资金短缺问题等。资金方面，2014年11月8日，在北京举行的"加强互联互通伙伴关系"东道主伙伴对话会上习近平宣布，中国将出资400亿美元成立丝路基金，①为"一带一路"沿线国家和地区基础设施、资源开发、产业合作和金融合作等与互联互通有关的项目提供投融资支持。根据"一带一路"沿线各国交通现状，在进行区域互联互通与基础设施建设时，对外承包工程企业一是要围绕打通重点区域内的"断头路"找项目，开拓市场；二是要积极参与各国软件建设及民生领域的公共基础设施建设，寻求长期发展。尤其是参与各国软件建设，如统一各国轨道标准，以保证区域之间铁路的衔接，才能实现交通上的互联互通。

二 提升经贸合作水平

我国与很多"一带一路"沿线国家和地区存在较大的贸易顺差，为此，想要实现长期、可持续的经济发展，就要进行贸易模式和投资模式的创新，加强贸易和投资结合。提升经贸合作水平，在机械设备、机电产品、高科技产品、能源资源产品、农产品等方面，与沿线国家和地区在投资与贸易领域开展广泛的合作。进一步创新贸易方式，不断提高贸易便利化水平。近年，我国不断加快自贸区建设，努力推动区域间贸易便利化，企业贸易方式和商业模式正在转变。

三 拓展产业投资合作

拓展产业投资合作，中国将鼓励和引导企业到共建国家投资兴业，合作建设产业园区，设立研发中心，提升产业层次，扩大当地就业，增强企业实力。我国对外进行产业投资合作的领域主要有传统优势产业和装备制造业等。传统优势产业向外转移的难度较大，产业链分工转移的步伐缓慢。而"走出去"产业中新兴的装备制造业，包括工程机械、电力设备、核电设

---

① 2014年11月4日，中共中央总书记、国家主席、中央军委主席、中央财经领导小组组长习近平主持召开中央财经领导小组第八次会议，研究丝绸之路经济带和21世纪海上丝绸之路（即"一带一路"）规划、发起建立亚洲基础设施投资银行和设立丝路基金。

备、交通轨道、通信设备制造等的"走出去"步伐很快，但仍处于单纯的设备出口阶段，对外投资方向也仅停留在建维修厂和配件厂阶段，并没有成为真正的跨国公司。一直以来，对外承包工程企业的快速发展为我国装备制造出口起到了拉动作用，而国内优秀的设备制造商也以齐全的产品类别、优秀的产品性能和质量保障着工程施工的品质和效率。未来，对外承包商应继续与工程机械企业联手，以工程承包带动装备制造业"走出去"，实现共同发展。

四　深化能源合作

深化能源资源生产、运输和加工等多环节合作，加强能效和新能源开发等领域的合作，提升能源资源深加工能力，为保障国家能源安全、深化与重要资源国的合作，"一带一路"将打造陆上能源输送网作为建设重点之一。对此，企业应在延伸、深化产业链条，探讨能源合作多元化与发展清洁能源方面寻找发展机会，如加强各国在能源技术创新、能源融资、基础设施建设、资源勘探开采、建设能源大型基地等方面的合作。

五　发展金融合作

发展金融合作，拓展经营合作领域，包括信用、保险、监管等方面的合作，金融机构也要加快"走出去"步伐，更好地服务对外承包企业。中国将推动建设亚洲基础设施投资银行和丝路基金。加强双边政策资金的合作，发挥好社会资金的主力军作用。继续扩大双边本币互换的规模和推动贸易本币结算。

六　拓展人文交流合作

拓展人文交流合作，为深化合作奠定坚实的民意基础。人文合作，包括科技、文化、旅游等多方面，发挥好海外侨胞的作用，共同推进与沿线国家和地区在人文各领域的合作。在旅游领域，与沿线国家和地区联合打造国际精品旅游线路和产品。

七　加强生态环境合作

加强生态环境合作，中国将与沿线国家和地区建立健全有效的对话机制和联动机制，规划实施一批各方共同参与的重大项目，统筹推进区域内生态建设和环境保护。企业要积极参与"一带一路"经济走廊沿线国家的生态与环境保护，并在合作过程中增强生态环保意识，主动发展节能产业和循环经济，建造绿色工程，积极履行企业应尽的社会责任。

八　积极推进海上合作

积极推进海上合作。深化农业渔业互联互通、海洋环保、航道安全、海上搜救、防灾减灾等领域的合作，以海水养殖、海洋渔业加工、新能源和可再生能源、海水淡化、海洋生物制药、环保和海上旅游等产业为重点，合作建立一批海洋经济示范区、海洋合作科技园、境外经贸合作区和海洋人才培训基地。海上丝绸之路沿线各港口合作潜力巨大，企业在"一带一路"沿线进行海上合作时，要重点参与各国港口及港口产业园区的建设。海洋是国家间经济、文化交流的天然纽带，加强海洋经济合作和海洋资源开发、发展海洋产业，有效贯通海上丝路沿线各国港口，将为中国实现港口与内陆腹地的联通、提升"蓝色经济"能力做出贡献。[①]

"一带一路"建设是我国扩大对外开放的重大倡议，也是今后一段时期对外开放的工作重点。在推动形成全面开放新格局的过程中，"一带一路"建设具有重要的意义。自"一带一路"倡议提出以来，有关工作取得了积极进展，顶层设计不断完善，国际社会响应热烈。党的十九大报告提出，要以"一带一路"建设为重点，坚持"引进来"和"走出去"并重，遵循共商共建共享原则，加强创新能力开放合作，形成陆海内外联动、东西双向互济的开放格局。未来，按照中央的要求和部署，推进"一带一路"建设还

[①] 刘梦娇：《"一带一路"合作　瞩目八大领域》，《国际工程与劳务》2015年第2期。

第六章 "一带一路"建设重点领域

需要进一步做好以下工作。①

第一，加强与"一带一路"沿线国家及有关多边组织的战略对接。"一带一路"倡议是在全球经济发展进入新时期的背景下，中国作为一个负责任大国积极参与全球化所提出的构想，坚持共商、共建、共享原则。因此，"一带一路"倡议具有开放性，与"一带一路"沿线国家的自身发展战略或区域发展愿景均可从理念、目标、方式、布局乃至具体措施等层面展开切实的对话交流，形成合作机制。加强同沿线国家发展对接，有利于增进互信，并推动双方的资源投入，为有效发展提供基本的政策保障。

第二，更系统地改善优化"一带一路"投资环境。"一带一路"共建国家发展水平参差不齐，政策法规、社会文化环境差异巨大。在"一带一路"建设中，应进一步在国家层面以更系统化的方式改善或优化投资环境，形成成熟、高效的对外经济合作范本，包括构建投资贸易磋商机制，建立区域性投资促进与保护机制，推动双边或多边自贸谈判与投资协定谈判，在海关、检验检疫、运输物流、电子商务等领域建立密切的沟通合作机制，启动标准一致化磋商，加强对社会的信息沟通发布，等等。

第三，更深入地推动"一带一路"产业合作。"一带一路"建设要聚焦发展这一根本。为实现与"一带一路"共建国家的共同发展，提升产业发展水平并助推技术升级是根本之路。改革开放以来，中国工业化发展迅猛，而"一带一路"共建国家经济发展水平参差不齐，一些国家还处于工业化中期甚至初期，一些国家有一定的工业化基础，但在一些关键工业领域还缺乏独立的技术能力。我国与这些国家在产品结构上存在互补性，产业结构上存在承接关系。此外，我国面临的人口老龄化趋势对产业结构转型提出了迫切的需求，而许多"一带一路"共建国家则具有显著的人口红利，为其工业化和城市化提供了良好的条件。从产能转移与产业合作角度看，中国企业在"一带一路"共建国家进行产能转移和产业合作，使中国的发展成果惠

---

① 《以"一带一路"建设为重点形成全面开放新格局》，http://www.china.com.cn/opinion/theory/2017-12/22/content_50120406.htm，2017年12月22日。

及"一带一路"共建国家，对于促进这些国家的共同发展，具有重大而深远的意义。

第三节 "一带一路"建设中国际产能与装备制造业合作

2015年5月出台《国务院关于推进国际产能和装备制造合作的指导意见》，鼓励中国企业"走出去"，与包括"一带一路"沿线国家在内的世界各国开展产能合作。"一带一路"沿线国家之间工业化水平差异较大，涵盖了工业化进程的各个阶段。中国与这些国家的经济互补性较强，在国际产能合作方面潜力巨大，应充分发挥各自的比较优势并实现"强强联合"。国际产能合作旨在发挥中方在装备、技术、资金等方面的综合优势和其他方面的比较优势，对接中国和沿线国家供给能力和发展需求，共同发展实体经济、建设基础设施，实现优势互补、互利共赢、共同发展。

一 "一带一路"建设中国际产能合作和装备制造业合作的优势和劣势

（一）"一带一路"建设中国际产能和装备制造业合作的优势

第一，中国具有完整的、较强的工业体系，对能源、资源进口需求庞大，对亚非拉广大发展中国家谋求开发能源资源，实现本国工业化、城市化，具有同时输出工业装备、开发并进口能源资源的优势。中哈产能合作计划就是一个典型案例，它推动哈萨克斯坦能源资源开发和出口，将丰富的自然资源转化为经济实力，同时推动基础设施建设，加快工业化进程，促进哈萨克斯坦钢铁、有色金属、平板玻璃、炼油、水电、汽车等工业制造业发展。建设一个完备的工业化体系对一个国家实现现代化而言至关重要。中哈产能合作有利于推动双方的工业化进程，对于与其他国家广泛开展产能合作具有示范作用。

第二，中国在许多装备制造业以及大型工程领域显示出较强的技术创新能力，在国际市场上打造了具有一定知名度的品牌，实现了从单一产品输出向成套输出的转变。通过十多年的发展，中国已经掌握了高铁核心技术，自主研制了高寒、高温、高原、特殊地形地貌下各类动车组列车，覆盖时速200~380公里各个等级。中国修建高铁的平均成本只有国外同行的2/3，施工效率却是其1倍以上。中国高铁企业已经在马来西亚、南非、土耳其、阿根廷等国实现了从单一的"产品输出"转向"产品+服务+技术+管理+资本"的全产业链输出。高铁合作正成为各国互联互通的重要交通方式。中国公路施工技术也在全球高等级公路市场展现了中国技术实力，公路建设已经遍及亚、非、欧、美几十个国家。中国工程技术人员攻克中国-巴基斯坦喀喇昆仑国际公路施工中一个个地质灾害难关，实现公路安全施工；解决了非洲东部地区黑棉土公路路基处理技术问题。

第三，中国装备正在引领出口结构从一般消费品转向资本品，体现出较强的国际竞争力。2015年以来，我国外贸出口中机电产品已经占半壁江山，大型单机和成套设备出口成为亮点。除了高铁和核电两张名片，中国制造在其他领域的出口也表现出了强劲的优势，铁路、船舶、航空航天和其他运输设备制造业出口增长保持了较高水平。中国船舶工业行业协会数据显示，2022年，我国船企批量承接各类船舶订单，造船三大指标国际市场份额继续保持全球第一。12种船型新接订单居全球首位，集装箱船、散货船、原油船、化学品船、海洋工程辅助船等船型全球市场份额均超过50%。[1] 我国核电也在"一带一路"建设中走向海外，到2030年"一带一路"共建国家将新建107台核电机组，共计新增核电装机1.15亿千瓦，新增装机占世界（除中国外）核电市场的81.4%。[2]

（二）"一带一路"建设中国际产能和装备制造业合作的劣势

第一，中国对外产能和装备合作的质量与技术服务水平与最发达国家相

---

[1] 《从"巨轮出海"看我国造船业提质升级"新航迹"》，http://www.news.cn/mrdx/2023-01/31/c_1310693953.htm，2023年1月31日。

[2] 《核电产业跨越：在安全与高效之间走硬"核"发展之路》，http://www.nea.gov.cn/2022-01/21/c_1310437800.htm，2022年1月21日。

比仍有一定的距离。德国、日本在高铁、核电、造船等领域有国际先进的技术和工艺；法国、美国在大飞机、通信装备方面拥有最先进的技术。中国企业长期追踪世界领先技术，在许多领域通过引进、吸收和再创新方式获得了较大的技术进步，但是与最发达国家的技术水平相比仍有一定差距，中国产能和装备国际合作的品牌建立时间不长。尤其是中国在许多工业领域没有掌握最高国际标准。所以，中国国际产能合作的竞争力仍不够强。因此，中国公司有必要在项目融资、项目报价、项目工期、技术转让、项目后期服务等方面提高竞争力，加强与当地企业的合作。此外，中欧还有必要加强在"一带一路"建设中的产能合作以及对第三方市场的合作开发。

第二，发达国家已经建立促进国际合作的比较完善的体制机制以及政策支持体系，而中国还没有开展国际投资的成熟的市场运作和合作机制，中国公司的海外投资和合作项目可能面临较高的风险。在这样的国际博弈中，中国公司往往处于竞争的劣势。

第三，中国公司在国际项目运作和工程承包方面的经验不足。国际产能合作是一项复杂的系统工程，与当地政府、政党、工商界、学术界、宗教界以及各种社会中介或团体都有或多或少的联系。任何一个方面公共关系没有做好，都可能导致合作项目失败。不仅要重视与当地政府建立好沟通关系，而且要重视与社会中介组织、大学加强联系，遵纪守法，加强跨文化沟通，尊重当地宗教信仰及风俗习惯。然而中国公司对这些国际合作方面的风险还不够敏感，缺乏判断力和经验。因此，中国商务、产业各有关部门要分国别、分产业做好国际产能合作的各项风险调查与预警。更要重视经济外交，把外交功能扩展到国际经贸和国际合作等领域。①

二 "一带一路"建设中国际产能合作的内容

在"一带一路"建设背景下，国际产能合作的具体内容可以从企业、产业和国家三个层面来解读。

---

① 夏先良：《构筑"一带一路"国际产能合作体制机制与政策体系》，《国际贸易》2015年第11期。

第一，从企业层面来讲，企业主体在国际产能合作中具有三重身份，既是市场主体，又是执行者，也是现代化产业体系的重要组成部分，这些企业主体既包括国有及非国有大型企业，也包括以民营企业为主的中小型企业。这些企业都是从自身情况出发，按照国内外市场发展的需求进行自主决策。尤其是中小型企业中的民营企业在国际产能合作过程中具有一定优势，它们通常以灵活、分散的形式"走出去"，这样更易于被国际产能合作的东道国所接受，在国际产能合作中扮演着重要的角色，同时对于推动区域产业转型升级具有重要意义。

第二，从产业层面来讲，国际产能合作是针对某个特定领域，不同国家根据分工协作及技术的复杂程度不同而进行的合作过程。这一过程主要包括产品内、产业内及产业间的分工合作，因而中国必须培养"走出去"的企业在合作中的独特性，从而使其在国际产能合作中提升核心竞争力。

第三，从国家层面来讲，国际产能合作事实上已经超越了国际上单一、传统的合作模式，目前在国际上的技术流动、投资及贸易就是最好的例证。它们在不同领域的分工协作已超越了传统的地域边界。需要特别强调的是，国际产能的跨国合作除了前文提到的领域之外，还应包括制度、管理、工艺标准及技术等领域。从某种意义上来讲，这种跨国合作可以提升某个行业在国际事务中的话语权这一"软实力"。同时政府可以针对海外投资等行为制定相适应的法律法规，以此为依据来规范海外企业发展。中国倡议的国际产能合作，完全是以"市场交易"为准则。然而在国际产能合作过程中还体现着中国传统的价值观，比如"开放包容""互利共赢""合作双赢"等中国特色。因此，在实施国际产能合作中，尽管世界各国都是根据自己实际的情况针对不同的受益行业在资源配置及发展政策上有所不同，但用长远的发展眼光来看，国际产能合作不仅能助力发展中国家发展，而且使愿意参与产能合作的发达经济实体受益，如传统制造强国德国等一大批发达国家也包括在其中。"一带一路"倡议所倡导的理念，就是要在国际产能合作中坚持互利共赢和共同发展原则，不仅构建国际产能合作机制，还要帮助国际产能合作国提高自身制造能力，从而构建完备的工业体系。因此，我国推进国际产能合作的核心是从产品的贸易输出转向高水平的产能输出，形成一种新的国际经济大循环体系，为世界经济早日走出低谷奠定基础。①

三 "一带一路"建设背景下提高我国装备制造业国际竞争力的途径

推进"一带一路"建设，必须兼顾共建各国利益，扩大各方利益汇合点，构建新的利益共同体，进而形成新的命运共同体和责任共同体。马克思主义认为，追求利益是人类一切社会活动的动因，"人们奋斗所争取的一切，都同他们的利益有关"。而今，面对经济全球化的不确定性，经济利益作为国家的首要利益，其地位日渐突出，而中国沿价值链上移，也将使得与中国进行产能合作的国家受益。"一带一路"无疑是一项涉及经济贸易、人文交流等诸多领域的复合型倡议，然而，市场运作是基础，企业是主体，倡议对接的重点集中在产能合作领域。正如习近平主席所指出的，推进"一带一路"建设，要注意构建以市场为基础、企业为主体的区域经济合作机制……要在发展自身利益的同时，更多考虑和照顾其他国家利益。中国企业参与"一带一路"建设的积极性很高，包括装备制造、高铁、核电在内的优质产能对"一带一路"沿线国家而言具有相当的吸引力，特别是国家开发银行、丝路基金等国内金融机构及亚投行、金砖国家新开发银行等国际融资平台对国际产能合作重大项目的融资支持，使得中国企业在"走出去"过程中具备大显身手的实力。

对于我国装备制造业，为了在"一带一路"背景下更好地"走出去"，就必须加强自主创新，提高行业竞争力。一是加快组织实施国家制造业创新中心建设工程、高端装备创新工程、工业强基工程、绿色制造工程等，启动建设一批重点装备制造领域国家创新中心、国家实验室，针对关键核心技术、基础共性技术、集成创新能力等进行攻关，推动试点示范应用。二是继

---

① 慕怀琴、王俊：《"一带一路"倡议框架下国际产能合作路径探析》，《人民论坛》2016年第8期。

续组织实施装备领域科技重大专项及科研或产业化专项,论证启动机器人、3D打印等一批新兴成长性产业扶持专项工程,引导企业加大研发投入,突破技术瓶颈。三是加快首台(套)重大技术装备保险补偿机制等创新应用政策的制定,鼓励制造企业与使用部门共同开展研发,促进研发成果应用。四是鼓励产学研用加强合作,推动产业技术创新联盟建设,加快建立产业共性技术平台、行业检测试验服务平台,加强创新型、应用型人才培养。

四 国际产能和装备制造业合作是落实"一带一路"建设的重要形式

"一带一路"倡议,是中国参与全球治理和地区治理的新型区域经济合作形式,基于共商、共建、共享原则,通过政策沟通、设施联通、贸易畅通、资金融通、民心相通,构建多条跨越亚、欧、非三洲以实现合作共赢的陆上经济大走廊和海上经济大走廊。中国作为一个发展中大国,不仅是拉动世界经济增长的重要引擎,而且一直努力为全球治理贡献中国智慧和中国力量。习近平主席指出,世界那么大,问题那么多,国际社会期待听到中国声音、看到中国方案,中国不能缺席。[①]"一带一路"倡议正是与沿线国家实施战略对接,通过产能合作主动参与全球治理和地区治理的中国智慧和中国方案的集中体现。第二届"一带一路"国际合作高峰论坛期间,有关国家和国际组织同中方签署了100余项多双边合作文件,一些国家和国际金融机构同中方签署了开展第三方市场合作文件。此外,在第二次论坛期间,中方作为东道主牵头汇总了各方达成的具体成果,形成了一份283项的成果清单。[②] 这些成果体现了时代发展进步的潮流,体现了"一带一路"合作共赢的特色。

这些成果为构建全球互联互通伙伴关系作出重要贡献。其实,国际产能合作伴随着世界经济发展的整个历史进程。不同国家和地区的资源禀赋存在差异,存在以资源供求衡量的产能丰裕区和产能缺乏区,也存在以要素价格

[①] 《国家主席习近平发表二〇一六年新年贺词》,《光明日报》2016年1月1日。
[②] 《第二届"一带一路"国际合作高峰论坛成果丰硕》,http://www.gov.cn/xinwen/2019-04/29/content_ 5387629. htm,2019年4月29日。

衡量的产能高成本区和产能低成本区。① 因而，任何国家，要想实现经济的快速发展，不仅要主动学习先进的技术和管理经验，更需要依托国际国内两种资源、两个市场。中国的改革开放就曾两次承接国际产能转移，从而发展成为制造业大国。第一次是 20 世纪 70 年代末，中国积极利用自身优势承接了向发展中国家转移的劳动密集型产业，逐渐发展成为加工工业大国；第二次是自 20 世纪 90 年代中期开始，中国承接了中端制造业转移，发展成为制造业大国。中国提出"一带一路"倡议，正是顺应中国经济发展推动中国企业"走出去"特别是以国际产能合作为主的全球治理新趋势而做出的对外开放的重大抉择。

中国前两次产能合作是主动承接世界产业结构转移的"引进来"的合作，而"一带一路"建设背景下的产能合作则是以中国企业"走出去"为主的产能合作，需要与相关国家达成共识并以相应的合作机制来保证。中国经济保持良好发展态势，成为拉动世界经济增长的最大引擎。国际产能合作是推进"一带一路"建设的内生动力和外生动力相互促进的结果。中国正在从制造业大国向制造业强国迈进，有着国际产能合作的强大内在驱动。

---

① 周民良：《"一带一路"跨国产能合作既要注重又要慎重》，《中国发展观察》2015 年第 12 期。

第三部分
建设与成效

第七章 "一带一路"倡议与主要国家发展规划对接

"一带一路"建设在探索中前进、在发展中完善、在合作中成长，已经从规划与布局阶段转向落地生根、深耕细作、持久发展阶段。中国通过与"一带一路"相关国家展开密切的经贸合作，积极对接沿线国家已经存在的发展规划，实施对接务实合作。从哈萨克斯坦"光明之路"到土耳其"中间走廊"，从蒙古国"草原之路"到越南"两廊一圈"等。许多沿线国家和地区把各自发展规划与"一带一路"对接，通过寻求合作的最大公约数，汇聚起共同繁荣发展的磅礴力量。

第一节 "一带一路"倡议与俄罗斯"欧亚经济联盟"对接

一 "欧亚经济联盟"的内涵

2014年5月29日，俄罗斯、白俄罗斯和哈萨克斯坦三国总统在哈首都阿斯塔纳签署《欧亚经济联盟条约》，宣布欧亚经济联盟于2015年1月1日正式运行。由俄罗斯、白俄罗斯、哈萨克斯坦创立，后来吸引亚美尼亚和吉尔吉斯斯坦加入。根据条约，俄白哈三国将在2025年前实现商品、服务、资本和劳动力的自由流动，终极目标是建立类似于欧盟的经济联盟，形成一个拥有1.7亿人口的统一市场。条约涉及能源、交通、工业、农业、关税、贸易、税收和政府采购等诸多领域。

二 "一带一路"与"欧亚经济联盟"对接的必要性

俄罗斯与中亚国家有密切联系,并对其有着特殊的影响力。"一带一路"建设必须考虑俄罗斯因素,要与俄罗斯欧亚大通道建设及欧亚经济联盟建设进行对接。欧亚经济联盟的成员国基本位于丝绸之路经济带上,并且也处于欧亚大陆连接带的范围内。在丝绸之路经济带与欧亚经济联盟对接的过程中,欧亚经济联盟的成员国能够获得来自中国的资金和贸易机会,而中国也能借此打通欧亚市场。

2015年5月,中俄两国元首签署《中华人民共和国与俄罗斯联邦关于丝绸之路经济带建设和欧亚经济联盟建设对接合作的联合声明》,开启"一带一路"与欧亚经济联盟对接进程。根据联合声明,双方努力将丝绸之路经济带建设和欧亚经济联盟建设相对接,确保地区经济持续稳定增长,加强区域经济一体化,维护地区和平与发展。双方支持启动中国与欧亚经济联盟对接丝绸之路经济带建设与欧亚经济一体化的对话机制,并将在双方专家学者参与下就开辟共同经济空间进行讨论。[①]

三 "一带一路"与"欧亚经济联盟"对接的路径

(一)"一带一路"建设与俄罗斯欧亚大通道建设的对接

俄罗斯的西伯利亚大铁路和贝加尔-阿穆尔铁路组成了跨欧亚大通道,虽然俄罗斯已经正式启动对西伯利亚大铁路和贝阿铁路的现代化改造计划,但缺乏资金和技术以及没有具体的改造实施步骤等,会影响改造铁路愿景的最终实现。我国在铁路建设方面经验丰富,在过去的几年里,中国采用世界上最新的技术建设了数量惊人的大型、复杂的铁路项目,在铁路(尤其是高速铁路)设计、施工、建设和产业技术领域,中国已经形成了配套完备的产业链,也形成了独一无二的核心竞争力。俄罗斯的铁路改造和中国

---

① 《中华人民共和国与俄罗斯联邦关于丝绸之路经济带建设和欧亚经济联盟建设对接合作的联合声明(全文)》,http://www.gov.cn/xinwen/2015-05/09/content_2859384.htm,2015年5月9日。

"一带一路"建设紧密对接,能够直接推动欧亚大通道建设,有效开发欧亚大陆资源。

(二)"一带一路"建设与"欧亚经济联盟"建设的对接

根据中俄双方共同签署并发表的声明,双方可以通过扩大投资贸易合作,促进相互投资便利化和产能合作,在物流、交通基础设施、多式联运等领域加强互联互通,通过建立贸易便利化机制,协调并兼容相关管理规定、标准和各个领域政策等措施实现战略对接,促进经济增长。在能源领域的合作始终是中俄两国合作的关键领域,在航空航天、高铁、金融等领域的重大项目上中俄也存在合作基础。在"一带一路"倡议背景下,中俄两国的合作领域和深度将会进一步拓展和深化。

"一带一路"倡议以高度包容性,展现出与包括俄罗斯在内的欧亚国家发展规划的契合性与兼容度。"一带一路"倡议与俄罗斯主导的欧亚经济联盟对接将为沿线国家的合作开辟广阔的前景,是多赢倡议,符合各国利益。

第二节 "一带一路"倡议与哈萨克斯坦"光明之路"新经济政策对接

一 哈萨克斯坦"光明之路"新经济政策的内涵

2014年10月哈萨克斯坦总统纳扎尔巴耶夫提出"光明之路"新经济政策,致力于推进基础设施建设,保障经济持续发展和社会稳定。基础设施项目主要涉及交通、工业、能源、社会和文化等领域。这与"丝绸之路经济带"的主要内涵高度契合。

二 "一带一路"倡议与哈萨克斯坦"光明之路"新经济政策对接的必要性

哈萨克斯坦地处欧亚大陆结合部,是贯通亚欧非大陆及附近海洋的枢纽,也是中国通往欧洲最快捷的陆上通道。2015年5月习近平主席在访问哈萨克斯坦时指出，中哈两国在由路到带的建设过程中已经取得初步成就，中国将推进"丝绸之路经济带"和"光明之路"的对接。

中哈作为高度互信的战略合作伙伴，通过开展大规模产能合作不仅可以将中方"一带一路"倡议同哈方"光明之路"新经济政策相衔接，将中国富余的优质产能和哈萨克斯坦基础设施的缺口结合起来，助力各自经济发展，还可以为相关国家开展产能合作提供重要示范。但是中哈产能合作是新事物，没有先例可循，既要立足现实，也要敢于创新。把中哈高水平的政治关系转化为更多实实在在的合作成果，让两国民众从中受益。在能源领域，中哈合作取得很大成就，但是两国不能仅停留在这个领域。在今后的中哈合作中，基础设施建设、新能源和农业领域是新的合作方向。

2015年12月中国和哈萨克斯坦两国总理签署《中华人民共和国政府和哈萨克斯坦共和国政府联合公报》，提出尽快启动"丝绸之路经济带"与"光明之路"新经济政策对接合作的规划联合编制工作。[①] 2016年9月2日中国和哈萨克斯坦两国政府代表共同签署了"丝绸之路经济带"建设与"光明之路"新经济政策对接合作规划。中哈两国正在全面整合对接"一带一路"倡议与"光明之路"新经济政策。

三 "一带一路"倡议与"光明之路"新经济政策对接的路径

在"丝绸之路经济带"和"光明之路"新经济政策对接上，中哈双方应在以下几个方面进一步加强合作。

一是落实好中哈两国产能合作和基础设施互联互通建设项目，为"光明之路"提供资金、技术、设备支持，大力推动哈萨克斯坦成为区域交通枢纽、区域物流枢纽。争取哈萨克斯坦与中国"一带一路"建设中的中欧班列开展物流对接，营造国际化、法治化、市场化、高效化的营商环境，建

[①] 《中华人民共和国政府和哈萨克斯坦共和国政府联合公报》，http://www.gov.cn/xinwen/2015-12/15/content_5023947.htm，2015年12月15日。

设现代物流运输基础设施，优化过境物流运输的集装箱、多式联运服务。打造哈萨克斯坦成为丝绸之路经济带中的交通枢纽、物流枢纽。

二是坚持实现共同、综合、合作、可持续的安全观，共同打击"三股势力"及其他一切形式的恐怖和跨国犯罪活动，有效维护地区安全稳定，为两国的经济建设，以及"丝绸之路经济带"和"光明之路"新经济政策的顺利实施创造良好的外部环境。

三是加强人文交流和民间交往，加强专家学者间的合作交流，不断深化相互了解和信任，增进两国人民的传统友谊，巩固两国关系发展的民意基础和社会基础。

同时，中国要与哈萨克斯坦相关规划机构和智库机构紧密合作，就哈萨克斯坦"光明之路新经济政策"和规划中的具体领域、项目进行梳理和研究，形成近期、中期和远期合作项目计划，稳步推动中哈两国"一带一路"建设与"光明之路"合作。

第三节 "一带一路"倡议与"东盟互联互通"总体规划对接

一 《东盟互联互通总体规划2025》的内涵

2016年9月，东盟在老挝万象通过了《东盟互联互通总体规划2025》。该规划主要关注五个战略领域：可持续基础设施建设、数字创新、物流、进出口管理和人员流动。"一带一路"倡议与《东盟互联互通总体规划2025》协同发展的潜力巨大。

二 "一带一路"与"东盟互联互通"总体规划对接的必然性

中国与东盟关系经历了黄金十年，联通深入、合作紧密、效果巨大，达成了不少实现共同利益的对接协定及框架，为建立双方伙伴关系奠定了坚实的基础。2015年3月，中国国家发展改革委、外交部、商务部经国务院授权发布《愿景与行动》，其中提出"政策沟通、设施联通、贸易畅通、资金融通、民心相通"的合作重点符合中国和东南亚各国发展的愿望和计划。[①] 中国视东盟为推进"一带一路"合作的重点地区。近年来，中国在推进"一带一路"建设过程中积极寻求与东盟及其成员国的发展规划对接，推动中国-东盟经贸合作不断迈上新台阶。

2013~2014年，东盟致力于落实东盟一体化工作计划（2009~2015年）的各项内容。为了促进内部以及区域经贸活动，东盟各国需要互联互通，以达到贸易及投资便利化、金融服务、基础设施联通等目标。单就基础设施方面，在中长期发展上，东盟需要的基础设施建设资金特别巨大，而世界银行（WB）和亚洲开发银行（ADB）已经很难满足亚太地区基础设施建设融资需要。在提供资金方面，中国所创立的亚洲基础设施投资银行和丝绸之路基金是非常符合东盟基础设施建设融资需求的。若亚投行能够充分发挥良好的运作机制的作用，充分满足亚洲基础设施建设需求，那么东南亚的港口、桥梁、道路建设都可以更为顺利，"一带一路"与中国-东盟互联互通也更为容易实现。除了基础设施建设领域之外，东盟各国都愿意与中国扩大及促进投资贸易合作，成为中国全面、潜在的经贸合作伙伴。反过来，中国也把东盟当作畅通亚欧、连接世界的重要桥梁，换句话说，东盟就是"一带一路"与中国-东盟互联互通不可缺少的基地。

2017年7月，在中国-东盟互联互通合作委员会第三次会议上中国和东盟就进一步加强互联互通合作达成共识。"一带一路"倡议与《东盟互联互通总体规划2025》目标契合、领域相通，协同发展潜力巨大。

三 "一带一路"与"东盟互联互通"总体规划对接的路径

（一）加快中国-东盟海上互联互通发展，奠定合作基础

一是加快港口基础设施建设，全力打造中国-东盟亿吨大港和千万吨

[①]《经国务院授权 三部委联合发布推动共建"一带一路"的愿景与行动》，http://www.gov.cn/xinwen/2015-03/28/content_ 2839723. htm，2015年3月28日。

第七章 "一带一路"倡议与主要国家发展规划对接

集装箱干线港，努力构建区域性国际航运中心；二是全力推进中国-东盟港口城市合作网络建设，为加强中国-东盟海上互联互通构建物流信息平台；三是抓紧推进临港产业园建设，打造面向东盟的区域性国际产业合作新高地。

（二）深化中国与东盟产业互联互通，延伸合作网络

从国家和地区层面协调中国与东盟国家之间互补与竞争的产业关系，推动完善双方在农业、制造业、服务业等多领域的跨境产业链与合作网络；签署产业投资合作协议，特别是中国企业"走出去"过程中引导产业梯度转移；协调发展特色产业。

（三）促进跨境人口便利流动，加强人文交流

放大中国-东盟博览会的集聚效应，延伸跨境旅游与展会相关产业链，将我国与东盟衔接的区域打造成为中国与东盟商务会议中心、区域性国际旅游目的地与集散地。同时，加强文化合作，增进民间交流。

第四节 "一带一路"倡议与塔吉克斯坦至2030年国家发展战略对接

塔吉克斯坦是第一个与中国签署关于共建"丝绸之路经济带"协议的国家。

2014年9月12~14日，习近平主席访问塔吉克斯坦期间，国家发展改革委主任徐绍史和塔吉克斯坦经济发展与贸易部部长拉希姆佐达共同签署了《关于共同推进丝绸之路经济带建设的谅解备忘录》。塔吉克斯坦成为第一个与中国就共建"丝绸之路经济带"签署政府间协议的国家。

一 塔吉克斯坦至2030年国家发展战略

塔吉克斯坦至2030年国家发展战略于2016年9月在塔吉克斯坦独立25周年之际通过，确立了"确保能源安全和高效使用电力能源""将塔吉克斯

坦从交通死角转变为重要交通枢纽国家""确保粮食安全和为公众提供高品质食物""扩大生产性就业"四大战略发展目标。

二 "一带一路"倡议与塔吉克斯坦至2030年国家发展战略对接的必要性

目前，中国是塔吉克斯坦第一大投资来源国和第三大贸易伙伴。自1992年建交以来，中国和塔吉克斯坦的睦邻友好合作关系稳步健康发展。中塔两国始终坚持相互尊重、平等相待、互利共赢原则，在涉及彼此核心和重大利益方面相互给予坚定支持。特别是近年来，在两国元首亲切关怀和战略引领下，中塔各领域合作步入了发展快车道，中塔关系成为不同社会制度、不同文明、不同规模国家友好合作的典范。中塔两国2007年签订睦邻友好合作条约，2013年建立战略伙伴关系，2014年宣示进一步发展和深化战略伙伴关系，2018年建立全面战略伙伴关系，均具有重要的现实意义和历史意义。

三 "一带一路"倡议与塔吉克斯坦至2030年国家发展战略对接的路径

双方将继续落实《中塔合作规划纲要》，推动"一带一路"倡议同塔吉克斯坦至2030年国家发展战略深入对接，致力于逐步构建中塔发展共同体。基于上述，双方将继续全面、切实落实现有双边共识和共同合作项目。

双方尊重和维护以世界贸易组织为核心的多边贸易体制，反对单边主义和保护主义，将根据各自国家现有法律和进出口政策，以世界贸易组织规则为基础，积极致力于促进双边经贸合作，共同建设开放型世界经济。双方积极评价中塔政府间经贸合作委员会对深化双方务实合作起到的重要作用，愿进一步发挥该委员会作用，扩大贸易规模，优化贸易结构，推动投资项目，丰富合作形式，提升贸易便利化水平，推动两国贸易均衡发展。双方将为促进贸易发展创造条件，充分发挥中国国际进口博览会等平台的作用，促进双方企业交流。

第七章 "一带一路"倡议与主要国家发展规划对接

双方愿加强产能和投资合作,支持本国企业赴对方投资兴业和建设工业园区,将在平等互利基础上改善贸易和投资环境,根据本国法律采取有效措施保障对方国家公民和法人在本国境内的人身、财产安全和各项合法权益。

双方支持两国互设银行机构,发展银行间各领域合作,为金融机构和金融合作创造良好条件。双方将深化金融领域合作,推动在双边贸易和投资中扩大本币结算规模,探讨灵活多样的融资方式。

双方将继续加强互联互通合作,在铁路、公路和航空运输方面相互提供便利,加快推进中塔公路二期建设。中方愿继续参与塔方境内铁路、公路等交通基础设施建设和改造工作。

双方将加强海关领域合作,加快卡拉苏-阔勒买口岸基础设施建设,建立两国长期稳定的口岸管理合作机制,切实提高口岸通行能力。双方将密切海关检验检疫领域合作,加快完成塔吉克斯坦柠檬输华准入的后续工作。

双方将在确保安全的基础上推动塔农产品对华准入。

双方充分肯定两国农业合作取得的成果,将发挥中塔农业合作委员会机制作用。双方将继续加强农产品检验检疫合作,加强农作物、蔬菜栽培、畜牧育种和养殖、兽医、淡水养殖、农业机械,以及农业技术人员交流与培训等方面的务实合作。双方将推进农业科技示范园建设,加大农业技术的推广与应用力度,推动两国企业加强在农产品生产、加工、存储、运输和贸易等环节的合作。

双方将在互利共赢基础上继续开展能源开发和研究合作,探讨在电源及新的输变电建设等领域开展相关合作。

双方将继续发挥好中塔政府间经贸合作委员会新疆-塔吉克斯坦经贸合作分委会、中国-亚欧博览会等机制和平台的作用,全面提升两国毗邻地区合作水平。[1]

---

[1] 《中华人民共和国和塔吉克斯坦共和国关于进一步深化全面战略伙伴关系的联合声明(全文)》,http://www.gov.cn/xinwen/2019-06/16/content_ 5400683.htm,2019年6月16日。

第五节 "一带一路"倡议与蒙古国"草原之路"计划对接

一 "一带一路"倡议与蒙古国"草原之路"计划对接的必要性

首先,在地理位置上,中蒙是山水相连的近邻。其次,在政治外交上,中蒙双方高层频繁互访和互动,奠定了政治互信的基础。最后,在发展规划对接上,蒙古国的"草原之路"和中国的"一带一路"倡议高度契合。

2017年5月蒙古国总理额尔登巴特在出席第一届"一带一路"国际合作高峰论坛时表示,蒙古国政府欣然接受并结合自身发展政策积极同中方开展对话。蒙方愿发挥连接亚欧大陆的桥梁作用,积极参与"一带一路"建设框架下的互利合作。两国政府间签署了蒙古国"草原之路"计划与中国"一带一路"倡议对接谅解备忘录。随着两国发展倡议的对接,合作的领域会更加广泛。在2017年5月的"一带一路"国际合作高峰论坛上,中蒙签署了《中华人民共和国商务部和蒙古国对外关系部关于启动中国-蒙古自由贸易协定联合可行性研究的谅解备忘录》,宣布双方将成立工作组,聚焦双方有共同利益的领域开展研究,启动自贸协定联合可行性研究。[1]

二 "一带一路"倡议与蒙古国"草原之路"计划对接的路径

第一,继续推进中蒙俄经济走廊建设,推动项目落地。中蒙的资源禀赋和产业结构高度互补,发展潜力非常大。下一步要加强两国在矿产能源、基础设施、金融、农业等领域的务实合作,继续推进中蒙俄经济走廊建设,推动具体项目落地实施。

第二,加快二连浩特-扎门乌德经济合作区建设,该经济合作区位于中蒙

---

[1] 《中国与蒙古启动自贸协定联合可行性研究》,http://www.mofcom.gov.cn/article/ae/ai/201705/20170502574079.shtml,2017年5月12日。

国界两侧的毗邻接壤区域，紧邻二连浩特-扎门乌德边境口岸，规划总占地面积18.03平方公里，以扎门乌德自由经济区为依托的蒙方区域一期基础设施建设已近尾声，具备招商条件；跨境经济合作区将建设面向中国、蒙古、俄罗斯及国际市场的商品加工生产基地，实行开放的贸易和投资政策。

第六节 "一带一路"倡议与土耳其"中间走廊"倡议对接

一 "一带一路"倡议与土耳其"中间走廊"倡议对接的必然性

土耳其横跨亚欧两大洲，东毗中东，东北接高加索，西连东欧巴尔干，南望北非，邻近俄罗斯和中亚国家，是当今西亚、中东地区陆、海、空交通枢纽，具有开展互联互通合作的区位优势，是"一带一路"天然的组成部分。如"一带一路"建设方面，与土耳其正计划建设"东西高铁"对接，实现中国与中亚、西亚、北非、东欧的全面联通，带动地区乃至全球经济发展；土耳其也将打通与高加索国家的通道，进而与中国及南亚乃至东亚、东南亚联通，搭上国家经济发展的快车，助力经济腾飞。

土耳其是与中国共建"丝绸之路经济带"和"21世纪海上丝绸之路"的重要合作伙伴。与中国发起的"一带一路"倡议相呼应，土耳其发起了"中间走廊"倡议，宗旨之一也是促进亚欧区域经济合作。"中间走廊"的目标是通过土耳其将欧洲、中亚和中国连在一起，沿途经过格鲁吉亚、阿塞拜疆、里海、土库曼斯坦、哈萨克斯坦、乌兹别克斯坦、阿富汗、巴基斯坦，最终到达中国。2015年10月，在安塔利亚二十国集团峰会期间，中国政府与土耳其政府签署了关于将"一带一路"倡议与"中间走廊"倡议相衔接的谅解备忘录，为双方相关合作提供了指南。

2016年11月，外交部长王毅在安卡拉同土耳其外长恰武什奥卢举行中土外长磋商机制会议。双方一致同意要对接发展战略实现互利共赢。中土合作基础好、互补性强、前景广阔。要深入对接"一带一路"和"中间走廊"倡议，创新合作思路和方式，重点推进东西高铁等大型合作项目，争取早期收获，实现共同发展。2017年土耳其总统埃尔多安在"一带一路"国际高峰论坛开幕式上表示，土耳其是"一带一路"沿线重要国家，具有重要的区位优势。土耳其提出的"中间走廊"倡议，可以与"一带一路"倡议进行很好的对接。希望"中间走廊"能够成为"一带一路"倡议的重要组成部分。

二 "一带一路"倡议与土耳其"中间走廊"倡议对接的路径

（一）以"东西高铁"为抓手，打造交通走廊

"东西高铁"是贯穿土耳其东西全境的交通大动脉，对"一带一路"建设而言意义重大。"一带一路"倡议与土耳其"中间走廊"的对接也为中土合作建设"东西高铁"提供了机遇。中国可为土耳其提供在基础设施建设上的资金、设备、技术、运营经验等支持，加快推进"东西高铁"建设。

（二）以电站建设为抓手，打造能源走廊

土耳其作为高速发展的新兴经济体，能源供应缺口很大。同时，土耳其有成为地区电力枢纽的意愿，近年来大力发展火电站、水电站乃至核电站、新能源电站。这为中国企业"走出去"提供了前所未有的机会，双方可以优势互补，各取所需，从而促使合作提速，携手建设能源走廊，为"一带一路"建设奠定坚实的基础。

（三）以建设经贸合作区为抓手，打造投资走廊

土耳其经济部等有关主管部门已在多个场合对在土耳其建设中国经贸合作区表示欢迎，为中土合作尽早建立经贸合作区带来机遇。

（四）以旅游、影视为抓手，打造文化走廊

中土文化交往历史悠久，源远流长。两个文明相互影响，彼此借鉴。土耳其是第六大出境目的地，中国为世界第一大出境游市场和第三大入境游市场。与此同时，中国是世界第三大电影生产国、拥有第二大电影票房市场，电视剧制作数量极为可观。土耳其影视剧制作精良，屡获国际大奖。中土双方可以开展相关合作，开设旅游线路和增开航线，合拍影视剧，增进民间交流。

第七章 "一带一路"倡议与主要国家发展规划对接

第七节 "一带一路"倡议与越南"两廊一圈"对接

一 "两廊一圈"的内涵

"昆明-老街-河内-海防-广宁"、"南宁-谅山-河内-海防-广宁"经济走廊和环北部湾经济圈简称"两廊一圈",涉及中国广西、广东、云南、海南、香港、澳门与越南的10个沿海地带。两条走廊共跨度14万平方公里,总人口3900万。

二 "一带一路"与越南"两廊一圈"对接的必要性

中越山水相依,语言相近,文化相通,边境经济合作具有悠久的历史和良好的基础。目前,中越两国相关方面都在加速推进以共建经济合作区为核心的跨境合作,这其实正是"一带一路"与"两廊一圈"对接的重要步骤。

早在2006年,中越两国政府就发表了确定双方合作建设"两廊一圈"意向的联合公报,这是两国中长期经济合作的共同规划。将中国的"一带一路"与越南的"两廊一圈"发展规划对接起来,既是两国业已达成的重要共识,也是两国共谋发展的必然选择。首先,两国经济战略对接,把"一带一路"与"两廊一圈"规划建设有机结合起来,同时也把到2020年中国全面建成"小康社会"与越南基本实现"工业化社会"两个重大目标以及两国发展海洋经济规划对接起来,这才能更有效地遵循共商、共建、共享原则,共同打造命运共同体,共同造福两国人民。其次,两国经济战略对接,越方可以充分利用中国在基础设施建设上的资源、设备、资金、运营经验等优势,并利用亚投行等投融资渠道进行投资合作,加快改善基础设施落后的状况。另外,作为东盟重要的成员国,越南还可以在推动"一带一路"倡议与《东盟经济共同体蓝图》《东盟互联互通总体规划2025》的对接合作中发挥积极作用。

三 "一带一路"与越南"两廊一圈"对接的路径

（一）加强基础设施互联互通，加快"一带一路"与"两廊一圈"对接合作

越南将体制创新、基础设施、人力资源开发作为经济增长模式转型的三大突破口，并优先发展成套的基础设施，特别是交通、能源和城市基础设施，这与中国"一带一路"倡议当中提出的基础设施先行不谋而合。随着经济快速发展，基础设施建设滞后越来越成为越南发展的瓶颈。越南正在加快公路、铁路、机场及港口建设与改造，通过基础设施互联互通来节约大量运输费用和成本，促进经济增长。

推动互联互通、提倡设施联通先行的"一带一路"倡议将加速中越双方合作，帮助越南充分利用中国在基础设施建设上的资金、设备、技术、运营经验优势。2015年6月越南作为亚洲基础设施投资银行的创始成员国签署了亚投行协定，亚投行也将为越南的基础设施投融资提供支持，助力越南经济发展。在促进政府与社会资本合作（PPP）方面，中越两国再次不谋而合，越南鼓励采用PPP模式来加强在基础设施领域的建设。

（二）拓展金融等合作，加速"一带一路"与"两廊一圈"的对接合作

为促进"一带一路"与"两廊一圈"的对接与合作，中越两国可以考虑两国货币互换以及在越南设立人民币清算中心。中越正抓紧落实基础设施合作工作组以及金融与货币合作工作组相关工作，使两个工作组同海上共同开发磋商工作组相协调，共同推进各领域的合作全面发展。在当前世界经济形势复杂多变的背景下，促进中越两国海上、陆上及金融等各领域合作，将推动中越及区域的互联互通并促进贸易往来。

（三）从产业投资合作上，加强"一带一路"与"两廊一圈"对接合作

中越两国产业互补性强，加强在纺织品、电子产业和汽车产业等领域的合作，不仅有助于加强国际产能合作，改善两国贸易结构，而且可以规避TPP及各种FTA的原产地规则限制。

加强两国"一带一路"与"两廊一圈"的对接与合作，不仅有助于互联互通，促进区域经济增长，而且有利于推动越南的工业化，并通过国际产能合作，促进中越两国的经贸往来，助力越南工业化水平的提高。

通过"一带一路"与"两廊一圈"的对接，中越将加强在建材、辅助工业、装备制造、电力、可再生能源等领域的产能合作。此外，中越还将加紧成立工作组，制定跨境经济合作区共同建设总体方案，推进中国在越南前江省龙江、海防市安阳两个工业园区的建设并积极吸引投资，促进钢铁、化肥业发展。这些都将进一步加速推进"一带一路"与"两廊一圈"的对接与合作。

第八节 "一带一路"倡议与沙特"2030愿景"对接

一 沙特"2030愿景"的内涵

沙特于2016年启动"2030愿景"，计划用15年时间，实现经济社会的多元化转型。沙特认为，其主要的发展优势是以丰富的自然资源为基础吸引世界投资、连接三大洲的交通枢纽。沙特将坚持"温和伊斯兰"理念，在保持伊斯兰传统的前提下，发挥自身优势，积极接轨外部世界，内部进行综合改革，推动国民身份认同，增进人民福祉、建设强大的国家。最终目的是建设一个有活力的社会、一个繁荣的经济体、一个高效治理的国家。

二 对接的必要性

2001年以来，沙特一直是我国在中东地区的第一大贸易伙伴。自2013年以来我国成为沙特第一大贸易伙伴。2023年，中沙双边贸易额1072.3亿美元，其中中方出口额428.6亿美元，中方进口额643.7亿美元。2024年上半年，中沙双边贸易额539.8亿美元，其中中方出口额238亿美元，中方进口额301.8亿美元。① 多年来，沙特一直是中国在中东地区最大的贸易伙伴和全球主要的原油供应国，中国也是沙特最重要的原油出口市场和最大的贸易伙伴。

三 "一带一路"与沙特"2030愿景"对接的路径

2022年12月7日起，沙特接连举办首届中国—阿拉伯国家峰会、中国—海湾阿拉伯国家合作委员会峰会等。峰会期间，中国和沙特签署战略伙伴关系协议，协调沙特"2030愿景"与中国"一带一路"倡议对接，进一步释放发展潜能。12月8日，中沙签署《中华人民共和国政府和沙特阿拉伯王国政府关于共建"一带一路"倡议与"2030愿景"对接实施方案》，共同推进两国基础设施、产能、能源、贸易和投资、人文等领域的合作。在沙特的大型中资企业的业务覆盖油气、铁路、港口等基础设施领域，可为沙特"2030愿景"提供支持。

"2030年愿景"旨在使沙特成为国际贸易、旅游和投资中心。除了帮助沙特实现经济转型外，中国还与沙特进一步加强在旅游及人文等领域的交流。12月8日，中沙两国强调，应在两国开展旅游合作和推广活动，中方宣布开放沙特为中国公民组团出境旅游目的地。

第九节 "一带一路"倡议与波兰"琥珀之路"对接

一 "琥珀之路"的由来

"琥珀之路"开拓于公元前两千年，由于欧洲北海地区盛产琥珀，而当时琥珀作为名贵的装饰品在欧洲大陆价值非常高，早期商人就从北海和波罗的海地区将琥珀带到中欧和南欧地区，进而逐渐开辟出多条琥珀之路。其中

---

① 《中国同沙特阿拉伯的关系》，https：//www.mfa.gov.cn/web/gjhdq_676201/gj_676203/yz_676205/1206_676860/sbgx_676864/。

第七章 "一带一路"倡议与主要国家发展规划对接

最便捷也最著名的一条路就是经由波罗的海地区往南穿越中欧最终到地中海沿岸的这条贸易和通商之路。

二 "一带一路"倡议与"琥珀之路"

"一带一路"倡议一经提出就在中东欧国家反响热烈,因为它契合了这些国家复兴"琥珀之路"的愿景。习近平主席在访问波兰时,清晰地提到要将"一带一路"倡议和"琥珀之路"相连接。"一带一路"建设在新时期塑造新格局,中东欧16国全部是"一带一路"沿线国家。

习近平主席在同波兰杜达总统会谈时表示,"琥珀之路"是一条古代运输琥珀的贸易道路,从欧洲北部的北海和波罗的海通往欧洲南部的地中海,连接了欧洲的多个重要城市,维持了多个世纪。它对于波兰人的意义并不亚于"丝绸之路"之于中国人。

三 "一带一路"倡议与"琥珀之路"对接的路径

"琥珀之路"对接"一带一路"倡议。波兰位于欧洲的"十字路口",是"琥珀之路"和"丝绸之路"的交汇点,同时也是中东欧地区人口、面积、经济总量最大的国家和欧盟重要的成员国。无论是中国与中东欧国家的"16+1合作"还是"一带一路"建设,波兰都是不可或缺的重要力量。

第一,齐心协力,将中波各领域的合作打造成"一带一路"合作的典范,以此带动整个区域合作。加强中波两国发展规划对接、共享发展红利。中波两国目前都处于经济发展的关键时期。中国已经进入改革的攻坚阶段,将继续深化供给侧结构性改革,而波兰政府提出了"地区发展战略"(再工业化和地区发展规划)。双方决定以两国签署的《中华人民共和国政府与波兰共和国政府关于共同推进"一带一路"建设的谅解备忘录》为基础,加强"一带一路"倡议与"可持续发展计划"对接。

第二,优化机制,使地方政府、企业和其他民间机构形成合力。中波两国地方政府应该继续加强交流,为当地企业和其他民间机构开展合作多搭桥、搭好桥,拓展各领域务实合作,夯实中波友好的民意基础。紧密协作,推动中国-中东欧国家合作更加紧密地同"一带一路"建设对接，开展持久务实的中国-中东欧国家合作。

第三，突出重点，将经贸合作作为主攻方向，整合中国产能优势、波兰区位和人才优势、欧洲先进技术优势，打造新的贸易中心和经济增长极。

第十节 "一带一路"倡议与其他国家的发展规划对接

一 乌兹别克斯坦

2015年6月15日，中国商务部和乌兹别克斯坦外经贸部签署《关于在落实建设"丝绸之路经济带"倡议框架下扩大互利经贸合作的议定书》。这是中乌签署的最重要的共建"一带一路"的政府文件，将在共建"丝绸之路经济带"的框架下充分发挥现有双边经贸合作机制的作用，进一步全面深化和拓展两国在贸易、投资、金融和交通通信等领域的互利合作，重点推动大宗商品贸易、基础设施建设、工业项目改造和工业园等领域的项目实施，实现双边经贸合作和共建"丝绸之路经济带"的融合发展。

2022年2月5日，中乌签署《中华人民共和国和乌兹别克斯坦共和国政府间经贸投资合作规划（2022—2026年）》。

2022年9月15日，中乌签署的《中华人民共和国和乌兹别克斯坦共和国联合声明》明确，双方愿积极推进"一带一路"倡议同"新乌兹别克斯坦"2022~2026年发展战略对接。

二 吉尔吉斯斯坦

2019年6月12日，《中华人民共和国和吉尔吉斯共和国关于进一步深化全面战略伙伴关系的联合声明》明确，吉方支持中方"一带一路"倡议。确定共建"一带一路"倡议和吉尔吉斯斯坦《2018—2040年国家发展战略》（2040年前国家战略）对接合作潜力巨大，将本着互利共赢的原则寻找更多利益交汇点，努力实现共同发展。

吉方将根据第二届"一带一路"高峰论坛期间达成的重要共识，推动高质量共建"一带一路"。吉方认为习近平主席提出的构建人类命运共同体具有划时代的历史意义。

三 土库曼斯坦

2023年1月6日，中土两国政府签署《中华人民共和国政府与土库曼斯坦政府关于共建"一带一路"倡议和"复兴丝绸之路"战略对接的谅解备忘录》，明确共同挖掘经济契合点，积极推进"五通"，推动构建中土命运共同体。这是我国与第151个国家签署的共建"一带一路"合作文件。

四 印度尼西亚

我国是印尼最大贸易伙伴。2023年，中印尼双边贸易额1394.2亿美元，同比下降5.9%。其中我国进口742.2亿美元，同比下降4.7%；出口652.0亿美元，同比下降7.3%。我国是印尼第二大外资来源国，印尼是我国在东盟的第二大投资目的地。2018年10月，两国签署共建"一带一路"和"全球海洋支点"谅解备忘录（2022年7月续签）。2022年11月，双方签署政府间关于共建"一带一路"倡议与"全球海洋支点"构想对接框架下的合作规划。

五 埃及

2015年，埃及政府提出"苏伊士运河走廊开发计划"，规划沿苏伊士运河建设"苏伊士运河走廊经济带"，包括修建公路、机场、港口等基础设施，预计建成后每年将为埃及创造高达1000亿美元的收入，约占该国经济总量的1/3。2016年1月21日，中埃两国政府在开罗签署了"一带一路"建设谅解备忘录。发布《中华人民共和国和阿拉伯埃及共和国关于加强两国全面战略伙伴关系的五年实施纲要》，双方同意加倍努力，发展中埃苏伊士经贸合作区，继续鼓励和支持有意愿的中方企业在该地区或埃及其他地区投资。中方将推动有实力的企业到苏伊士合作区投资发展，鼓励金融机构为泰达合作区及其入区企业提供融资便利，为泰达合作区的发展规划咨询提供服务，协助培训埃方人员。埃方将对泰达合作区提供经济特区的相关政策支持，在公共服务、税收优惠、外国员工比例等方面作出安排。

六 菲律宾

2023年1月5日发布的《中华人民共和国和菲律宾共和国联合声明》明确双方高度重视基础设施建设，愿持续深化共建"一带一路"倡议和"多建好建"规划对接，高质量推进基建项目合作，促进经济增长。双方续签"一带一路"合作谅解备忘录，签署帕西格河桥梁项目框架协议和中方援菲基建项目交接证书，并就支持菲律宾基础设施建设相关贷款协议交换意见。双方将进一步深化基础设施建设合作，打造达沃-萨马尔岛大桥等重点工程，在商定的地点探讨开展经贸创新发展合作，共同维护产业链供应链稳定。[①]

七 南非

南非总统拉马福萨2020年10月15日在议会发表讲话时宣布经济重建与复兴计划，希望借此创造更多就业岗位，助力经济恢复。2023年8月22日发布的《中华人民共和国和南非共和国联合声明》指出，"一带一路"倡议已成为互利共赢的国际合作平台。双方愿加强共建"一带一路"倡议与"经济重建和复苏计划"对接，承诺继续加强在基础设施和物流、贸易投资、制造业、农产品加工、能源资源、金融、数字经济、科学技术、绿色发展等重点领域的合作。[②]

[①]《中华人民共和国和菲律宾共和国联合声明》，https：//www.mfa.gov.cn/web/ziliao_674904/1179_674909/202301/t20230105_11001029.shtml，2023年1月5日。

[②]《中华人民共和国和南非共和国联合声明》，https：//www.moj.gov.cn/pub/sfbgw/gwxw/ttxw/202308/t20230823_484832.html#：~：text＝，2023年8月23日。

第八章 "一带一路"互联互通建设[*]

第一节 "一带一路"政策沟通成效

政策沟通是共建"一带一路"的重要保障。中国与共建国家、国际组织积极构建多层次政策沟通交流机制，在发展战略规划、技术经济政策、管理规则和标准等方面发挥政策协同效应，共同制定推进区域合作的规划和措施，为深化务实合作注入了"润滑剂"和"催化剂"，共建"一带一路"日益成为各国交流合作的重要框架。

战略对接和政策协调持续深化。在全球层面，2016年11月，在第71届联合国大会上，193个会员国一致赞同将"一带一路"倡议写入联大决议；2017年3月，联合国安理会通过第2344号决议，呼吁通过"一带一路"建设等加强区域经济合作；联合国开发计划署、世界卫生组织等先后与中国签署"一带一路"合作协议。在世界贸易组织，中国推动完成《投资便利化协定》文本谈判，将在超过110个国家和地区建立协调统一的投资管理体系，促进"一带一路"投资合作。在区域和多边层面，共建"一带一路"同联合国的2030年可持续发展议程、东盟的《东盟互联互通总体规划2025》、非盟的《2063年议程》、欧盟的"欧亚互联互通战略"等有效对接，支持区域一体化进程和全球发展事业。在双边层面，共建"一带一路"与俄罗斯的欧亚经济联盟建设、哈萨克斯坦的"光明之路"新经济政策、土库曼斯坦的"复兴丝绸之路"战略、蒙古国的"草原之路"倡议、印度尼西亚的"全球海洋支点"构想、菲律宾的"多建好建"规划、越南的"两廊一圈"、南非的"经

---

[*] 详见中华人民共和国国务院新闻办公室《共建"一带一路"：构建人类命运共同体的重大实践》，人民出版社，2023。

济重建和复苏计划"、埃及的苏伊士运河走廊开发计划、沙特的"2030愿景"等战略实现对接。截至2023年6月底，中国与五大洲的150多个国家、30多个国际组织签署了200多份共建"一带一路"合作文件，形成一大批标志性项目和惠民生的"小而美"项目。

政策沟通长效机制基本形成。以元首外交为引领，以政府间战略沟通为支撑，以地方和部门间政策协调为助力，以企业、社会组织等开展项目合作为载体，建立起多层次、多平台、多主体的常规性沟通渠道。中国成功举办两届"一带一路"国际合作高峰论坛，为各参与国家和国际组织深化交往、增进互信、密切来往提供了重要的平台。2017年举办的第一届"一带一路"国际合作高峰论坛，29个国家的元首和政府首脑出席，140多个国家和80多个国际组织的1600多名代表参会，形成了五大类279项务实成果。2019年举办的第二届"一带一路"国际合作高峰论坛，38个国家的元首和政府首脑及联合国秘书长、国际货币基金组织总裁等40位领导人出席圆桌峰会，超过150个国家、92个国际组织的6000余名代表参会，形成了六大类283项务实成果。

多边合作不断推进。在共建"一带一路"框架下，中外合作伙伴发起建立了20余个专业领域的多边对话合作机制，涵盖铁路、港口、能源、金融、税收、环保、减灾、智库、媒体等领域，参与成员数量持续增加。共建国家还依托中国-东盟（"10+1"）合作、中非合作论坛、中阿合作论坛、中拉论坛、中国-太平洋岛国经济发展合作论坛、中国-中东欧国家合作、世界经济论坛、博鳌亚洲论坛、中国共产党与世界政党领导人峰会等重大多边合作机制平台，不断深化务实合作。

规则标准对接扎实推进。标准化合作水平不断提升，截至2023年6月底，中国已与巴基斯坦、俄罗斯、希腊、埃塞俄比亚、哥斯达黎加等65个国家标准化机构以及国际和区域组织签署了107份标准化合作文件，促进了民用航空、气候变化、农业食品、建材、电动汽车、油气管道、物流、小水电、海洋和测绘等多领域的标准国际合作。"一带一路"标准信息平台运行良好，标准化概况信息已覆盖149个共建国家，可提供59个国家、6个国际和区域标准化组织的标准化题录信息精准检索服务，在共建国家间架起了标准互联互通的桥梁。中国标准外文版供给能力持续提升，发布国家标准外文版近1400项、行业标准外文版1000多项。2022年5月，亚非法协在香港设立区域仲裁中心，积极为共建"一带一路"提供多元纠纷解决路径。中国持续加强与俄罗斯、马来西亚、新加坡等22个国家和地区的跨境会计审计监管合作，为拓展跨境投融资渠道提供制度保障。

第二节 "一带一路"设施联通成效

设施联通是共建"一带一路"的优先领域。共建"一带一路"以"六廊六路多国多港"为基本架构，加快推进多层次、复合型基础设施网络建设，基本形成"陆海天网"四位一体的互联互通格局，为促进经贸和产能合作、加强文化交流和人员往来奠定了坚实的基础。

经济走廊和国际通道建设卓有成效。共建国家共同推进国际骨干通道建设，打造连接亚洲各次区域以及亚欧非之间的基础设施网络。中巴经济走廊方向，重点项目稳步推进，白沙瓦-卡拉奇高速公路（苏库尔至木尔坦段）、喀喇昆仑公路二期（赫韦利扬-塔科特段）、拉合尔轨道交通橙线项目竣工通车，萨希瓦尔、卡西姆港、塔尔、胡布等电站保持安全稳定运营，默拉直流输电项目投入商业运营，卡洛特水电站并网发电，拉沙卡伊特别经济区进入全面建设阶段。新亚欧大陆桥经济走廊方向，匈塞铁路塞尔维亚贝尔格莱德-诺维萨德段于2022年3月开通运营，匈牙利布达佩斯-克莱比奥段启动轨道铺设工作；克罗地亚佩列沙茨跨海大桥迎来通车一周年；双西公路全线贯通；黑山南北高速公路顺利建成并投入运营。中国-中南半岛经济走廊方向，中老铁路全线建成通车且运营成效良好，黄金运输通道作用日益彰显；作为中印尼共建"一带一路"的旗舰项目，时速350公里的雅万高铁开通运行；中泰铁路一期（曼谷-呵叻）签署线上工程合同，土建工程已开工11个标段（其中1个标段已完工）。中蒙俄经济走廊方向，中俄黑河公路桥、同江铁路桥通车运营，中俄东线天然气管道正式通气，中蒙俄中线铁路升级改造和发展可行性研究正式启动。中国-中亚-西亚经济走廊方向，中吉乌公路运输线路实现常态化运行，中国-中亚天然气管道运行稳定，哈萨克斯坦北哈州粮油专线与中欧班列并网运行。孟中印缅经济走廊方向，中缅原油和天然气管道建成投产，中缅铁路木姐-曼德勒铁路完成可行性研究，曼德勒-皎漂铁路启动可行性研究，中孟友谊大桥、多哈扎里至科克斯巴扎尔铁路等项目建设取得积极进展。在非洲，蒙内铁路、亚吉铁路等先后通车运营，成为拉动东非乃至整个非洲国家纵深发展的重要通道。

海上互联互通水平不断提升。共建国家港口航运合作不断深化，货物运输效率大幅提升：希腊比雷埃夫斯港年货物吞吐量增至500万标箱以上，跃升为欧洲第四大集装箱港口、地中海领先集装箱大港；巴基斯坦瓜达尔港共建取得重大进展，正朝着物流枢纽和产业基地的目标稳步迈进；缅甸皎漂深水港项目正在开展地勘、环社评等前期工作；斯里兰卡汉班托塔港散杂货年吞吐量增至120.5万吨；意大利瓦多集装箱码头开港运营，成为意大利第一个半自动化码头；尼日利亚莱基深水港项目建成并投入运营，成为中西非地区重要的现代化深水港。"丝路海运"网络持续拓展，截至2023年6月底，"丝路海运"航线已通达全球43个国家的117个港口，300多家国内外知名航运公司、港口企业、智库等加入"丝路海运"联盟。"海上丝绸之路海洋环境预报保障系统"持续业务化运行，范围覆盖共建国家100多个城市。

"空中丝绸之路"建设成效显著。共建国家间航空航线网络加快拓展，空中联通水平稳步提升。中国已与104个共建国家签署双边航空运输协定，与57个共建国家实现空中直航，跨境运输便利化水平不断提高。中国企业积极参与巴基斯坦、尼泊尔、多哥等共建国家民航基础设施领域合作，助力当地民航事业发展。中国民航"一带一路"合作平台于2020年8月正式成立，共建国家民航交流合作机制和平台更加健全。新冠疫情期间，以河南郑州-卢森堡为代表的"空中丝绸之路"不停飞、不断航，运送大量抗疫物资，在中欧间发挥了"空中生命线"的作用，为维护国际产业链供应链稳定作出了积极贡献。

国际多式联运大通道持续拓展。中欧班列、中欧陆海快线、西部陆海新通道、连云港-霍尔果斯新亚欧陆海联运等国际多式联运稳步发展。中欧班列通达欧洲 25 个国家的 200 多个城市，86 条时速 120 公里的运行线路穿越亚欧腹地主要区域，物流配送网络覆盖欧亚大陆；截至 2023 年 6 月底，中欧班列累计开行 7.4 万列，运输近 700 万标箱，货物品类达 5 万多种，涉及汽车整车、机械设备、电子产品等 53 大门类，合计货值超 3000 亿美元。中欧陆海快线从无到有，成为继传统海运航线、陆上中欧班列之外中欧间的第三条贸易通道，2022 年全通道运输总箱量超过 18 万标箱，火车开行 2600 余列。西部陆海新通道铁海联运班列覆盖中国中西部 18 个省（区、市），货物流向通达 100 多个国家的 300 多个港口。

第三节 "一带一路"贸易畅通成效

贸易投资合作是共建"一带一路"的重要内容。共建国家着力解决贸易投资自由化便利化问题，大幅消除贸易投资壁垒，改善区域内和各国营商环境，建设自由贸易区，拓宽贸易领域、优化贸易结构，拓展相互投资和产业合作领域，推动建立更加均衡、平等和可持续的贸易体系，发展互利共赢的经贸关系，共同做大做好合作"蛋糕"。

贸易投资规模稳步扩大。2013~2022 年，中国与共建国家进出口总额 19.1 万亿美元，年均增长 6.4%；与共建国家双向投资累计超过 3800 亿美元，其中中国对外直接投资超过 2400 亿美元；中国在共建国家承包工程新签合同额、完成营业额累计分别达到 2 万亿美元、1.3 万亿美元。2022 年，中国与共建国家进出口总额近 2.9 万亿美元，占同期中国外贸总值的 45.4%，较 2013 年提高了 6.2 个百分点；中国民营企业对共建国家进出口总额超过 1.5 万亿美元，占同期中国与共建国家进出口总额的 53.7%。

贸易投资自由化便利化水平不断提升。共建国家共同维护多边主义和自由贸易，努力营造密切彼此间经贸关系的良好制度环境，在工作制度对接、技术标准协调、检验结果互认、电子证书联网等方面取得积极进展。截至 2023 年 8 月底，80 多个国家和国际组织参与中国发起的《"一带一路"贸易畅通合作倡议》。中国与 28 个国家和地区签署 21 个自贸协定；《区域全面经济伙伴关系协定》（RCEP）于 2022 年 1 月 1 日正式生效，是世界上人口规模和经贸规模最大的自贸区，与共建"一带一路"覆盖国家和地区、涵盖领域和内容等方面相互重叠、相互补充，在亚洲地区形成双轮驱动的经贸合作发展新格局。中国还积极推动加入《全面与进步跨太平洋伙伴关系协定》（CPTPP）和《数字经济伙伴关系协定》（DEPA）。中国与 135 个国家和地区签订了双边投资协定；与 112 个国家和地区签署了避免双重征税协定（含安排、协议）；与 35 个共建国家实现"经认证的经营者"（AEO）互认；与 14 个国家签署第三方市场合作文件。中国与新加坡、巴基斯坦、蒙古国、伊朗等共建国家建立了"单一窗口"合作机制、签署了海关检验检疫合作文件，有效提升了口岸通关效率。

贸易投资平台作用更加凸显。中国国际进口博览会是全球首个以进口为主题的国家级展会，已连续成功举办五届，累计意向成交额近 3500 亿美元，约 2000 个首发首展商品亮相，参与国别与参与主体多元广泛，成为国际采购、投资促进、人文交流、开放合作、全球共享的国际公共平台。中国进出口商品交易会、中国国际服务贸易交易会、中国国际投资贸易洽谈会、中国国际消费品博览会、全球数字贸易博览会、中非经贸博览会、中国-阿拉伯国家博览会、中俄博览会、中国-中东欧国家博览会、中国-东盟博览会、中国-亚欧博览会等重点展会的影响力不断扩大，有力地促进了共建国家之间的经贸投资合作。中国香港特别行政区成功举办了 8 届"一带一路"高峰论坛，中国澳门特别行政区成功举办了 14 届国际基础设施投资与建设高峰论坛，在助力共建"一带一路"经贸投资合作中发挥了重要作用。

产业合作深入推进。共建国家致力于打造协同发展、互利共赢的合作格局，有力地促进了各国产业结构升级、产业链优化布局。共建国家共同推进国际产能合作，深化钢铁、有色金属、建材、汽车、工程机械、资源能源、农业等传统行业合作，探索数字经济、新能源汽车、核能与核技术、5G 等新兴产业合作，与有意愿的国家开展三方、多方市场合作，促进各方优势互补、互惠共赢。截至 2023 年 6 月底，中国已同 40 多个国家签署了产能合作文件，中国国际矿业大会、中国-东盟矿业合作论坛等成为共建国家开展矿业产能合作的重要平台。上海合作组织农业技术交流培训示范基地助力共建"一带一路"农业科技发展，促进国家间农业领域经贸合作。中国与巴基斯坦合作建设的卡拉奇核电站K2、K3两台"华龙一号"核电机组建成投运，中国与哈萨克斯坦合资的乌里宾核燃料元件组装厂成功投产，中国-东盟和平利用核技术论坛为共建国家开展核技术产业合作、助力民生和经济发展搭建了桥梁。中国企业与共建国家政府、企业合作建立的海外产业园超过70个，中马、中印尼"两国双园"，以及中白工业园、中阿（联酋）产能合作示范园、中埃（及）·泰达苏伊士经贸合作区等项目稳步推进。

第四节 "一带一路"资金融通成效

资金融通是共建"一带一路"的重要支撑。共建国家及有关机构积极开展多种形式的金融合作，创新投融资模式、拓宽投融资渠道、丰富投融资主体、完善投融资机制，大力推动政策性金融、开发性金融、商业性金融、合作性金融支持共建"一带一路"，努力构建长期、稳定、可持续、风险可控的投融资体系。

金融合作机制日益健全。中国国家开发银行推动成立中国-中东欧银联体、中国-阿拉伯国家银联体、中国-东盟银联体、中日韩-东盟银联体、中非金融合作银联体、中拉开发性金融合作机制等多边金融合作机制，中国工商银行推动成立"一带一路"银行间常态化合作机制。截至2023年6月底，共有13家中资银行在50个共建国家设立145家一级机构，131个共建国家的1770万家商户开通银联卡业务，74个共建国家开通银联移动支付服务。"一带一路"创新发展中心、"一带一路"财经发展研究中心、中国-国际货币基金组织联合能力建设中心相继设立。中国已与20个共建国家签署双边本币互换协议，在17个共建国家建立人民币清算安排，人民币跨境支付系统的参与者数量、业务量、影响力逐步提升，有效促进了贸易投资便利化。金融监管合作和交流持续推进，中国银保监会（现国家金融监督管理总局）、证监会与境外多个国家的监管机构签署监管合作谅解备忘录，推动建立区域内监管协调机制，促进资金高效配置，强化风险管控，为各类金融机构及投资主体创造良好的投资条件。

投融资渠道平台不断拓展。中国出资设立丝路基金，并与相关国家一道成立亚洲基础设施投资银行。丝路基金专门服务于"一带一路"建设，截至2023年6月底，丝路基金累计签约投资项目75个，承诺投资金额约220.4亿美元；亚洲基础设施投资银行已有106个成员，批准227个投资项目，共投资436亿美元，项目涉及交通、能源、公共卫生等领域，为共建国家基础设施互联互通和经济社会可持续发展提供投融资支持。中国积极参与现有各类融资安排机制，与世界银行、亚洲开发银行等国际金融机构签署合作备忘录，与国际金融机构联合筹建多边开发融资合作中心，与欧洲复兴开发银行加强第三方市场投融资合作，与国际金融公司、非洲开发银行等开展联合融资，有效撬动市场资金参与。中国发起设立中国-欧亚经济合作基金、中拉合作基金、中国-中东欧投资合作基金、中国-东盟投资合作基金、中拉产能合作投资基金、中非产能合作基金等国际经济合作基金，有效拓展了共建国家投融资渠道。中国国家开发银行、中国进出口银行分别设立"一带一路"专项贷款，集中资源加大对共建"一带一路"的融资支持力度。截至2022年底，中国国家开发银行已直接为1300多个"一带一路"项目提供了优质金融服务，有效发挥了开发性金融引领、汇聚境内外各类资金共同参与"一带一路"建设中的融资先导作用；中国进出口银行"一带一路"贷款余额达2.2万亿元，覆盖超过130个共建国家，贷款项目累计拉动投资4000多亿美元，带动贸易超过2万亿美元。中国信保充分发挥出口信用保险政策性职能，积极为共建"一带一路"提供综合保障。

投融资方式持续创新。基金、债券等多种创新模式不断发展，共建"一带一路"金融合作水平持续提升。中国证券行业设立多个"一带一路"主题基金，建立"一带一路"主题指数。2015年12月，中国证监会正式启动境外机构在交易所市场发行人民币债券（"熊猫债"）试点，截至2023年6月底，交易所债券市场已累计发行"熊猫债"99只，累计发行规模

1525.4 亿元；累计发行"一带一路"债券 46 只，累计发行规模 527.2 亿元。绿色金融稳步发展。2019 年 5 月，中国工商银行发行同时符合国际绿色债券准则和中国绿色债券准则的首只"一带一路"银行间常态化合作机制（BRBR）绿色债券；截至 2022 年底，已有 40 多家全球大型机构签署了《"一带一路"绿色投资原则》；2023 年 6 月，中国进出口银行发行推进共建"一带一路"国际合作和支持共建"一带一路"基础设施建设主题金融债。中国境内证券期货交易所与共建国家交易所稳步推进股权、产品、技术等方面的务实合作，积极支持哈萨克斯坦阿斯塔纳国际交易所、巴基斯坦证券交易所、孟加拉国达卡证券交易所等共建或参股交易所市场发展。

债务可持续性不断增强。按照平等参与、利益共享、风险共担的原则，中国与 28 个国家共同核准《"一带一路"融资指导原则》，推动共建国家政府、金融机构和企业重视债务可持续性，提升债务管理能力。中国借鉴国际货币基金组织和世界银行低收入国家债务可持续性分析框架，结合共建国家实际情况制定债务可持续性分析工具，发布《"一带一路"债务可持续性分析框架》，鼓励各方在自愿基础上使用。中国坚持以经济和社会效益为导向，根据项目所在国需求及实际情况为项目建设提供贷款，避免给所在国造成债务风险和财政负担；投资重点领域是互联互通基础设施项目以及共建国家急需的民生项目，为共建国家带来了有效投资，增加了优质资产，增强了发展动力。许多智库专家和国际机构研究指出，几乎所有"一带一路"项目都是由东道国出于本国经济发展和民生改善而发起的，其遵循的是经济学逻辑，而非地缘政治逻辑。

第五节 "一带一路"民心相通成效

民心相通是共建"一带一路"的社会根基。共建国家传承和弘扬丝绸之路友好合作精神，广泛开展文化旅游合作、教育交流、媒体和智库合作、民间交往等，推动文明互学互鉴和文化融合创新，形成了多元互动、百花齐放的人文交流格局，夯实了共建"一带一路"的民意基础。

文化旅游合作丰富多彩。截至2023年6月底，中国已与144个共建国家签署文化和旅游领域合作文件。中国与共建国家共同创建合作平台，成立了丝绸之路国际剧院联盟、博物馆联盟、艺术节联盟、图书馆联盟和美术馆联盟，成员单位达562家，其中包括72个共建国家的326个文化机构。中国不断深化对外文化交流，启动实施"文化丝路"计划，广泛开展"欢乐春节""你好！中国""艺汇丝路"等重点品牌活动。中国与文莱、柬埔寨、希腊、意大利、马来西亚、俄罗斯及东盟等共同举办文化年、旅游年，与共建国家互办文物展、电影节、艺术节、图书展、音乐节等活动及图书广播影视精品创作和互译互播，实施"一带一路"主题舞台艺术作品创作推广项目、"一带一路"国际美术工程和文化睦邻工程，扎实推进亚洲文化遗产保护行动。中国在44个国家设立46家海外中国文化中心，其中共建国家32家；在18个国家设立20家旅游办事处，其中共建国家8家。

教育交流合作广泛深入。中国发布《推进共建"一带一路"教育行动》，推进教育领域的国际交流与合作。截至2023年6月底，中国已与45个共建国家和地区签署高等教育学历学位互认协议。中国设立"丝绸之路"中国政府奖学金，中国地方省份、中国香港特别行政区、中国澳门特别行政区的高校、科研机构也面向共建国家设立了奖学金。中国院校在132个共建国家办有313所孔子学院、315所孔子课堂；"汉语桥"夏令营项目累计邀请100余个共建国家近5万名青少年来华访学，支持143个共建国家10万名中文爱好者线上学习中文、体验中国文化。中国院校与亚非欧三大洲的20多个共建国家通过院校合作建设一批鲁班工坊。中国与联合国教科文组织连续7年举办"一带一路"青年创意与遗产论坛及相关活动；合作设立丝绸之路青年学者资助计划，已资助24个青年学者研究项目。中国政府原子能奖学金项目已为26个共建国家培养了近200名和平利用核能相关专业的硕士/博士研究生。共建国家还充分发挥"一带一路"高校战略联盟、"一带一路"国际科学组织联盟等的示范带动作用，深化人才培养和科学研究的国际交流合作。

媒体和智库合作成果丰硕。媒体国际交流合作稳步推进，共建国家连续成功举办6届"一带一路"媒体合作论坛,建设"丝路电视国际合作共同体"。中国-阿拉伯国家广播电视合作论坛、中非媒体合作论坛、中国-柬埔寨广播电视定期合作会议、中国-东盟媒体合作论坛、澜湄视听周等双多边合作机制化开展,亚洲-太平洋广播联盟、阿拉伯国家广播联盟等国际组织活动有声有色,成为凝聚共建国家共识的重要平台。中国与共建国家媒体共同成立"一带一路"新闻合作联盟,积极推进国际传播"丝路奖"评选活动,截至2023年6月底,联盟成员单位已增至107个国家的233家媒体。智库交流更加频繁,"一带一路"国际合作高峰论坛咨询委员会于2018年成立,"一带一路"智库合作联盟已发展亚洲、非洲、欧洲、拉丁美洲合作伙伴合计122家,16家中外智库共同发起成立"一带一路"国际智库合作委员会。

民间交往不断深入。民间组织以惠民众、利民生、通民心为行动目标,不断织密合作网。在第二届"一带一路"国际合作高峰论坛民心相通分论坛上,中国民间组织国际交流促进会等中外民间组织共同发起"丝路一家亲"行动,推动中外民间组织建立近600对合作伙伴关系,开展300余个民生合作项目,"深系澜湄""国际爱心包裹""光明行"等品牌项目产生广泛影响。60余个共建国家的城市同中国多个城市结成1000余对友好城市。72个国家和地区的352家民间组织结成丝绸之路沿线民间组织合作网络,开展民生项目和各类活动500余项,成为共建国家民间组织开展交流合作的重要平台。

第六节 "一带一路"新领域合作建设成效

共建国家发挥各自优势,不断拓展合作领域、创新合作模式,推动健康、绿色、创新、数字丝绸之路建设取得积极进展,国际合作空间更加广阔。

卫生健康合作成效显著。共建国家积极推进"健康丝绸之路"建设,推动构建人类卫生健康共同体,建立紧密的卫生合作伙伴关系。截至2023

年6月底，中国已与世界卫生组织签署《关于"一带一路"卫生领域合作的谅解备忘录》，与160多个国家和国际组织签署卫生合作协议，发起和参与中国-非洲国家、中国-阿拉伯国家、中国-东盟卫生合作等9个国际和区域卫生合作机制。中国依托"一带一路"医学人才培养联盟、医院合作联盟、卫生政策研究网络、中国-东盟健康丝绸之路人才培养计划（2020-2022）等，为共建国家培养数万名卫生管理、公共卫生、医学科研等专业人才，向58个国家派出中国医疗队，赴30多个国家开展"光明行"，免费治疗白内障患者近万名，多次赴南太岛国开展"送医上岛"活动，与湄公河流域的国家、中亚国家、蒙古国等周边国家开展跨境医疗合作。新冠疫情期间，中国向120多个共建国家提供抗疫援助，向34个国家派出38批抗疫专家组，同31个国家发起"一带一路"疫苗合作伙伴关系倡议，向共建国家提供20余亿剂疫苗，与20余个国家开展疫苗生产合作，提高了疫苗在发展中国家的可及性和可负担性。中国与14个共建国家签订传统医药合作文件，8个共建国家在本国法律法规体系内对中医药发展予以支持，30个中医药海外中心投入建设，百余种中成药在共建国家以药品身份注册上市。

绿色低碳发展取得积极进展。中国与共建国家、国际组织积极建立绿色低碳发展合作机制，携手推动绿色发展、共同应对气候变化。中国先后发布《关于推进绿色"一带一路"建设的指导意见》《关于推进共建"一带一路"绿色发展的意见》等，提出2030年共建"一带一路"绿色发展格局基本形成的宏伟目标。中国环保部与联合国环境规划署签署《关于建设绿色"一带一路"的谅解备忘录》，与30多个国家及国际组织签署环保合作协议，与31个国家共同发起"一带一路"绿色发展伙伴关系倡议，与超过40个国家的150多个合作伙伴建立"一带一路"绿色发展国际联盟，与32个国家建立"一带一路"能源合作伙伴关系。中国承诺不再新建境外煤电项目，积极构建绿色金融发展平台和国际合作机制，与共建国家开展生物多样性保护合作研究，共同维护海上丝绸之路生态安全，建设"一带一路"生态环保大数据服务平台和"一带一路"环境技术交流与转移中心，实施绿色丝路使者计划。中国实施"一带一路"应对气候变化南南合作计划，与

39个共建国家签署47份气候变化南南合作谅解备忘录,与老挝、柬埔寨、塞舌尔合作建设低碳示范区,与30多个发展中国家开展70余个减缓和适应气候变化项目,培训了120多个国家3000多人次的环境管理人员和专家学者。2023年5月,中国进出口银行联合国家开发银行、中国信保等10余家金融机构发布《绿色金融支持"一带一路"能源转型倡议》,呼吁有关各方持续加大对共建国家能源绿色低碳转型领域的支持力度。

科技创新合作加快推进。共建国家加强创新合作,加快技术转移和知识分享,不断优化创新环境、集聚创新资源,积极开展重大科技合作和共同培养科技创新人才,推动科技创新能力提升。2016年10月,中国发布《推进"一带一路"建设科技创新合作专项规划》;2017年5月,"一带一路"科技创新行动计划正式启动实施,通过联合研究、技术转移、科技人文交流和科技园区合作等务实举措,提升共建国家的创新能力。截至2023年6月底,中国与80多个共建国家签署政府间科技合作协定,"一带一路"国际科学组织联盟(ANSO)成员单位达58家。2013年以来,中国支持逾万名共建国家青年科学家来华开展短期科研工作和交流,累计培训共建国家技术和管理人员1.6万余人次,面向东盟、南亚、阿拉伯国家、非洲、拉美等区域建设了9个跨国技术转移平台,累计帮助50多个非洲国家建成20多个农业技术示范中心,在农业、新能源、卫生健康等领域启动建设50余个"一带一路"联合实验室。国家知识产权局与世界知识产权组织签署了关于加强"一带一路"知识产权合作的政府间协议及修订与延期补充协议,共同主办两届"一带一路"知识产权高级别会议,并发布加强知识产权合作的《共同倡议》和《联合声明》;与50余个共建国家和国际组织建立知识产权合作关系,共同营造尊重知识价值的创新和营商环境。

"数字丝绸之路"建设亮点纷呈。共建国家加强数字领域的规则标准联通,推动区域性数字政策协调,携手打造开放、公平、公正、非歧视的数字发展环境。截至2022年底,中国已与17个国家签署"数字丝绸之路"合作谅解备忘录,与30个国家签署电子商务合作谅解备忘录,与18个国家和地区签署《关于加强数字经济领域投资合作的谅解备忘录》,提出并推动达成《全球数据安全倡议》《"一带一路"数字经济国际合作倡议》《中国-东盟关于建立数字经济合作伙伴关系的倡议》《中阿数据安全合作倡议》《"中国+中亚五国"数据安全合作倡议》《金砖国家数字经济伙伴关系框架》等合作倡议，牵头制定《跨境电商标准框架》。积极推进数字基础设施互联互通，加快建设数字交通走廊，多条国际海底光缆建设取得积极进展，构建起130套跨境陆缆系统，广泛建设5G基站、数据中心、云计算中心、智慧城市等，对传统基础设施如港口、铁路、道路、能源、水利等进行数字化升级改造，"中国-东盟信息港"、"数字化中欧班列"、中阿网上丝绸之路等重点项目全面推进，"数字丝路地球大数据平台"实现多语言数据共享。空间信息走廊建设成效显著，中国已建成连接南亚、非洲、欧洲和美洲的卫星电信港，中巴（西）地球资源系列遥感卫星数据被广泛应用于多个国家和领域，北斗三号全球卫星导航系统为中欧班列、船舶海运等领域提供全面服务；中国与多个共建国家和地区共同研制和发射通信或遥感卫星、建设卫星地面接收站等空间基础设施，依托联合国空间科技教育亚太区域中心（中国）为共建国家培养了大量航天人才，积极共建中海联合月球和深空探测中心、中阿空间碎片联合观测中心、澜湄对地观测数据合作中心、中国东盟卫星应用信息中心、中非卫星遥感应用合作中心，利用高分卫星16米数据共享服务平台、"一带一路"典型气象灾害分析及预警平台、自然资源卫星遥感云服务平台等服务于更多共建国家。

第九章 "一带一路"国际产能与装备制造合作

第一节 中国优质产能与装备制造发展状况

经过多年发展，我国装备制造业在标准化和质量方面取得了长足进步。我国现行国家标准和行业标准中，装备制造业标准占 50% 以上，基本形成了适应产业发展的标准体系。装备制造业标准水平不断提升，与国际接轨程度进一步提高，国际标准转化率达到 70% 以上，重大装备国产化程度大幅提高，产品整机质量与可靠性水平明显提升。装备制造业标准化在提升产品质量、扩大国际贸易、促进技术进步和创新等方面发挥了积极作用，产生了显著的经济和社会效益，有力支撑了装备制造业的发展。

当前，中国制造业尚处于机械化、电气化、自动化和信息化混合并存，不同地区、不同行业和不同企业发展不平衡的阶段。传统的装备制造业处于转型升级的新时期、新阶段。就中国制造业发展情况看，虽然从产值上看中国已经是全球第一制造大国，但大而不强的问题十分突出。比如，中国制造的产品大部分能够满足功能性常规参数的要求，但在功能档次、可靠性、质量稳定性和使用效率等方面都有待提高。而且，中国高端优质制造品牌十分匮乏。[①]

一 中国标准在部分领域实现了跨越式发展

2015 年，中国研究与试验（R&D）经费支出 14220 亿元，占国内生

---

① 孙柏林：《中国装备制造业及其高质量发展的对策建议》，《电气时代》2019 年第 2 期。

产总值的比重为2.1%，其中基础研究经费为671亿元。中国已是亚洲最大的高科技产品出口国，也是世界文化产品出口额最大的国家，并连续五年位居发明专利申请量世界首位。根据世界知识产权组织、美国康奈尔大学、英士国际商学院共同发布的"2016年全球创新指数"，中国列世界最具创新力经济体第25位，在中等收入经济体中排名第一。"中国标准"在高铁、核电、通信、汽车等领域已经实现了从跟随到引领的跨越。我国联合共建"一带一路"国家，在交通、能源、通信、测绘等基础设施领域共同推动制定国际标准，推动基础设施互联互通。在公路、桥梁、隧道工程建设领域，发布英、法、俄三种语言版本的92项中国标准外文版，内容涵盖设计、施工、质量检评等，为共建国家了解中国标准提供便利。

截至2024年1月，我国市场监管总局（国家标准委）已与43个共建"一带一路"国家、区域标准化机构签署54份合作协议。与俄罗斯、哈萨克斯坦、蒙古国等国家和地区实现450余项标准互认。[①]

二　中国高端装备制造业依赖进口

与国际先进装备制造技术水平相比，我国差距较大，一般加工能力和普通机械产品生产能力严重过剩，而具有国际先进水平的大型成套设备尚不能制造，不得不靠进口满足需要。

我国具有发展优势的制造业仍处于中端水平，面临发达国家"重塑制造业"政策下的制造业回流和发展中国家发展制造业分流的双重压力。中国高端装备关键的基础材料和核心零部件严重依赖进口，高档数控机床进口占比为70%~80%，高端数控机床配套的数控系统更是高达90%需要进口，国产机器人所需的精密减速器、控制器等核心零部件，多数直接采购国外产

---

① 《市场监管总局：已与43个共建"一带一路"国家、区域标准化机构签署54份合作协议》，https://www.samr.gov.cn/bzcxs/tzgg/art/2021/art_4e23ea415a6f4259888d7c7bcfa3bc3d.html，2024年2月19日；《"一带一路"国际合作高峰论坛》，https://www.mfa.gov.cn/wjb_673085/zzjg_673183/gjjjs_674249/gjzzyhygk_674253/ydylfh_692140/gk_692142/，2024年4月。

品。处于"微笑曲线"中端制造加工环节（即低利润环节）的中国制造业正在走向"微笑曲线"两端的研发设计和品牌营销（即高利润环节），为此，必须实现从要素驱动向创新驱动的转变。

全球装备制造产业分工趋势明显，但高端装备产品及零部件的生产技术仍长期被发达国家所掌控。例如美国制造企业在电气设备、工程机械、自动控制系统等领域居世界领先地位，奠定了其在汽车、航空、建筑和医疗设备等行业的竞争优势；德国装备制造生产商在32个细分装备领域的16个领域居世界第一，在这些领域掌握着主导权。中国已是世界制造大国，无论是制造业产值还是进出口额以及制造业从业人数都位居世界第一，但在全球制造业创新能力前50强的国家中仅居第22位。[①] 当下，我国制造业存在大而不强、质量效益不高、产业结构不优、资本使用不佳等问题，高端装备制造领域大部分核心技术被国外所掌控，致使国外供货商借机抬高价格，一些发达国家也以国家安全为由禁止向我国出口尖端设备，如美国参议院通过控制高技术机床出口法案，把数控机床、超级计算机芯片等20类商品列为对中国出口的敏感物资，让国内企业深受"卡脖子"之痛，影响经济发展和国家安全。

三 中国优质产能相对过剩

"一带一路"沿线国家的产能合作是大势所趋，是发挥各自比较优势的共赢之举。中国作为制造业大国，主要产能处于中端水平，需要实现产业结构的逐步升级，产能转移无疑是主要路径。如果将这些产能转移到其他发展中国家，将会很快转化为生产能力，并适合其市场需求，不仅能够极大地解决就业问题，而且有利于推动这些国家的工业化进程。2016年7月，国务院办公厅印发的《关于石化产业调结构促转型增效益的指导意见》指出，充分发挥我国传统石化产业比较优势，结合"一带一路"倡议，积极推动优势产业开展国际产能合作，

[①] 《建立创新容错机制势在必行》，http://www.banyuetan.org/ppgs/detail/20190718/1000200033137571563413408381890607_1.html，2019年7月18日。

建设海外石化产业园区，推动链条式转移、集约式发展，带动相关技术装备与工程服务"走出去"。[①] 对中国而言，国际产能合作将倒逼国内改革，促进中国经济发展向创新驱动转变，进而提升中国在全球产业链中的地位，打造一个互利共赢的崭新价值链体系。

2018年，国家发改委、国家能源局、国家安监局、国家煤监局联合发布《关于进一步完善煤炭产能置换政策加快优质产能释放促进落后产能有序退出的通知》，支持部分类型的煤矿产能加快退出及优质产能的加快释放。[②]

第二节 "一带一路"国际产能与装备制造合作的机遇和挑战

一 "一带一路"国际产能与装备制造合作的机遇

（一）基础设施建设带来的机遇

"一带一路"沿线国家大部分是发展中国家和新兴经济体，总人口合计约为44亿，占全球的69%；基础设施建设的市场需求约为1.12万亿美元，占全球的29%。市场空间极其广阔。目前，除了越南、印度、卡塔尔、蒙古国之外，"一带一路"沿线众多国家的固定资本形成总额占其国内生产总值的比重均低于30%，今后这些国家的固定资本形成将经历一个较快增长的过程。从中亚地区和东盟国家来看，除了新加坡外，大部分国家的工业化程度均不是很高，基础设施建设比较滞后，未来对铁路、管线、机场、港口、核电、电信等能源设备和基础设施的需求将持续增长，为我国装备制造业"走出去"提供了巨大的市场空间。

"一带一路"以推动实现区域内政策沟通、设施联通、贸易畅通、资金

[①] http://www.gov.cn/zhengce/content/2016-08/03/content_5097173.htm.
[②] 《完善煤炭产能置换政策加快优质产能释放》，《中国煤炭》2018年第3期。

融通、民心相通为重点，促进开放型经济新体制建立，包括基础设施互联互通、能源资源合作、园区和产业投资合作、贸易及成套设备出口等，将依托基础设施的互联互通，对贸易和生产要素进行优化配置，形成以"周边为基础加快实施自由贸易区战略"和"面向全球的高标准自贸区网络"。共建各国资源禀赋各异，经济互补性较强，彼此合作潜力和空间很大。

（二）深化产业投资合作带来的机遇

未来，"一带一路"沿线国家应加强产业投资与合作，特别是装备制造业的投资与合作，这是各国推进工业化进程的需要，是促进沿线各国社会经济深度融合的重要路径，是"一带一路"倡议建设的重点领域。未来一段时间，我国装备制造业将顺应"一带一路"沿线众多国家产业转型升级的趋势，积极鼓励和支持装备制造企业"走出去"。我国有条件的装备企业可以采取合作投资方式建设相关产业园区，或者前往科技水平较高的国家或地区建立研发中心，充分利用东道国的科技和人才资源，促进当地产业升级和就业增加，提升装备制造相关企业的综合实力。"一带一路"倡议的实施，给我国装备制造企业提供了新的发展途径，即通过在"一带一路"沿线国家开展投资来推动产业转移，并加强与相关国家的产能合作。

在互联互通的背景下，中国制造业，特别是装备制造业、高铁等行业"走出去"的步伐越来越快，未来需要进一步通过异地投资、兼并重组、国际产业技术联盟、参与全球创新网络等方式，实现由产品输出向产品、技术、资本、服务输出的转变，实现产业链的升级。

（三）技术输出带来的机遇

"一带一路"的东端是繁荣的亚太经济圈，而西端则是发达的欧洲经济圈，中国和中亚地区则正处于中间地带。各国家和地区之间的经济发展差距越大，未来的发展潜力就越大。经过多年发展，我国高端装备制造业发展趋于成熟，已经拥有一批具有较强竞争力的新技术和新产品。例如，中车集团自主研发的中国标准化的动车组牵引系统及网络控制系统，这两大系统被视为"高铁之心"和"高铁之脑"，是高铁中最核心的尖端技术。上述两大系统的研发成功，表明我国高铁列车的研发制造几乎已经完全实现"中国创造"。

与此同时，一些重点领域的中国制造技术已经从原来的完全依靠从国外引进转变为主动向国外输出，中国制造技术的溢出效应开始显现。上述优势成为我国装备制造业"走出去"与"一带一路"沿线国家开展技术交流与合作的动力。

二 "一带一路"国际产能与装备制造合作的挑战

（一）经济风险

对"一带一路"沿线多数国家特别是发展中国家来说，资金不足是首要难题。例如，尼日利亚每年电力投资需求为100亿美元，而政府投入却不到10亿美元。部分国家贸易保护主义抬头，关税及非关税壁垒、零部件本地化生产政策、本地工厂生产的产品享受银行特别贷款优惠利率等成为外来投资者面临的进入壁垒。2007年俄罗斯、白俄罗斯、哈萨克斯坦三国成立了海关联盟，2013年2月15日起，凡属于俄（俄罗斯）白（白俄罗斯）哈（哈萨克斯坦）海关联盟认证范围内的产品，强制申请CU-TR认证，三国同时停止签发旧的GOST证书，改为申请签发CU-TR证书，CU-TR证书认证成为进入这些市场的壁垒。

据预测，亚太地区基础设施到2030年需求缺口达到26万亿美元，每年需要1.7万亿美元投入。我国在进行产能合作的过程中需要首先确保投资资金到位，后续的技术输出和零部件中间品出口建立在前期的资金保障基础之上。目前金融优惠政策还十分有限，各种金融机构在海外的网点分布也尚未实现基本覆盖，这必然增加我国制造业企业融资难度。而有力的金融保障只是第一步，在确保金融支持到位的基础上还需实现人民币的国际化、畅通人民币出境通道，否则在进行国际产能合作的过程中结汇问题会进一步加大企业面临的风险。虽然目前人民币加入SDR，但并非一劳永逸之事，还需持续加强基础性建设，增强风险管控能力，防范金融风险。除此之外，资金的本土化问题也尚未解决，缺乏当地金融机构的适时参与只会增加境外企业投资过程中的潜在风险和支付不必要的额外成本。

第九章 "一带一路"国际产能与装备制造合作

（二）社会风险

"一带一路"沿线国家和地区民族、文化、语言及宗教信仰多样，使中国企业的海外项目建设和运营面临较大挑战。一些国家和地区的法规政策多变，环保许可条件苛刻，办理周期长，影响有关装备制造项目的按期建设投产。

（三）法律风险

法律风险主要表现在国家的法律制度状况、法律变动程度、法律体系构成等方面。我国装备制造企业"走出去"的目的地多为不发达国家，这些国家普遍存在法律体系不完备、法律制度变动频繁的情况。

从我国对外贸易形势来看，装备制造业国际产能合作的对象国主要是"一带一路"沿线国家，彼此间所开展的这一新的贸易合作形式不同于以往的产品输出模式，对于双方而言均属于新兴事物，很多尚处于探索时期，这提升了彼此尤其是合作国的风险预期。规范的、统一的产品标准和当地的产业配套措施有助于缓解因信息不对称而提升的风险预期。但目前，一是我国相关政策尚不健全。尽管国家发改委和商务部已经对境外直接投资管理体制进行改革，取消审核制改为备案管理，但事中事后监管体制机制尚未真正建立；二是对不少潜在合作国的法律法规和市场文化尚缺乏深刻理解，不利于我国应对伙伴滞后反应问题，在当地培养市场需求和完善生产链尚需时间。

（四）环境风险

中国"走出去"的都是优质产能，将钢铁、水泥、建材、化工等产业转移到工业化程度较低的国家和地区受到普遍欢迎，但仍潜藏着环境风险。在部分沿线国家和地区的法律制度尚待完善、经营环境不成熟、生态环境脆弱、环保意识较弱的情况下，中国重化工业跨国产能合作应警惕可能出现的环保纠纷等。

（五）医疗卫生风险

"一带一路"沿线国家也是疫情多发地区。在全球化带来的各国交往异常复杂的背景下，各类传染性疾病时有发生，而中国很多企业在项目医疗、卫生与保健预防方案乃至防疫处置与职业健康等方面基本上还是一片空白，一旦疫情暴发，往往不能及时予以有效应对，影响企业正常运营。

第三节 "一带一路"国际产能与装备制造合作的路径

海外产业园区是跨国产业合作的载体、全球产业链延伸的支点、国际产业分工的重要抓手，也是"一带一路"沿线国家和地区进行产业合作的纽带和引擎。在2014年12月29日的全国商务工作会议上，商务部合作司副司长方蔚指出，我国已经在世界50个国家和地区建立起了118个海外经贸合作区，其中在"一带一路"沿线国家和地区分布有77个，占比65.25%。具体来看，丝绸之路经济带上分布了35个合作区，位于俄罗斯、哈萨克斯坦、乌兹别克斯坦、吉尔吉斯斯坦、匈牙利、罗马尼亚、白俄罗斯和塞尔维亚等国；21世纪海上丝绸之路上分布了44个合作区，位于泰国、马来西亚、缅甸、印度尼西亚、老挝、越南、印度、巴基斯坦、斯里兰卡、埃及、埃塞俄比亚等国。

2017年，中国在"一带一路"沿线国家新增境外经贸合作区19个，入园企业增加2330家，比2016年底增加2倍多，上缴东道国税费达11.4亿美元，比2016年翻了一番。海外园区建设为加快当地产业发展、扩大就业、改善民生作出了实实在在的贡献。

一 中国与共建国家产业合作园区

中国在"一带一路"沿线国家和地区建立的海外园区主要集中在制造业、能矿资源和农产品加工领域。制造业海外园区中，如白俄罗斯明斯克中白工业园和印度（浦那）中国三一重工产业园多建立在工业基础和产业配套良好的区域；劳动密集型加工园区中，如巴基斯坦（旁遮普）中国成衣工业区则主要建立在劳动力资源丰富的区域；能源资源加工产业合作区中，如巴基斯坦瓜达尔能源化工园区和中哈阿克套能源资源深加工园区则建立在口岸和资源富集区；而农业产业合作区中，如华信中俄现代农业产业合作区则建立在自然条件和农业基础优越的区域。

与此同时，中国在"一带一路"沿线国家和地区建设的海外园区正向着多元化方向发展，出现了商贸物流园区、科技合作园等诸多形式。商贸物流海外园区有波兰（罗兹）中欧国际物流产业合作园、白俄罗斯明斯克商贸物流园和哈萨克斯坦（阿拉木图）中国商贸物流园；依托科教文化中心建立的高新技术产业合作区则有莫斯科（杜布纳）高新技术产业合作园区和圣彼得堡信息技术园区等。

在"一带一路"倡议下，中国海外园区通过实践积累了用中国制造促进国际产能合作、用中国经验助推东道国区域振兴、以中国平台形成双边倡议合作、以中国形象增进双方互信友谊等方面的经验，已成为各方积极促进"一带一路"国际合作，实现政策沟通、设施联通、贸易畅通、资金融通、民心相通的重要国际合作平台。

（一）中白工业园区

中国-白俄罗斯工业园区位于明斯克州莫列维奇区，距离白俄罗斯首都仅25公里，总规划面积达到91.5平方公里，总投资约56亿美元。该区域地理位置优越，国际和洲际铁路、公路穿越园区，距离波罗的海克莱佩达港口约500公里，与莫斯科、柏林的距离也都在1000公里以内。2015年5月12日，习近平主席与白俄罗斯总统卢卡申科共同出席了工业园区的入园仪式，首批进驻工业园的中方企业包括招商局集团、中联重科、新筑股份、中国一拖、华为公司、中兴通讯等国际知名企业。工业园实行三级管理架构，分别是政府间协调委员会、中白工业园管委会、中白工业园区开发股份有限公司。工业园将以先进制造业和现代服务业为支撑，重点发展高端制造、电子信息、精细化工、生物医药、物流仓储等产业，并不断完善医疗保健、生活服务、旅游度假等功能，打造创新、兴业、活力、生态、宜居"五位一体"的综合产业园区。

中白工业园区将使白俄罗斯成为中国、俄罗斯、独联体国家、欧洲之间的重要交通枢纽，给予其向俄白哈关税同盟中1.7亿人口销售免关税产品的巨大市场，因此得到了白俄罗斯政府的高度重视，以立法形式保障园区内企业所享有的优惠政策落地落实，规定工业园内企业可享受土地使用税、不动产税、所得税等"十年免税、十年减半"的巨大优惠。与此同时，这也是我国目前对外合作层次最高、开发面积最大、政策条件最为优越的海外产业园区，也必将成为中国推进与"一带一路"沿线国家产业合作的旗舰项目和样板工程。

（二）中哈霍尔果斯国际边境合作中心

中哈霍尔果斯国际边境合作中心是中国与哈萨克斯坦两国共同推动的国家级项目，规划建设面积5.28平方公里，其中中方区域达3.43平方公里，哈萨克斯坦区域1.85平方公里。2012年正式投入运营，园区实行封闭式管理，主要功能包含贸易洽谈、商品展示交易、金融服务、商业服务、物流仓储、宾馆饭店等生活服务。园区具有三大优势，在贸易方面，作为世界上首个跨境自由贸易体，具有贸易自由化便利化、贸易方式多样化、贸易水平现代化的优势；在交通区位方面，国际公路、铁路穿行而过，辐射范围包括中俄蒙、中亚、独联体国家、西亚和南亚；在政策方面，对于进驻区域内的企业和商户实行五免三减半税收政策，主要包括境外商品入区保税、境内区外货物出口退税、区内企业间商品交易免收消费税和增值税。逐步建设成为集加工制造、商品贸易、物流仓储、金融商业服务、旅游休闲于一体的国际性进出口加工中心和高度自由化的综合性国际贸易中心，也将成为我国推进"一带一路"建设向西开放的桥头堡。

（三）中国-马来西亚钦州产业园区和关丹产业园区

中国-马来西亚钦州产业园始建于2012年，由中马两国共同投资，总规划面积55平方公里，园区按功能划分为科技研发区、工业生产区、生活居住区以及配套服务区。产业园区的主导产业以食品加工业、装备制造业、电子信息产业、生物技术、新能源及新材料、现代服务业为主，力争打造绿色低碳的高科技国际化产业园区。园区有四大定位：一是依托资源和区位优势，对接北部湾产业链延伸，深化传统产业合作，大力发展倡议性新兴产业，打造先进制造业基地；二是借助马来西亚"多媒体超级走廊"项目，加大研发投入力度，构建集产学研于一体的具有国际竞争力的信息智慧走廊和研发先导区；三是结合优越的自然风光条件，打造生活休闲宜居的文化生态新城；四是依托中国-东盟自贸区平台，构筑集贸易往来、项目信息发布、开展商务合作于一体的重要平台。

马来西亚-中国关丹产业园区始建于2013年，由马中两国共同出资建设，项目总投资额达33.6亿美元，园区规划面积8.18平方公里，具体分为商贸物流、生产加工、科技研发、生活服务、休闲旅游五大功能区。重点发展钢铁、石油化工、棕榈油加工、汽车装配、清真食品加工等传统优势产业，以及电气电子、信息通信、环保等倡议新兴产业，还包括金融保险、科技研发、物流等现代服务业，依托独特的区位和港口优势，努力打造为亚太地区重要的物流基地、现代制造业集群、经贸合作平台和投资创业新高地。

中马钦州产业园区和马中关丹产业园区共同开创了"两国双园"的国际产业园区合作模式，是中马两国推进产业合作的旗舰项目和重要平台，也是"一带一路"倡议中推进跨国产业合作的重要探索与创新。

（四）印尼-中国经贸合作区

印尼-中国经贸合作区是国家批复的第二批境外经贸合作区项目之一，位于印度尼西亚首都雅加达东部绿壤国际工业中心园区内，规划用地面积500公顷。园区依照高效化、集约化、配套化的建设理念和策略，以"产业集聚、结构升级、规模发展"为原则打造绿色生态产业园区。园区为"两轴三组团"结构，在主干道发展轴上布局农产品加工、机械制造、家用电器三个产业组团，园区产业定位主要包括食品加工、电器及机械制造、汽车装配、精细化工和新材料等，是中国和印尼推进产业合作的典型项目。

（五）泰中罗勇工业园区

泰中罗勇工业园区是我国政府认可的首批境外经济贸易合作区，临近泰国首都曼谷和东部海岸的廉差邦深水港，规划面积达到12平方公里，按功能划分包括保税区、工业生产区、商业生活区和物流仓储区。两国的开发公司分别为泰国安美德集团和中国华立集团，目前进入园区的中方企业还包括深圳中集集团、重庆力帆摩托等40余家知名企业，主要从事电子电器、机械、汽配等业务,园区内各国员工将近 3000 人,年均可带动中国出口约 8 亿美元。园区凭借着中国传统优势产业的转移集聚,力争打造为集制造、物流、商业、会展于一体的综合性现代产业园区。

(六)中国-越南(深圳-海防)经贸合作区

中国-越南(深圳-海防)经贸合作区(以下简称"深越合作区")成立于 2008 年 10 月 22 日,是中华人民共和国商务部批准建设的境外合作区,由深圳国资倾力打造。深圳市政府与海防市政府签署《中国·越南(深圳-海防)经济贸易合作区合作协议》。2017 年 11 月被列为中越经贸合作 5 年发展规划(2017—2021 年)重点合作项目。

深越合作区是支持中国企业"走出去"发展的国家级平台,园方为入区企业提供高性价比的土地和厂房租赁以及全方位的综合服务。入区企业可享受 10 年内企业所得税基础税率 17%,自盈利之年起 2 年免税,后续 4 年基础税率减半。获得越南高科技企业认证的企业,可享受 15 年内企业所得税基础税率 10%,自盈利之年起 4 年免税,后续 9 年基础税率减半的优惠。

深越合作区已有卧龙电气、三花智控、大洋电机、普联技术、华懋新材料、欧陆通电子、豪恩声学、道通科技、飞宏科技、特发信息、大乘科技、共进电子、和而泰智控、香港汇进等 20 家高科技企业入驻。深越合作区建设运营得到了越南海防市政府的书面表彰。预计深越合作区首期可容纳 30~40 家企业,吸引企业投资 10 亿美元,为当地创造 2 万~3 万个就业岗位。

深越合作区的建设发展模式是积极寻求并紧密依靠两国政府支持,顺应市场潮流,为走向海外的科技型制造企业量身定制高端产业园,后来居上,打造海外产业园新标杆,成为"一带一路"建设中的"亮点"。

(七)中塔工业园

"中塔工业园"是 2014 年 9 月中国国家主席习近平对塔吉克斯坦进行国事访问期间,由习近平主席与塔吉克斯坦总统拉赫蒙共同见证,由上海海成集团与塔吉克斯坦工业和新技术部签署合作备忘录确定的建设项目。该合作项目的签署源于中国贸促会参股企业中国环球新技术进出口有限公司与上海海成集团联合在塔投资设立的塔中矿业有限公司在塔吉克斯坦的十年成功经营发展，以及得到塔方的高度评价，反映了两国在矿业开发方面的合作不断深化。园区以塔中矿业的矿山为依托，向矿山上下游延伸产业链。作为一个综合型产业园区，将形成 600 万吨的年采选处理能力，年产铜、铅、锌等金属 35 万吨，形成矿山资源开发、矿山服务配套、上下游企业及其他相关企业集群，园区将吸纳塔吉克斯坦近万人就业，有效推动塔吉克斯坦的工业现代化，促进中塔两国的经贸合作，加速推动"一带一路"倡议在中亚地区的落地落实。

（八）中国阿联酋"一带一路"产能合作园区

2018 年 5 月 16 日，中国阿联酋"一带一路"产能合作园区正式开工建设。园区位于阿联酋阿布扎比哈利法工业区内，启动区 2.2 平方公里，预留用地面积为 10 平方公里，由江苏省海外合作投资有限公司投资建设和运营管理。截至目前，已有 15 家企业与园区签署了投资框架协议，涉及建材、化工、新能源等多个行业，投资总金额逾 60 亿元，将为当地创造 2500 个以上的工作岗位。

高质量建设产能合作园区，是落实好习近平主席与阿联酋阿布扎比王储穆罕默德关于在共建"一带一路"框架下加强务实合作重要共识的重要内容。中阿产能合作园区以"一带一路"倡议与"经济多元化"倡议对接为核心，充分发挥各自优势，创新金融服务实体合作方式，立足阿联酋辐射中东，被我国明确为首个"一带一路"产能合作园区，对于高质量推进新时代"一带一路"产能合作具有积极的示范带动意义。

二 中国与共建国家产业合作项目

"一带一路"倡议提出以来，我国与沿线国家密切互动，通过亚洲基础设施投资银行、丝路基金、国家开发银行的开发性金融等多个渠道，推动了一大批产业合作项目的实施，主要涉及基础设施建设、产业投资、国际贸易、能源资源、金融商业服务、环保产业、人文及海洋产业合作等领域。

具体来看，基建产业方面，主要包括中国援建阿富汗中部的迈巴公路、中塔公路二期、中柬62号公路、中巴喀喇昆仑公路、中泰泛亚铁路改造升级、"沙赫里斯坦"隧道；农业水利方面，主要包括阿富汗帕尔万水利灌溉工程、苏丹麦罗维大坝、缅甸水津水电站、老挝南康水电站；重工业中轨道机车建设方面，主要包括中俄莫斯科-喀山高铁项目、伊朗德黑兰地铁项目、孟加拉国内燃动车组项目、埃塞俄比亚电气化铁路、土耳其安卡拉-伊斯坦布尔高铁；能源资源产业方面，主要包括哈萨克斯坦中亚天然气管道、阿联酋石油仓储合资项目等；海港产业建设方面，主要包括巴基斯坦瓜达尔港、斯里兰卡汉班托特港、科伦坡南港，此外，还包括西哈努克港、雅加达港等诸多项目。

（一）中哈产能合作项目

中哈是传统友好邻国，哈萨克斯坦也是丝绸之路经济带上的重要接洽点。2014年12月，李克强总理访问哈萨克斯坦期间，与马西莫夫总理就加强两国产能合作达成了重要共识。哈萨克斯坦作为传统的农业和资源型国家，亟须转型升级和提振经济，因此启动了"光明之路"计划，国内基础设施建设需要大量的钢铁、水泥、电力、平板玻璃等，而中国多年以来在基建方面积累了丰富的经验，拥有大量富余优质的产能，且极具性价比。因此，中国可以凭借强大的基建产业和装备制造业生产能力，在哈萨克斯坦境内投资建厂，就地消化原料和产品，并创造大量就业机会。为此，双方签署了协议，确定了总价值达180亿美元的16个早期收获项目和63个前景项目清单。除基建领域外，哈萨克斯坦还希望双方加强在农业食品、家居建材、纺织加工等领域的产能合作，且愿意提供配套融资和优惠政策，促进中哈共同发展。

2015年3月，李克强总理再次访问哈萨克斯坦，双方正式签署了33份产能合作协议，涉及钢铁、汽车制造、炼油、有色金属、水电、平板玻璃等诸多领域，项目总金额达到236亿美元，并指出下一步深化合作的举措，包括开设特殊通道便利产能合作人员往来、加强对哈萨克斯坦工人的技能培训、为项目提供金融支持等。力争将中哈产能合作打造成为我国与"一带一路"沿线国家加强产业合作的样板与模范。

第九章 "一带一路"国际产能与装备制造合作

2018年11月22日国务院总理李克强在人民大会堂同哈萨克斯坦总理萨金塔耶夫举行中哈总理第四次定期会晤。两国总理共同见证了相关双边合作文件的签署。全国政协副主席、国家发展改革委主任何立峰与哈萨克斯坦投资和发展部部长签署了《中华人民共和国国家发展和改革委员会与哈萨克斯坦共和国投资和发展部关于中哈产能与投资合作第十五轮重点项目清单的谅解备忘录》。双方共同确认形成了中哈产能与投资合作第十五轮重点项目清单，并强调将继续为重点项目提供必要的支持。第十五轮重点项目共计55个，双方总投资约274亿美元。

（二）中巴瓜达尔港项目

2015年4月20~21日国家主席习近平首次对巴基斯坦进行国事访问，中巴双方签署了一系列关于"中巴经济走廊"的基建投资合作协议，成果丰硕。其中，瓜达尔港项目作为"中巴经济走廊"建设中的旗舰项目，再次成为世界瞩目的焦点。瓜达尔港位于巴基斯坦俾路支斯坦省西南部的瓜达尔市，东面460公里是卡拉奇港，西面120公里是巴基斯坦和伊朗边境，南临阿拉伯海，距离全球石油供应的咽喉霍尔木兹海峡仅有400公里，地理位置优势突出。瓜达尔深水港作为巴基斯坦的第三大港口，是中巴经济走廊的端点、丝绸之路经济带和21世纪海上丝绸之路的海陆交汇点，建成后还将成为塔吉克斯坦、乌兹别克斯坦、阿富汗等中亚内陆国家的出海口，肩负起西亚、南亚国家与中国西部省份的海陆联运任务，成为集运输、备载、仓储功能于一体的海陆联运中转站。

2016年11月，瓜达尔港正式运营。能源大动脉将以瓜港为起点，待到未来中巴经济走廊全线畅通后，石油等能源从沙特阿拉伯到达中国上海的时间将从25~30天缩短至12天，到达新疆喀什的时间更是缩短至5天。

2018年3月7日，中远海运集装箱运输有限公司开辟了巴基斯坦瓜达尔中东快航，正式挂靠瓜达尔港。每周三都会有集装箱船停靠瓜达尔港。这条固定集装箱航线，从根本上打破了瓜港此前"有船无货，有货无船"的局面。中国货轮运来的工程机械、建筑预制件、重型卡车和建筑材料等，不仅能满足瓜港建设需求，而且能满足中巴经济走廊其他项目的需要。目前，卡拉奇港口运营近满负荷，瓜达尔集装箱航线的开通让广大货主有了更多的选择。

（三）印尼雅万高铁

雅万高铁，全称雅加达-万隆高速铁路项目。2011年，日本国际交通顾问公司对雅万高铁项目进行了可行性研究。2015年3~4月，国家发改委与印尼国企部分别签署了关于雅万高铁项目合作建设的谅解备忘录和框架安排；9月2日，中日两国高铁方案最终比较探讨的部长会议召开；10月17日，中国铁路总公司在雅加达与印度尼西亚四家国有企业签署协议成立合资企业，标志着中国企业正式赢得雅加达-万隆（雅万）高铁项目。2016年3月16日，印尼交通部与雅万高铁合资公司在雅加达签署特许经营协议。2018年6月，雅万高铁项目建设进入全面实施推进新阶段。

2018年9月29日，由中国自主研发的出口海外高铁用超大直径盾构机下线，这台盾构机将被用于印尼雅万高铁工程。雅万高铁是印度尼西亚雅加达至万隆的高速铁路，项目全长142公里，最高设计时速350公里，建成通车后，雅加达至万隆的通行时间将由现在的3个多小时缩短至40分钟。该项目是中国"一带一路"倡议和印尼海洋支点倡议对接的重大项目，也是中国高铁全方位"走出去"的第一单。

第四节 "一带一路"国际产能与装备制造合作的效果

中方以"一带一路"倡议为统领，秉持共商、共建、共享的原则，坚持企业主体、绿色永续、开放平衡、互利共赢的原则，同沿线国家一道推动产能合作取得了丰硕成果：合作机制广泛建立，重大项目批量落地，支撑体系不断完善，投资环境逐步改善。

一 与共建国家产能合作规模迅速扩大，合作方式多样化

自2013年习近平主席提出"一带一路"倡议以来，我国对外投资合作

快速增长。2019年，我国企业对"一带一路"沿线56个国家非金融类直接投资150.4亿美元。

境外经贸合作区是推进"一带一路"倡议和国际产能与装备制造合作的有效平台，已成为促进中国和东道国经贸合作的载体，在推动中国企业"抱团出海"、形成海外产业集聚、维护企业合法权益等方面发挥了积极作用。特色产能合作方式包括：中国广西钦州与马来西亚彭亨州的关丹于2015年建设的"两国双园"——中马钦州产业园和马中关丹产业园顺利开园，开辟了新时期国际经济和贸易合作的新模式，为中国与"一带一路"沿线国家尤其是东盟国家推进产能合作、促进双向投资提供了有效载体。截至2019年4月，一大批互联互通项目成功落地，中国同共建"一带一路"国家的贸易总额超过了6万亿美元，投资超过800亿美元。中国同沿线国家共建的82个境外合作园区在当地创造了将近30万个就业岗位，给各国带去了满满的发展机遇，也使普通民众的参与感、获得感和幸福感增强。

中国企业与"一带一路"共建国家产能合作的方式日益多样化。在轨道交通和基础设施建设方面，逐步探索"建设-移交"（BT）、"建设-运营-移交"（BOT）等方式，探讨利用资源和能源换项目，由此建立长效合作机制，保障双方权益。电力行业参与国际市场的方式，从最初的设备供货，发展到目前的"设计-采购"（EP）、"设计-采购-建设"（EPC）、"独立电站"（IPP）、"建设-拥有-运营"（BOO）、BOT、公私合营（PPP）、融资租赁、并购等多种形式，中国电力企业"走出去"水平不断提高。在对外承包工程方面，中国承包企业在发挥传统承包优势的同时，充分发挥技术、资金优势，积极探索开展"工程承包+融资""工程承包+融资+运营"等方式的合作，有条件的项目多采用BOT、PPP等方式。

二 产能合作政策逐步完善，合作机制逐渐形成

2015年3月，我国发布了《愿景和行动》，倡导政策沟通、设施联通、

贸易畅通、资金融通、民心相通，为产能合作奠定了重要基础；提出共商、共建、共享"三共"原则，为产能合作提供了重要保障；针对中国与"一带一路"沿线国家传统优势产业领域合作、新兴产业领域合作、产业链国际分工布局、跨境产业园区建设等做了原则性阐述。此后，国务院、发改委等相继出台了多项政策助力"一带一路"倡议实施，标志着国际产能合作成为中国对外经济合作的重中之重。

2015年5月，印发了《国务院关于推进国际产能和装备制造合作的指导意见》（以下简称《产能合作指导意见》），提出要坚持企业主导、政府推动，突出重点、有序推进，注重实效、互利共赢，积极稳妥、防控风险等原则，立足国内优势并结合当地市场需求开展优势产能国际合作，就国际产能和装备制造合作提出了七大部分共41条指导意见，要求将钢铁、有色金属、建材、铁路、电力、化工、轻纺、汽车、通信、工程机械、航空航天、船舶和海洋工程等产业作为重点，明确产能合作的任务和领域。以《产能合作指导意见》为基础，2015年中国政府至少出台了11份与产能合作相关的政策文件，从金融服务、中国制造"走出去"、"一带一路"等多个角度为国际产能合作提供政策支持。

2015年以来，中国着力建立以下三个方面的产能合作机制。一是与国外商谈建立双多边产能合作机制。国家发改委牵头与17个国家开展了机制化的双边产能合作，对接东盟、非盟、欧盟等区域组织，借助多边舞台推动产能合作；与法国、韩国等发达经济体建立第三方合作机制。二是建立中央地方协同联动机制。国家发改委与河北、江西等10多个省分别签署合作协议，通过委省协同联动机制，上下合力推进国际产能合作。三是建立央企、民企、协会协同推进机制。国家发改委分别会同国资委、全国工商联、各行业协会建立协同机制，推动央企、民企"走出去"，发挥行业协会的桥梁纽带作用，全面推进国际产能合作。

当前"一带一路"倡议下的国际产能合作较多依靠政府间现有合作机制来推动企业承揽项目和签订订单，尤其是以国家间良好的经贸关系为前提，借助各种国际外交平台，以签署双边或多边经贸合作协议的方式来加以

第九章 "一带一路"国际产能与装备制造合作

推进。事实上很多协议是以合作意向书为主,真正落实到具体投资项目、以合作框架协议呈现的并不多。[①] 由于制度建设滞后,很多先前达成的国际产能合作协议,最后因东道国政权更迭、舆论导向转变或者他国干预等因素而搁置下来,无法形成有效的约束性,存在较大的投资风险,这也是我国大部分中小型企业对开展国际产能合作的积极性不高的重要原因之一。新时代国际产能合作机制建设的首要工作就是健全及规范各项法律及规章制度,形成长效且有针对性的约束机制,将国际产能合作机制纳入国际投资机制化体系建设中。可以效仿欧盟在区域经济合作组织方面的建设经验,以签署制度性的框架合作协议来取代非制度性的协商合作制度。针对重点合作国家(或区域组织)的产能合作项目,在涉及投资项目申报与审批、人民币汇兑、通关便利化和检验检疫等方面与东道国一道建立具有一定约束力的规范制度,实行"特事特办"。同时,中资企业也要建立自己的规范与约束机制,成为国际市场规则的维护者和守约人,要特别加强企业海外投资合规性管理,充分尊重东道国法律法规,并且高度重视非商业性要素对国际投资活动的影响。

新时代建立国际产能合作协调机制主要围绕以下三个层级展开。一是我国与东道国在重大战略规划、经济发展政策、跨国投资与贸易方面的规定上的对接与协调。推进国际产能合作是在"一带一路"背景下展开的,"一带一路"倡议如果有效地与东道国有关重大发展规划进行对接,将大大提高国际产能合作推进速度,降低合作成本。在此方面,中国"丝绸之路经济带"和哈萨克斯坦"光明之路"的对接堪称典范。然而并不是所有"一带一路"共建国家现有的规划都能与我国对接,这就需要积极寻求"对接点"。为此,商务部应该成立专门工作组,具体负责与东道国在产业发展、引进外资和贸易有关规定方面的政策进行协调,特别要注意不同标准之间的协调,为企业扫清投资障碍。二是我国政府有关部门、各类企业、行业协会之间的协调与

[①] 项义军、周宜昕:《新时代推进我国国际产能合作建设:新模式、新机制和新路径》,《商业研究》2018年第10期。

配合。现有的国际产能合作项目，基本上都是由各级政府积极推动，在政策制定与执行层面，管理和执行部门间常常存在协调不足的情况。国家发改委与商务部作为国际产能合作的主推与管理部门，应当主动牵头，围绕具体产能合作项目，理顺相关的冲突性规定。同时，国有企业与民营企业之间、大企业与中小企业之间、企业与行业协会之间需要建立协调关系。各类型企业要构建固定、长效的沟通渠道，可以借助行业协会提供的平台，成立不同行业类型的国际产能合作企业联盟。通过以上沟通及协调机制，使国际产能合作企业紧紧凝聚在一起，在信息获取、标准制定、商务咨询、风险防范和政策对接等方面资源共享、形成合力。三是我国政府需要与国际金融机构、区域性合作组织及其他现有国际机制建立新型协调关系。与亚洲基础设施投资银行、金砖国家新开发银行、国际货币基金组织等国际金融机构以市场化方式展开金融合作，争取这些机构对国际产能合作的融资支持；借助于WTO、APEC、上海合作组织等国际经济和政治组织已经建立的合作机制，以及与各个国家和区域联盟组织签署的自由贸易协定或建立的自贸区等创新型国际经贸合作平台，建立国际产能合作协调机制。

三 既有传统优势产业"走出去"，又有新型装备制造优势产业"走出去"

当前中国在"一带一路"沿线开展国际产能合作的产业，既有以轻工、家电、纺织服装为主的传统优势产业，也有以钢铁、电解铝、水泥、平板玻璃为主的优质产能产业，又有以电力设备、工程机械、通信设备、高铁和轨道交通为主的装备制造优势产业。

中国实施"一带一路"产能合作，带动了铁路、电力、通信等优势行业的相关技术和标准"走出去"，有利于提升在全球产业链和价值链中的地位。比如，印度尼西亚雅加达至万隆的高速铁路项目是中国从技术标准、装备制造到勘察设计、工程施工和运营管理等全方位整体"走出去"的第一个项目，具有标杆意义；已开工的中老铁路（自中国昆明经老挝著名旅游胜地琅勃拉邦至首都万象，全长417公里）、匈塞铁路（自匈牙利首都布达佩斯至塞尔维亚首都贝尔格莱德，全长350公里）也有力地带动了中国铁路标准和设备"走出去"。再如，南方电网在老挝北部230千伏电网建设中也直接采用自主技术与管理标准。

中国优质产能"走出去"，不仅有利于中国经济结构调整和产业提质增效，而且契合一些国家的工业化诉求，提振了世界经济增长的信心。

第十章 "一带一路"重点领域合作与平台建设成效

第一节 "一带一路"国际合作高峰论坛[①]

一 基本情况

"一带一路"国际合作高峰论坛是"一带一路"框架下最高规格的国际活动,是新中国成立以来由中国首倡、中国主办的层级最高、规模最大的多边外交活动,也是各方共商、共建"一带一路",共享互利合作成果的重要国际性合作平台,迄今已举办三届。

二 首届"一带一路"国际合作高峰论坛

2017年5月14~15日,首届"一带一路"国际合作高峰论坛在北京成功举行。论坛以"加强国际合作,共建'一带一路',实现共赢发展"为主题,活动主要包括开幕式、领导人圆桌峰会和高级别会议等。包括29位外国元首和政府首脑在内的140多个国家和80多个国际组织的1600余名外宾与会。习近平主席出席高峰论坛开幕式、欢迎晚宴、全程主持领导人圆桌峰会,并在开幕式上发表题为《携手推进"一带一路"建设》的主旨演讲。首届高峰论坛取得丰硕成果,明确了未来"一带一路"合作方向,规划了"一带一路"建设具体路线图,确定了一批"一带一路"重点项目。高峰论坛圆桌峰会就对接发展战略、推动互联互通、促进人文交流等议题深入交换

[①] 《"一带一路"国际合作高峰论坛》,https://www.mfa.gov.cn/wjb_673085/zzjg_673183/gjjjs_674249/gjzzyhygk_674253/ydylfh_692140/gk_692142/,2024年4月。

意见，达成广泛共识，并发布了联合公报。各方还在高峰论坛期间及前夕达成一系列具体合作成果，中方作为东道国予以汇总发布。

三 第二届"一带一路"国际合作高峰论坛

2019年4月25~27日，第二届"一带一路"国际合作高峰论坛在北京成功举行。论坛以"共建'一带一路'、开创美好未来"为主题，活动主要包括企业家大会、分论坛、开幕式、高级别会议、领导人圆桌峰会等。包括37位外国领导人以及联合国秘书长和国际货币基金组织总裁在内的150个国家、92个国际组织的6000余名外宾与会。习近平主席出席开幕式、欢迎晚宴、全程主持领导人圆桌峰会，并在开幕式上发表题为《齐心开创共建"一带一路"美好未来》的主旨演讲。与会各方达成高质量共建"一带一路"、构建全球互联互通伙伴关系的重要共识，形成一系列务实合作成果。第二届"一带一路"国际合作高峰论坛的成功举办，标志着共建"一带一路"进入新阶段。

四 第三届"一带一路"国际合作高峰论坛

2023年10月17~18日，第三届"一带一路"国际合作高峰论坛在北京成功举行。论坛以"高质量共建'一带一路'，携手实现共同发展繁荣"为主题，活动主要包括开幕式、高级别论坛、专题论坛、企业家大会等。包括23位外国领导人、联合国秘书长、3位领导人特别代表在内的151个国家和41个国际组织的代表与会，注册总人数超过1万人。习近平主席出席开幕式和欢迎宴会，并在开幕式上发表题为《建设开放包容、互联互通、共同发展的世界》的主旨演讲，宣布了支持高质量共建"一带一路"八项行动。论坛发表了主席声明，并形成了458项成果，包括一份多边合作成果文件清单和一份务实合作项目清单，是共建"一带一路"进程中又一个重要的里程碑，巩固了共建"一带一路"的国际共识，丰富了共建"一带一路"的合作成果，拓展了共建"一带一路"的光明前景，在变乱交织的百年变局中，释放出团结合作开放共赢的重要信号。

第二节 "一带一路"金融支持平台建设成果

目前,参与"一带一路"建设的开发性金融机构主要分为三类:多边开发性金融机构、中国政策性银行和专项投资基金。

一 国内政策性及商业性金融机构为"一带一路"提供多样化融资渠道

"一带一路"建设资金支持体系不断健全,融资支持日益市场化、多元化。金融服务不断完善,涵盖信贷、担保、债券承销、并购重组、风险管理、支付清算等领域。

(一)中国人民银行

2018年,我国跨境贸易人民币结算业务达5.11万亿元,直接投资人民币结算业务为2.66万亿元。其中,以人民币进行结算的跨境货物贸易、服务贸易及其他经常项目、对外直接投资、外商直接投资分别为3.66万亿元、1.45万亿元、8048.1亿元、1.86万亿元。随着"一带一路"建设的深入推进,跨境人民币结算需求快速增长,人民币在"一带一路"沿线国家的跨境使用范围逐步扩大。同时,人民币在跨境直接投资结算中的规模呈现明显的增加态势。亚投行、丝路基金以及各投资主体在重点支持"一带一路"基础设施建设的同时,也会带动直接投资中对人民币结算的需求。

(二)国家开发银行

"一带一路"倡议提出以来,国开行按照共商、共建、共享的原则,积极响应、迅速行动,成立专门部门负责相关区域业务开展,认真贯彻推进"一带一路"建设工作座谈会重要精神,紧密围绕"五通"和"三个共同体"目标,发挥在基础设施建设、中长期投融资和国际业务方面长期积累的经验优势,提供全方位、多产品的综合金融服务支持。截至2023年9月末,国家开发银行共建"一带一路"专项贷款已累计实现合同签约5333亿元等值人民币,累计发放贷款4915亿元等值人民币。在专项贷款支持下,

第十章 "一带一路"重点领域合作与平台建设成效

一批基础设施、产能合作、金融合作、社会民生、生态环保等领域的项目取得重要进展，有效促进了当地经济社会发展，实现了中国与共建国家互利共赢、共同发展。①

（三）中国进出口银行

截至 2019 年 4 月，中国进出口银行"一带一路"执行中项目超过 1800 个，贷款余额超过万亿元人民币。2018 年，进出口银行以综合化金融服务为手段，积极推动"一带一路"重大项目稳步落实。通过支持基础设施、能源资源等重大项目建设，助力东道国弥补发展短板、增进民生福祉。

除基础设施互联互通和能源资源合作等重大项目外，进出口银行还在"一带一路"沿线国家支持了众多"造血型"项目，助力东道国将自身禀赋优势转化为发展优势，增强经济内生增长动力和自主发展能力。

重大项目的落地离不开多元化的金融支持。在服务"一带一路"建设中，进出口银行综合考虑不同项目的特点，结合项目国的发展水平和财政状况，合理设计融资方案，通过有效降低项目的融资成本，满足项目个性化融资需求。

进出口银行还充分利用发起设立或参股的丝路基金、中国-东盟投资合作基金、中非产能合作基金、中国-中东欧基金等投资合作基金，发挥"投贷联动"优势，以股权投资方式整合和撬动社会资金，解决项目融资问题。

此外，进出口银行还通过混合贷款、银团贷款、投贷结合、委托代理等方式与开发性和商业性金融机构开展了多种业务合作，同时与世界银行、亚洲开发银行等国际金融组织和多边机构积极开展知识交流与联合融资。

与此同时，作为支持"一带一路"建设的重要金融力量，进出口银行始终高度重视借款国债务可持续性。

（四）中国出口信用保险公司

截至 2018 年 8 月底，中国出口信用保险公司支持我国企业向"一带一

---

① 《国家开发银行：融通资金 服务共赢 助力共建"一带一路"高质量发展》，https://www.yidaiyilu.gov.cn/p/0FTBPU7P.html，2023 年 10 月 17 日。

路"沿线国家出口和投资累计6432.3亿美元，承保项目1900多个，涉及基础设施互联互通、国际产能合作、国际经贸合作园区等重点领域，支付赔款达23.2亿美元；与"一带一路"沿线国家的政府部门、金融机构和企业建立了广泛的合作关系，签署相关合作协议50份，其中17份被纳入第一届"一带一路"国际合作高峰论坛成果清单，为"一带一路"设施联通、贸易畅通、资金融通提供了强有力的支持。

（五）中国工商银行

中国工商银行长期致力于绿色金融的前瞻性研究，近年来在环境风险压力测试、ESG评级及指数、环境信息披露等研究中取得一系列重要成果。中国工商银行将积极开发、运用绿色金融工具，分享绿色金融先进经验与智慧成果，践行责任投资，为"一带一路"绿色转型与全球经济的可持续发展继续贡献力量。2019年4月，中国工商银行在第二次"一带一路"银行家圆桌会上预发布"'一带一路'绿色金融（投资）指数"。该指数旨在帮助各国政策制定者、各类投资人量化分析"一带一路"投资过程中的绿色投资机会与环境挑战，识别潜在合作伙伴，引领资金流向绿色领域。该指数的推出，是中国工商银行积极助力"一带一路"建设，帮助沿线各国实现经济与社会可持续发展的最新成果。

（六）中国农业银行

在服务"一带一路"建设方面，农行充分利用农业金融领域的专业优势，以农业国际合作和金融技术援助为重点方向，支持中国农业"走出去"，发挥金融支持"一带一路"建设的催化剂、助推器作用。一是加快"一带一路"沿线分支机构布局。目前，中国农业银行已经在"一带一路"沿线设立了5家机构，分布在新加坡、阿联酋、俄罗斯、越南等，其中在阿联酋迪拜专门成立了2家分行，分别为迪拜国际金融中心分行和迪拜分行。二是不断推进"走出去"业务的发展。截至2019年5月，中国农业银行已在17个国家和地区设立了22个境外机构和1家合资银行，其中在"一带一路"沿线设立6家机构，分布在新加坡、阿联酋、俄罗斯、越南。三是充分发挥服务"三农"的特色和优势，将支持农业"走出去"作为发展重点和国际化经营重要方向,为涉农"走出去"企业提供跨境金融综合服务。近年来,农行为中粮集团、新希望等大型农业产业化龙头企业布局全球产业链和贸易网络提供了有力支持。四是跨境人民币业务发展取得丰硕成果。农行在夯实经常项目跨境人民币业务的基础上,推动资本项下跨境人民币创新,成功获任阿联酋人民币清算行。

（七）中国银行

截至 2018 年末,中国银行已经累计跟进"一带一路"区域重点项目逾 600 个。

进一步深化机构布局,拓展沿线服务网络。中国银行积极服务"一带一路"倡议,持续完善在"一带一路"沿线的布局。截至 2019 年 3 月底,中行海外机构已覆盖全球 57 个国家和地区,包括 24 个"一带一路"沿线国家,是"一带一路"沿线和全球机构布局最广的中资银行。此外,中国银行以中银香港为平台整合在东盟地区的机构,推进中银香港从城市银行向区域银行发展。整合后的中银香港和东盟地区机构将形成合力,提高服务能力,更好地助力东南亚地区"一带一路"建设。

进一步完善金融服务,助力沿线项目建设。2015~2018 年,中国银行在"一带一路"沿线国家共实现授信新投放 1301 亿美元。其中,2018 年全年实现授信新投放 307 亿美元。截至 2018 年末,中国银行已经累计跟进"一带一路"区域重点项目逾 600 个。自"一带一路"倡议提出以来,中国银行发挥自身产品专业化优势,加强与政策性银行、国际同业、国际多边组织、出口信用保险等机构的合作,整合各方优势资源,切实支持了包括约旦阿塔拉特油页岩电站、迪拜哈翔清洁煤电站以及加纳 TEMA 商业港口建设等在内的一批重点项目建设。另外,中国银行在 2015 年、2017 年、2018 年共发行四次"一带一路"主题债券,总规模超过百亿美元,为"一带一路"建设提供了有力的资金支持。

进一步加强沿线机构合作,打响品牌知名度。2018 年,中国银行为匈牙利、阿联酋沙迦酋长国、菲律宾等国家发行共计 54.6 亿元人民币主权"熊猫债"。中国银行境外代理行数量已经达到 1600 余家,其中在"一带一路"沿线有约 500 家代理机构。中国银行还是亚投行指定的独家资本金开户行、美元清算组清算行。

助力"企业"走出去，推动人民币国际化。在中国人民银行指定的 25 家离岸人民币清算行中，中国银行获得 12 家，持续保持同业第一。马来西亚、匈牙利中行作为人民币清算行，为系统性地向"一带一路"沿线国家提供全面清算合作服务奠定了良好的基础。在"一带一路"沿线区域，对于一些大型"走出去"项目及当地重大项目，中国银行积极引导企业和当地业主使用人民币，扩大人民币贷款规模。2018 年以来，中国银行还积极参与中国人民银行外汇交易中心开展的"一带一路"沿线货币监管规定研究。

担当社会责任，发挥"一带一路"建设中的桥梁和纽带作用。为探索化解中小企业融资难、融资贵这一难题，积极服务实体经济，中国银行首创"中银全球中小企业跨境撮合服务"。继面向柬埔寨（2015 年）、菲律宾（2016 年）、8 个太平洋岛国（2017 年）、4 个拉美国家（2017 年）成功举办 4 期"一带一路"国际金融交流合作研修班后，中国银行 2018 年又面向 4 个中东欧国家和 9 个非洲国家成功举办 2 期研修班，13 个国家近 70 名政府高级官员参加研修，副部级及以上官员近 30 名，塞尔维亚前总统尼科利奇亲临中国银行出席研修班有关活动。

另外，中国银行积极投身民间外交。2018 年，中国银行代表先后与塞尔维亚、匈牙利、格鲁吉亚、巴基斯坦、马来西亚、缅甸等"一带一路"国家政要会面并深入交流。中国银行还通过中意、中法、中墨、中英、中韩等多个企委会或圆桌会平台，为促进双边企业合作贡献力量。

（八）中国建设银行

近年来，中国建设银行以"一带一路"建设导向为行动指南，以抢抓海外重大项目为重要突破口，服务国际产能合作、周边基础设施互联互通，不断完善沿线机构布局，积极调动境内外和各条线力量，以"融资+融智"的服务理念支持"一带一路"建设高质量发展。

截至 2018 年末，中国建设银行在电力热力生产、交通运输、水利、石油和天然气开采等基础设施建设领域,累计为29个"一带一路"沿线国家的117个项目提供金融支持,签约金额206亿美元。

(九)中信银行

中信银行加大优质信贷项目储备力度,并在授信政策、资源配置、审批流程、信贷规模等方面给予必要支持。截至2018年末,该行新疆、内蒙古等18家分行为"一带一路"沿线国家的市场投放贷款余额共计589亿元,涉及项目270余个,重点集中在高速公路、机场、轨道交通等领域。

(十)光大银行

光大银行依托集团综合化多牌照经营优势,积极融入并抓住"一带一路"倡议实施带来的历史机遇,制定了"一带一路"整体发展规划,加大机构布局和资源投入,已基本实现"一带一路"规划涉及省区市分支机构全覆盖。

二 国际多边金融机构及平台为"一带一路"建设筹措专项资金

(一)亚洲基础设施投资银行

2015年末,由中国倡议发起、57国共同筹建的多边开发性金融机构亚投行正式成立,全球多边开发性金融体系增加了一个由发展中国家主导的新成员,也体现了中国改革国际金融体系的凌云壮志。

经过两年筹建、三年运行,亚投行赢得了国际社会的认可,成员数量从57个创始国上升到93个。国际三大评级机构皆给予亚投行3A级的最高信用评级,巴塞尔银行监管委员会也给予亚投行零风险的权重。

亚投行和"一带一路"倡议,都是由中国政府发起的,它们有联系,又相互独立,联系在于共同推动互联互通基础设施建设,推动地区间合作。亚投行是国际多边机构,要按照国际机构的标准来运行,通过董事会管理部门来执行项目。而"一带一路"是一个世界合作的大平台,邀请各方参与,大家在这个平台上各自发挥作用。亚投行与"一带一路"的目标一样,但功能不一样。亚投行还有一个目标,即推动国际经济金融体系改革。

截至2023年9月末,亚洲基础设施投资银行已累计批准230多个项目,融资总额超 450 亿美元，带动资本近 1500 亿美元。

（二）金砖国家新开发银行

金砖国家新开发银行是由新兴市场国家自主成立并主导的国际多边开发银行。2017 年以来，新开发银行成立非洲区域中心、设立项目准备基金、批准新项目、吸收新成员、加强经济研究等工作取得了积极进展。截至 2017 年 9 月，新开发银行已经批准 11 个项目，承诺贷款总额 30 亿美元。同时，金砖国家新开发银行对华贷款已经达到 58 亿元人民币。2017~2018 年，新开发银行正在储备的项目已有 23 个，规模达 60 亿美元，其中多个项目集中在绿色能源以及基础设施领域，将为金砖国家绿色能源及基础设施建设提供急需的资金。

三 专项投资资金

丝路基金是为响应"一带一路"倡议而专门设立的中长期开发投资机构。自成立以来，丝路基金秉承"开放包容、互利共赢"的理念，始终坚持发挥中长期股权投资的优势，以市场化、国际化、专业化的运作方式，为境外投资项目提供多样的融资选择，促进资金融通与发挥协同效应，实现互利共赢与可持续发展。

如今，丝路基金投资业务已覆盖俄罗斯、南亚、中亚、西亚北非、东南亚、中东欧等区域，并在欧洲、南美洲、撒哈拉以南非洲等区域与合作伙伴积极探索合作机会。通过丝路基金，具有产业价值、经济效益与发展潜力的项目，能够经由市场化方式集聚多方力量，实现互利共赢，为各方创造实实在在的收益。

丝路基金始终立足于将项目建设与其所在国家和地区的发展规划相对接，为有助于可持续发展的大型基础设施国际合作项目提供多元化融资支持。目前，丝路基金约 70% 的签约投资资金用于电力电站开发、基础设施建设、港口航运、高端制造等大型国际合作项目。在丝路基金与其他国际投资者、贷款银团的共同支持下，俄罗斯亚马尔液化天然气项目、巴基斯坦卡洛特水电站、阿联酋迪拜光热电站和哈斯彦清洁燃煤电站等一批批项目不断得以推进。这些项目坚持遵循国际市场的规则，贯彻绿色环保与可持续发展标准，遵守所在国家和地区的法律法规，为当地经济可持续发展与民生改善作出了积极贡献，也有力促进了不同经济主体之间产业与技术的双向交流。

丝路基金与有关多边开发机构、国际投资人、大型跨国公司等建立了良好的合作关系，并与有意向的合作伙伴一道，积极探索开展第三方市场投资合作，推动将中国的优势产能、发达国家的先进技术与投资所在国家或地区的发展需求有效对接，促进在世界范围内资源优化配置。

丝路基金在实践中不断探索行之有效的投融资合作模式，为促进"一带一路"资金融通积累了可复制、可推广的宝贵经验。2023年10月，习近平主席在第三届"一带一路"国际合作高峰论坛开幕式上宣布，**丝路基金新增资金800亿元人民币**，以市场化、商业化方式支持共建"一带一路"项目。

第三节 "一带一路"重要的国际产业园建设成果

我国提出"一带一路"倡议以来，不仅在经济全球化遭遇诸多挑战、出现减缓迹象的情况下开创了共商共建、合作共赢的经济全球化新模式，而且探索了许多具有中国特色的国际合作模式，如共建经济走廊、创新开发性金融、搭建商业交易平台模式、地方合作等。其中，通过建设产业园区的方式推进国际制造业合作，是"一带一路"建设的主要内容之一。产业园区模式不仅为制造业提供必要的基础设施，还助力构建贸易与商业网络，能较快地带动中国的产能、资本、技术乃至标准出口，并给所在国带来较好的经济和社会效益，展现出多方面的优势。随着"一带一路"区域产业链的形成，"一带一路"倡议下的贸易关系也在从传统的基于比较优势的产业间贸易升级为更加动态的、基于直接投资的现代产业内贸易。制造业合作既需要基础设施完善，更需要政策调整、贸易促进、双边贸易和投资协定等。

在"一带一路"沿线国家建设的产业园区，是完全按照市场化模式运作的。企业根据自身发展需要，结合所在国家的资源禀赋、市场需求和发展战略等开展经贸合作，实现技术、产业和人才的集聚，整合当地及周边土地、劳动力和市场等生产要素，在推动我国输出优质产能的同时加强与当地的产能合作，促进沿线国家经贸合作、经济发展、产业升级，推动所在国家的工业化和城市化进程。

在"一带一路"沿线国家建设的产业园区，在建设主体、投资规模、建设模式和园区功能等方面具有多样性。目前"一带一路"产业园区主要有加工制造类、资源利用类、农业产业类、商贸物流类、科技研发类、综合开发类等类型，投资规模从数亿美元到上千亿美元不等。例如，由埃及泰达投资公司负责开发、建设、管理和招商的苏伊士经贸合作区旨在为中国企业赴埃及投资搭建良好的平台，规划面积10平方公里，起步区面积1.34平方公里。已累计投资7.8亿美元，生产总值超过6亿美元。由民营企业红豆集团主导，联合中柬四家企业在柬埔寨唯一的国际港口城市建立的西哈努克港工业园，根据当地实际，发展产业集群和出口加工型、劳动密集型企业，现在已成为柬埔寨重要的纺织产品生产基地，对西哈努克省的经济贡献率超过了50%。红豆集团还在西哈努克省实施了百人培训计划，为当地培养专业技术人才。由烟台国有控股公司万华实业直接运用中国经济技术开发区的发展模式建设的宝思德经贸合作区，已经成为匈牙利借鉴中国经济发展经验的典型案例。浙江民营企业华立集团在泰国打造的泰中罗勇工业园，吸引了汽车、机械、家电等上百家中外企业入园，创造了"泰国工业唐人街"的奇迹。

在"一带一路"沿线国家建设产业园区，更加有利于打造经贸合作平台，引导我国企业尤其是民营企业"抱团式""集群式"走出去。我国民营企业集中分布在纺织服装、箱包皮具、五金机械、建筑、商业批发零售等传统产业，切合"一带一路"沿线国家工业化进程初期的经济发展特点和居民消费需求。与经验丰富的老牌跨国公司和实力雄厚的国有企业相比，民营企业虽然缺乏国际投资和经营的经验，但对市场环境的敏感和熟知度高，经营方式较为灵活，尤其在过去已积累了不少资金技术和管理经验，"走出去"的意愿及其发展空间更大。"一带一路"建设加速推进，为我国民营企业"走出去"投资海外带来了千载难逢的机会。民营企业采取抱团出海的方式入驻"一带一路"产业园，有利于降低国际化经营面临的不确定性和风险。许多民营企业正是适应并利用和顺应了这种优势与趋势，加快布局海外市场，通过国际产能合作实现了自身的转型发展。红豆集团、华立集团等就是典型的例子。

"一带一路"产业园区建设不是简单的项目建设，还包括设计、规划、融资、建设和运营、技术和人才培养等综合服务要求。多年来的探索实践表明，依托产业园区参与"一带一路"建设，中国不仅与其他发展中国家分享了大量自有知识产权、技术创新和独特标准的产品，还培养了大量人才，并致力推动技术、管理和经验人才的本地化，对推动我国企业尤其是民营企业经营的国际化、产业结构优化升级、创立品牌发挥了重要作用。

一　中非产业园区

非洲是建设"一带一路"的重要方向，作为发展中国家最集中的大陆，有着巨大的发展潜力，中非合作前景非常广阔。积极发挥非洲大陆现有中国产业园区的作用，加快中非产能合作步伐，不仅可以全面提升我国同非洲地区的经贸合作水平，打造中非合作新亮点，也有利于提升中非互利合作水平，将中非全面战略合作伙伴关系推向新的高度。

非洲大陆中国产业园区发展总体与设定预期一致。十多年的园区实践表明，非洲大陆产业园区无论何种性质，总体上发挥了预期的双重作用：对外在帮助所在国增加就业、提高税收、扩大出口创汇、提升技术水平，从而推动经济转型等方面发挥了重要作用；对内在推动中国富余产能转移、规避贸易壁垒减少摩擦、发挥产业集群优势等方面成效显著。更为重要的是，在增进中国同广大非洲国家的友好关系上意义重大。

非洲大陆中国产业园区是推动非洲工业化进程的抓手。进入 21 世纪，非洲国家以更加积极的姿态推进工业化进程，产业园区模式被越来越多的非洲国家视为促进工业化进程的着眼点和重要抓手。但受到多重因素的制约，非洲绝大多数国家难以依靠自身力量发展工业园区，需要在融资、技术、管理等方面依赖国际合作。在此背景下，各种性质的中国产业园在非洲大陆应势而生，成为推动非洲工业化进程的助推器。

截至 2018 年，中国在非洲建成、在建或筹建的产业园有近 100 个，其中 30 多个已经开始运营，入园企业近 400 家，累计投资额近 50 亿美元，总产值约 130 亿美元，初步形成产业集聚效应。这些产业园将是今后一个时期非洲工业化及中非产能合作的重要载体，契合了中国"一带一路"倡议精神和非洲"2063 年议程"目标，符合中非双方的利益诉求。

非洲大陆中国产业园区在中非产能合作方面完全可以发挥更大作用。在加强中非产能合作方面，目前的中国产业园区优势明显。

第一，产业前景相对明朗。每一个中国产业园的设立，都凝聚了创立者的心血，是他们多年对驻在国市场深入调研、反复论证的智慧结晶，在一定程度上为后来者提供了平台和决策参考。

第二，投资条件相对优惠。园区建设为非洲国家工业化发展急需，且园区规模较单个投资更丰富、产业链更长，并且创造的就业、税收等可预期的益处更多，因此，有利于争取到更好更多的投资优惠政策。

第三，产业配套相对完整。非洲多数国家工业化水平低，因而产业并不发达，产业园区多数靠自身配套，为此，园区的产业集聚有利于入园企业控制成本、提高效益。

第四，投资流程与关系协调相对单一。就多数民企而言，拥有熟悉国际市场、国际投资等专业人才并不现实，即便有，与投资国众多机构打交道也是一个复杂并漫长的过程，而借助产业园区，则可简化诸多流程，提高效率。

第五，产业园区基础设施相对完备。30 多个产业园区已完成园区整体规划和首期基础设施建设，具备企业入园硬件条件，同时，还建立了为企业入园提供"一站式"的服务窗口。

第六，有利于相对集中解决经贸合作争议、领事保护等问题。我国已与非洲 34 个国家签订双边投资保护协议、与 11 个国家签订避免双重征税协定，与多数国家建立了经贸联（混）委会磋商机制，这既便于处理园区内

第十章 "一带一路"重点领域合作与平台建设成效

双边投资问题,也有利于特殊时期的领事集中保护。此外,民企入驻中国产业园,在安保、社交、中式生活设施配套等方面也可享受到相应的服务。

中国已经成为非洲最大的贸易合作伙伴和第三大投资来源地。随着中非经济合作规模不断扩大,中非经济合作模式发生了深刻变化,从以贸易和承包工程为主逐渐向产能、投资、技术、金融、服务等领域持续扩展,其中产能合作成为中非经济合作趋势性和倡议性的重点领域。

在2006年中非合作论坛北京峰会及2015年约翰内斯堡峰会的推动下,中非产业园区从机制化发展步入规模化发展的快车道。目前,中非共建产业园已达100多个,几乎遍布所有与中国建交的非洲国家。在中非共建产业园中,有30多个已经开始运营,其他大部分产业园还处于规划和建设阶段。在所有的产业园中,运营状况良好的产业园可以分为三类,第一类是大型国家级产业园。被列入中国商务部境外经贸合作区项目的工业园,资产规模较大,入驻企业较多,经济效益较好。其中,埃塞俄比亚的东方工业园、赞比亚的谦比希经贸合作区、埃及的苏伊士经贸合作区等成为中非产能合作的标志性项目,为当地发展工业、赚取外汇、增加税收、提振就业、改善财政发挥了重要作用。第二类是中等规模的产业园。这类产业园通常由单一企业主导,如中国石油在乍得建设的产业园、武汉海山投资集团有限公司在安哥拉建设的产业园等。这类产业园促进了所在国的相关产业发展,实现了所在国的相关产品自给和进口替代。第三类是民企和当地华商会建设的小型产业园。例如,乌干达天唐工业园为丰富当地经济类型、活跃投资和经贸发挥了积极作用。

中非共建的产业园合作模式符合"一带一路"倡议精神,面临历史性发展机遇,主要包含以下内容。其一,从2013年"一带一路"倡议提出以来,中国对非投资存量不断提高,深刻改变了中非经济合作格局。据国家发展和改革委员会副主任宁吉喆介绍,2016年,中国对非投资已经超过1000亿美元,较2010年增长了近50倍。中国对非洲投资领域也不断扩展,由投资最为集中的建筑业和采矿业逐步向制造业、金融业、信息产业、互联网行业等新兴行业倾斜。中非投资的迅速增长使产业园建设拥有了入园企业数量方面的优势。其二，中非在基础设施领域的合作模式变化改善了中非共建产业园的基础条件，也提升了产业园建设质量。"一带一路"倡议实施以来，在基础设施建设领域，中国企业的运营模式正由"EPC"工程承包向"BOOT"转变，中国成为非洲基础设施建设的重要资金来源国。随着中国资本在非洲的拓展，中国企业已经为非洲建设了 5756 公里的铁路、4335 公里的公路、9 个港口、14 个机场、34 个电厂，还为非洲兴建了 10 多个大型水电站和上千个小型水电站。在苏丹、乍得和阿尔及利亚，中国企业建设了全产业链的能源开发项目，为埃及、尼日利亚、埃塞俄比亚、肯尼亚等国建设了高科技含量的特高压输电网络，在南非和埃及等国建设了大型光伏发电和风力发电等新能源项目。其三，"一带一路"倡议实施以来，在中非发展基金、中非产能合作基金、丝路基金等主权基金的引导和带动下，民间资本大量涌入非洲。中国企业在非融资模式也由国家主权担保融资向商业融资转变。金融领域的新变化增强了中非共建产业园的便利性，为中非产能合作开拓了更广阔的资金来源。

二 "一带一路"国际文化产业园

乘着"一带一路"国际合作高峰论坛成功召开的东风，2017 年 5 月，长沙市人民政府与丝绸之路国际总商会在北京签署合作协议，共同投资在长沙建设"'一带一路'国际文化产业园"项目，双方将在经贸、文化等领域，以及在推动长沙市国际化发展方面开展广泛且深入的合作。这是政府携手民间组织共建"一带一路"、促进务实合作的一次重要实践。"'一带一路'国际文化产业园"项目拟选址长沙市宁乡高新区，大唐西市集团携手湖南省文化产业集团股份有限公司共同投资 236 亿元，占地 455.5 公顷，以深挖"四化"即丝路文化、历史文化、民俗文化和特色文化为基本思路，重点打造"一心、一园、两部、两会、两金融、三镇"。通过文化艺术产业集群和艺术品交易全产业链的资源整合及高效运作，打造千亿级国际文化艺术产业集群。"一心"，即国际中央艺术品商务中心（ACBD），是集文化艺术交流、展示、交易等于一体，包括国家级艺术品保税区及免费对外开放的公共文化服务机构;"一园",即丝绸之路商贸博览园;"两部",即丝绸之路国际总商会总部,以及总商会中71个(商领馆)国家级商协会在中国投资企业的企业总部;"两会",即丝绸之路国际商品交易会和世界艺术品暨中国海外艺术品回流展会;"两金融",即设立文化艺术产业基金、文化艺术产业保险公司;"三镇",即文化艺术特色小镇、非遗特色小镇、湖南国际博物馆特色小镇。

三 中泰崇左产业园

2012年9月,中国广西崇左市政府与泰国城乡发展基金会签订合作协议,双方合作共建中泰(崇左)产业园,力争建设成为"陆路东盟新高地""中泰合作示范区"。产业园距越南河内240公里,距泰国曼谷1700公里,距钦州海港130公里,距香港800公里,距南宁70公里,具有沿边、沿江、近海港、近首府的区位优势。中泰产业园区是面向东盟开发开放打造的重点跨国产能合作区,重点发展糖业循环、东盟特色食品、现代农业、泛家居、新材料、新能源六大产业。

中泰崇左产业园总规划面积为100平方公里,园区挂牌成立以来,形成了强大的制造优势,拥有规模以上工业企业近100家,形成了循环糖业、泛家居林产业、食品制造产业、新能源新材料产业、跨境电商及港口物流五大产业集群,绝大多数企业都可以在崇左的产业链中找到配套的上下游企业和产品。特别是循环糖业产业比较发达,全市食糖制造企业100多家,市场占有率达75%;稀土及永磁材料产品占据国际市场10%的份额。2016年,中泰崇左产业园工业总产值达61亿元,同比增长103.3%;工业增加值39.5亿元,同比增长212%;园区五大产业集群的工业项目投资7.6亿元,完成任务的101%,同比增长591%,完成税收1.68亿元,同比增长110%;固投10.16亿元,是同期的5.1倍。2017年1~4月,园区完成工业总产值16.13亿元,同比增长15.18%;工业增加值5.13亿元,同比增长18.3%,税收5399万元,同比增长11.39亿元。截至2017年底,产业园已经成功引进美国普瑞斯伊诺康、中国建材、中粮集团、中国铝业、中信大锰、星期九集团等近百家企业，完成工业总产值101.65亿元。

2017年5月，中泰崇左产业园相继在北京、上海、广州、深圳、杭州以及泰国、越南等举行专场推介会，18宗合作项目涉及新能源及新材料、东盟特色生态食品、高端电子信息、生物制药、工业创意及云计算、物联网等新兴产业。其中，中铝稀土新材料、中信大锰、中电投、东亚糖业、中粮集团、上海大学、中南大学、珠海亿威摩尔量子新能源、金亚电动车、龙赞林产业循环经济产业园等企事业机构计划将研发中心或总部整体搬迁至中泰崇左产业园。

（一）五大产业集群唱主角，激发企业活力

中泰崇左产业园签约项目很多是新兴主导产业，企业自身的辐射带动能力很强。中泰崇左产业园是推动崇左做好"两篇大文章"、打好"四大攻坚战"，发挥南宁-新加坡的中南半岛节点城市作用以及衔接"通边达海、互联互通"陆路东盟国际大通道，积极融入"一带一路"国际产能合作区的主要载体，中泰崇左产业园引入的项目的共同特点即体现了科技发展与实体经济的结合，这将对崇左产业转型升级有一定的引领作用。

崇左融入"'一带一路'国际产能合作区"是指围绕中泰两国生产能力新建、转移和提升的国际合作，以中方和泰方企业为主体，以共赢为导向，以崇左糖业循环、新材料、能源装备制造业及锰/稀土资源能源开发为主要内容，以当前产业园的工程承包及EPC、PPP相关的基础设施建设、装备贸易和技术合作为主要形式的产能合作。为了吸引企业来中泰崇左产业园投资，园区支持企业发展的政策条件优越，包括制定泰国小镇、中国糖城产业园、中泰甜蜜小镇、中泰物联网智慧小镇、中泰保税跨境电商区等PPP项目专项合作优惠政策，设立20亿元"中泰产业园新能源科技基金"，开展1亿元"中泰产业园总部基地人才工程"，设立中小企业发展专项资金，制定了引进、培育大企业的各类优惠政策。崇左市与泰国莫拉限府和那空帕农府建立友好城市关系，与泰国两仪集团、泰国投资促进委员会、泰国开泰银行等有20多年的良好合作的基础。

第十章 "一带一路"重点领域合作与平台建设成效

近年来,产业园与泰国莫拉限府经济特区、泰国泰中罗勇工业园、泰国暹罗东方工业园建立了"两国四园"的合作机制,与缅甸、老挝、越南等东盟国家探索"跨国共建加工贸易示范园"创新合作机制。同时产业园成功引进了泰国两仪、法国康密劳、安琪酵母、中国建材、中信大锰、中铝稀土、金梧桐果品、金亚新能源、北京驰普龙赞循环产业园等大型企业,中泰共同制定园区产业布局指导意见和产业发展指导目录,重点引进"生产基地、研发机构、营销总部""三位一体"项目,旨在发挥中方在国际产能合作的装备、技术、资金等方面的综合优势和其他方面的比较优势,对接"一带一路"泰国、越南、老挝、缅甸等沿线国家供给能力和发展需求,共同发展实体经济、建设基础设施,同东盟国家一道推动产能合作。园区还重点引进以产业链为纽带的组团式投资项目,逐步完善产业链,提高产业配套能力,形成规模效应,实现产业带动和滚动发展。重点发展东盟特色食品、泛家居林产品、工业半成品等进出口资源型精深加工业,深化中泰循环糖工程、生物制药、新材料、机电一体化等产业领域的合作,深度开展国信阳光集团中泰能源科技产业基金、明达意航集团泰国特色小镇以及旅游业合作等,构建泰国两仪集团投资崇左的东亚糖业集团和中粮集团循环糖跨境产业链、中信大锰和中铝稀土新材料产业链、龙赞驰普泛家居跨境电商产业链、金梧桐中泰食品跨境产业链、金亚新能源电动车产业链五大产业链。

与此同时,中泰两国还致力于在崇左打造中泰高技术创新孵化与产业化基地,深度推进中泰在高技术创新孵化和产业化、生产加工、商品检验检测、研发服务、产品认证、金融开放、技术标准等领域的交流合作,认真谋划、加大投入、科技驱动,建立国家级中泰循环糖和绿色食品产业研发中心、孵化中心、检测中心、国际展示与贸易中心、中介服务体系等,打造中泰两国"一带一路"国际产能区,深入研究中泰循环糖、食品制造、家居产业、汽车机械装备制造等产业合作路线,构建中泰合作产业联盟及产能合作协会。

2017年3月,崇左市还在工业园区的基础上规划建设高新区,并建设高科技创新孵化中心,打造科技企业孵化器和研发总部基地,通过技术创新推动崇左乃至北部湾经济区产业转型升级；建设高新技术产业化中心，吸引泰国乃至东盟高端成熟技术入园快速产业化，形成一批行业龙头企业。建设中泰高端人才和优质资本集聚中心，发挥渠道、语言优势，设立中泰投资、销售、结算、研发等企业总部，积极搭建产业和技术对接多元平台，拓宽中泰产业合作渠道，加强与国内其他对泰国乃至东盟合作单位的联系和沟通，组织动员优秀企业积极参与对泰国合作，建设中泰高端人才和优质资本集聚中心，在深化中泰产业合作方面实现新突破、形成新亮点、构建新机制。打造高端人才聚集中心，通过建立完善的人才引进机制和政策，吸引泰国、东盟及国内高端人才进入产业园开展科技创新；打造优质资本汇集中心，以政府资金为引导，建立创新融资平台，通过孵化器持续培育一大批优质项目，吸引了泰国、越南、马来西亚、新加坡等东盟国家和法国、英国、德国等，以及浙江、广东、上海、天津、江苏、福建等我国优质资本前来投资，助力中泰产业园打造成为"一带一路"国际产能合作的先行示范区。

（二）推出多项优惠政策，提升软硬环境

"为帮助企业引进和培育人才，中泰崇左产业园每年拿出至少1000万元设立'中泰产业发展专项资金'"。园区还出台一系列科技创新扶持、高级人才引进、产业项目引进奖励等优惠政策，涉及科技资金扶持、科技人才引进、企业上市补助等方面。园区主要采取了以下服务"产能合作区"的创新合作措施。建立产能创新合作机制。引导园区企业同泰国、缅甸、越南等东盟企业签署了11个双边产能合作协议，把产能合作作为园区招商和产业合作机制建设等工作的重点，同时积极响应《中国—东盟产能合作联合声明》《澜沧江-湄公河国家产能合作联合声明》等重要文件号召，和泰国、缅甸等国家在崇左共同谋划产能合作的重点领域和重大项目，加快形成开放包容、多方共赢的合作格局。开展"五个一批"招商建设，一大批重大项目先后落地。中泰崇左产业园与驻泰商会、办事处、联络处、地方政府、驻外使馆、行业协会等36个中介机构合作，为园区企业开展国际产能合作提供商事、信息等各类优质服务。对于项目落地，中泰产业园开展签约一批、服务一批、建设一批、竣工一批、投产一批"五个一批"建设工程。

（三）提升招商和服务环境，营造良好政策环境

中泰崇左产业园施行"简政放权、放管结合、优化服务"改革政策，提高企业对泰国、越南等国家的投资便利化和规范化水平，引导企业积极履行社会和环境责任。截至2017年5月，园区标准厂房、交通路网、管廊通道、"八通一平"、供水排污等基础设施建设资金达30亿元，与泰方及东盟国家签署了23个双边投资协定，并针对企业出口越南、泰国市场，制定了新能源电动车等商签标准化合作协议、签证便利化协议等各类合作文件，促进资本、技术、人员等要素有序流动和优化配置，降低企业制度性交易成本，共同为企业开展产能和投资合作创造条件。

此外，为帮助企业开展科技创新，中泰崇左产业园每年从产业园税收收入中按不少于10%比例提取资金，设立"科技发展专项资金"。其中对组建国家级研发机构的，中泰崇左产业园给予最高500万元资助，对组建省级研发机构的给予最高200万元资助。截至2016年底，中泰崇左产业园科技发展专项资金已受理5批次企业申报，共资助16个项目，资助总额超100万元。此外，中泰崇左产业园高新区还出台了鼓励PPP及金融业发展的相关政策。对在产业园投资PPP企业，或从外地迁入的上市企业，在市财政最高给予500万元资助的基础上，中泰崇左产业园财政再给予300万元的现金资助。

（四）以技术创新引领园区发展，做产能服务器

近年来，崇左市在中泰崇左产业园基础上，成立崇左高新技术产业开发区博士工作站、工业加速器、创新孵化器等，并大力引进产业龙头企业和研发平台，筹建成立中泰电子工业研究院、崇左中南大学制造工程研究院、上海大学数码工业设计院、中铝稀土崇左研究院、中信大锰工业研究院五大公共技术创新服务平台。

上海大学数码艺术学院就瞄准崇左市场的无限潜力，计划在中泰崇左产业园建设数码规划技术转移中心，开展工程项目实施与专业人才培养等业务。此外，中南大学与崇左市政府共同合作打造崇左研究院，创建崇左市的

创新服务平台，结合中泰产业园产业结构和学校特色优势，大力推进技术转移和成果转化，深度融入"一带一路"国际产能合作区发展，构建以先进制造业、高新技术产业和现代服务业为支柱的现代产业体系。

四 白俄罗斯中白工业园

中国-白俄罗斯工业园（中白工业园）占地91.5平方公里，面积接近明斯克市的1/3，是白俄罗斯最大的招商引资项目，也是中国在海外最大的合作园区，被誉为"一带一路"沿线的明珠项目。

工业园由中白两方共建，双方合资成立中白工业园区开发股份有限公司，中方股东为中国机械工业集团、招商局集团、中工国际工程股份有限公司和哈尔滨投资集团有限责任公司，占68%的股份；白方股东为白俄罗斯政府占31.33%的股份，德国杜伊斯堡港占0.67%的股份。

中白工业园之所以重要，不仅因为它有助于扩大两国产业合作，还因为它是丝绸之路经济带上的重要一环。毗邻明斯克机场、莫斯科-柏林洲际高速路和机场高速路经过园区、紧邻规划中的铁路货运站、距波罗的海港口500多公里等，使中白工业园的位置得天独厚。正因为如此，中白两国十分重视中白工业园的建设。2015年5月，国家主席习近平访问白俄罗斯期间，与卢卡申科总统一致同意把园区"打造成丝绸之路经济带上的明珠和双方互利合作的典范"。

根据规划，园区总体规划面积为91.5平方公里，土地使用期限99年，其中一期用地面积8.5平方公里。园区将重点发展精细化工、电子信息、生物医药、精细化工、新材料、机械制造、仓储物流、电子商务、大数据处理等产业，在大力发展先进制造业的同时，逐步完善生活、科研、医疗、旅游度假等功能，建设生态、宜居、兴业、活力、创新"五位一体"的国际新城。

截至2018年7月底，已有36家来自不同国家的企业进驻中白工业园。除中国外，还吸引了来自俄罗斯、美国、德国、奥地利、立陶宛等国的企业入驻，园区国际化发展进程提速，产业吸引力明显增强。截至2020年底，中白工业园入园企业达 68 家，协议投资总额超 12 亿美元，园区进入高质量发展阶段，产业集聚效应进一步增强。

2017 年 5 月，卢卡申科总统签署第 166 号总统令，以立法的形式规定了入园企业在税收、土地等多方面所享有的优惠政策，为入园企业减轻成本压力提供了有力的保证。其中最受关注的是"50 年税收优惠"政策，即入园企业可享受自利润产生的首个税务年起 10 年免征利润税、不动产税和土地税，之后至 2062 年减半征税的优惠政策。同时，园区企业进口设备及配件时，可以享受免除进口关税和进口环节增值税的待遇，股东利润也可自由汇出。

五 泰国泰中罗勇工业园

泰中罗勇工业园开发有限公司是由中国华立集团与泰国安美德集团在泰国合作开发的面向中国投资者的现代化工业区。园区位于泰国东部海岸、靠近泰国首都曼谷和廉差邦深水港，总体规划面积 12 平方公里，其中一期规划占地 1.5 平方公里，二期规划占地 2.5 平方公里，三期占地 8 平方公里。计划投资 2 亿美元，实际投资 1.96 亿美元，包括一般工业区、保税区、物流仓储区和商业生活区，主要吸引汽配、机械、家电等中国企业入园设厂。

泰中罗勇工业园开发有限公司已被中国政府认定为首批"境外经济贸易合作区"——中国传统优势产业在泰国的产业集群中心与制造出口基地，最终打造成为集制造、会展、物流和商业生活区于一体的现代化综合园区。

截至 2017 年 6 月，园区已聚集了 80 多家来自中国的企业，区内中国企业的总投资额超过 25 亿美元，为当地创造 2 万多个就业岗位。园区内的本地员工占 90% 以上，月均工资达 3000 元人民币。

截至 2018 年底，泰中罗勇工业园已有 118 家企业入驻，入园中国企业来自 20 多个省区市，涉及新能源、汽配、电子机械等众多行业。其中中国 500 强企业就有 20 余家。为吸引外来投资，泰国政府还出台了制造业无外资比例限制、外资购地享有所有权以及税收减免等一系列鼓励措施。

泰国"东部经济走廊"计划同中国"一带一路"倡议高度契合。"一带一路"倡议加强了沿线国家和地区在基础设施、物流等方面的互联互通，与"东部经济走廊"计划对接后，将极大助力泰国经济发展。罗勇工业园为促进泰中两国经贸合作和人民友谊起到了关键作用，为泰国经济发展作出了巨大贡献。越来越多中国企业落户泰国，将进一步助力泰国优化产业结构、提升经济发展水平。

六 马来西亚马中关丹产业园

2012年4月，马来西亚总理纳吉布与时任中国国务院总理温家宝在出席中马钦州产业园区开园仪式时，提议中国在马来西亚创建"马中合作产业园"。对此，温家宝总理予以积极回应。同年6月，中马双方共同在吉隆坡签署了《关于马中关丹产业园合作的协定》。自此，由中马两国总理亲自推动、两国政府合作共建的马中关丹产业园区，与中马钦州产业园一起，成为世界上首个互相建设产业园区的姊妹区。

在中马双方的共同努力下，2013年2月，马中关丹产业园区在马来西亚关丹隆重开园。时任全国政协主席贾庆林和马来西亚总理纳吉布，以及马中政要及企业家约1000人出席园区开园仪式。双方签约项目总投资额约105亿马币（约合33.6亿美元）。

马中关丹产业园则将重点发展钢铁、铝材深加工、棕榈油加工、清真食品加工等双方具有传统优势的工业；加快发展以信息通信、电器电子和环保产业等为主的新兴产业，并积极发展金融保险业等。

中马钦州产业园区与马中关丹产业园区一起创造了"两国双园"新模式。该模式的特点是建立了推进"两国双园"的发展机制，如"中马两国双园理事会"的高层次协商机制、局级的工作小组等。中马双方互为投资方，在中马钦州产业园中，中方占股51%，马方占股49%；在马中关丹产业园中，马方占股51%，中方占股49%，并且由双方共同来组织招商。

"政府引导、市场运作"是钦州产业园区和关丹产业园区共同遵循的开发原则。中马两国企业和财团分别成立合资公司负责"双园"的总体开发建设。2018年8月,"双园"港口码头、水电路网等配套设施基本建成。钦州产业园区规划面积55平方公里,已开发面积达18平方公里,总投入约130亿元人民币;关丹产业园区一期面积6平方公里的开发建设工程基本完成,正在启动二期面积4平方公里的开发建设工程。

马中关丹产业园区已实现从"零基础"到"质提升"的转变。截至2018年与产业园区签订了投资协议的项目有10个,其中4家获得生产牌照,其他铝加工、陶瓷制品、轮胎、造纸以及新能源汽车等项目也在加速布局之中,预计投资总额约570亿元人民币,可直接创造近2万个就业机会。

七 匈牙利中欧商贸物流合作园

中欧商贸物流合作园区设立于2012年,是在中国企业积极"走出去"、外贸出口结构转变、"一带一路"倡议即将提出的大背景下,2011年6月25日经时任总理温家宝与匈牙利总理欧尔班共同见签,由山东帝豪国际投资有限公司投资建设的项目。园区位于匈牙利首都布达佩斯市,位于欧洲中心,通达欧洲各地,物流便捷,是"一带一路"建设中重要的节点国家。匈牙利政府确立了把匈牙利建设成为欧洲物流枢纽中心的国家发展规划,合作领域涉及金融、航空、物流、家电、工业制造、旅游等多个行业。2015年中欧商贸物流合作区被中华人民共和国商务部、财政部确认为首家商贸物流型境外经济贸易合作区。

合作区基于中匈及欧盟各国稳定、良好的国际关系和贸易往来,依托布达佩斯和临沂良好的区位优势和物流条件,为中欧各国企业搭建以机械电子、建材家居、轻工纺织等商品为主的国际贸易和物流平台,畅通中国企业以整体营销方式巩固和开拓欧盟市场的新渠道,推动中国产品进入欧洲市场,成为中欧商品贸易的重要窗口和文化交流的重要阵地。

园区规划总投资2.64亿美元,合作区截至2017年底基本完成"一区三园"的建设,即匈牙利布达佩斯的"中国商品交易展示中心"和"切佩尔港物流园"、德国的"不莱梅港物流园",初步形成覆盖欧洲和中国主要城市的快捷、便利、畅通的网络配送体系,逐步建立以现代物流配送中心和高效信息管理系统为支撑的中欧商贸物流合作园区。

合作区自建立以来，通过举办中国商品展销会和贸易洽谈订货会、设立中国商品常年展示厅、开展中国产品招商代理推介会等营销活动，以及为入区企业提供货物进出口、报关商检、物流配送、仓储、金融等"一站式"服务，为中国企业寻找商机和扩大贸易额，形成产业集聚效应和规模经济，降低国际化运作成本和风险成本，发挥重要载体和平台作用。

八 中国-阿曼（杜库姆）产业园

宁夏回族自治区与阿曼杜库姆经济特区政府于2016年5月共同成立中国-阿曼（杜库姆）产业园，占地面积11.72平方公里，位于阿曼杜库姆经济特区内，拟建项目规划总投资670亿元人民币，包括石油化工、建筑材料、电子商务等9个领域。产业园区将分为重工业区、轻工业综合区、五星级酒店旅游区，预计投产项目35个，包括原油炼制、建筑材料生产等重工业项目，以及太阳能光伏项目、物流、汽车组装等轻工业项目，还有培训中心、学校、医院等配套服务设施。中国-阿曼（杜库姆）产业园是中国在阿拉伯国家建设的最大产业园区，是中阿双方交流与合作的新起点。

2017年4月，中国-阿曼（杜库姆）产业园奠基典礼暨签约仪式在阿曼杜库姆经济特区举行。奠基典礼前，建园企业阿曼万方与10家拟入园中国企业签署合作文件，入驻企业来自宁夏、河北等地，签约内容包括总投资5.6亿人民币的海水淡化联产提溴项目、总投资28亿元人民币的发电站项目、计划投资160亿元人民币的天然气制甲醇及甲醇制烯烃项目等，大量来自中国的项目落户杜库姆，给产业园和整个经济特区注入了活力。

九 乌兹别克斯坦鹏盛工业园

乌兹别克斯坦鹏盛工业园位于乌兹别克斯坦共和国锡尔河州，距首都塔什干市约70公里，占地面积102公顷，由中国温州市金盛贸易有限公司投资创建，投资总额约9000万美元。已经建成包括标准厂房、仓储、办公楼、员工宿舍以及后勤服务中心在内的建筑面积共 16 万多平方米，同时还建成铁路专用支线、天然气变送站、110 千伏双回路专用变电站、污水处理系统、产品检测中心和海关监管仓库等完善的配套设施。园区已入驻瓷砖、制革、制鞋、手机、水龙头阀门、宠物食品和肠衣制品等领域的 9 家企业。

园区于 2009 年 9 月开工建设，是首个中国民营企业在乌兹别克斯坦投资并被两国政府认可、批准的项目。2013 年 3 月园区被乌政府批准为吉扎克工业特区在锡尔河的分区，2014 年被确认为浙江省省级境外经贸合作区，2016 年经商务部、财政部批准升级为国家级境外经贸合作区。2017 年园区完成年工业产值约 1 亿美元，带动进出口约 7000 万美元。

十　中哈霍尔果斯国际边境合作中心

中哈霍尔果斯国际边境合作中心是中哈两国合作的元首工程，是我国与其他国家建立的首个跨境经济贸易合作区，总面积 5.28 平方公里，其中中方区域 3.43 平方公里，哈方区域 1.85 平方公里，于 2006 年开工建设，2012 年 4 月正式封关运营。合作中心实行"一线放开、二线监管"模式，中哈两国对项目用地实施全封闭之后各留一个出入口，两国的公民、第三国公民、无国籍公民、车辆、物资，持有效证件可从两个出入口进入这个共同的区域。

一是对从中方入区的建设物资和自用设备实行退税；对从哈方入区的建设物资和自用设备实行免税，"一退一免"对投资兴业的企业家产生很强的吸引力。二是从中方入区的游客每人每天可购买 8000 元人民币合法免税商品，从哈方入区的游客每人每天可以购买 1500 欧元的商品。三是凡是入区的经营者或游客可以在区内一次合法停留 30 天，30 天内出区查验后再次进入，即一年出入 12 次，可实现在合作中心内的长期居住。

该合作中心是建立在中哈两国霍尔果斯口岸的跨境经济贸易区和区域合作项目，主要功能包括贸易洽谈、商品展示和销售、仓储运输、住宿餐饮、商业服务设施、金融服务、举办各类区域性国际经贸洽谈会等。中心自 2012 年 4 月封关运营至 2016 年底，入出区人数累计突破 1000 万人次，总投资超过200亿元，有近30个项目入驻，其中18个项目开工建设，完成投资62.7亿元，入驻商户4000余家。

十一 柬埔寨西哈努克港经济特区

西哈努克港经济特区有限公司是西港特区的开发建设主体，是中国首批通过商务部、财政部考核确认的境外经贸合作区之一。总体规划面积11.13平方公里，首期开发面积5.28平方公里，以纺织服装、五金机械、轻工家电等为主导产业，同时集出口加工区、商贸区、生活区于一体。全部建成后可容纳企业300家，形成10万名产业工人就业、20万人居住的宜居新城。

西港特区位于"21世纪海上丝绸之路"的重要节点上，地处柬埔寨国际港口城市西哈努克市，离西港国际机场3公里，离西哈努克深水港12公里，连接柬埔寨四号国道，离柬首都金边仅212公里，地理位置优越、交通便利。

作为中柬两国间的重要合作项目，西港特区受到了两国的高度关注，2010年12月，两国政府在北京正式签订《中华人民共和国政府和柬埔寨王国政府关于西哈努克港经济特区的协定》，奠定了西港特区的法律地位。2012年6月，时任中共中央政治局常委、中央纪委书记贺国强在访问柬埔寨期间与柬埔寨王国首相洪森共同为西港特区揭牌。同时，在双边框架协定下，2012年12月，西港特区协调委员会第一次会议在无锡召开，标志着双边政府支持推动西港特区发展的长效协调机制正式启动。2014年1月，中国商务部部长助理张向晨、柬埔寨发展理事会秘书长索庆达在金边共同主持召开西港特区协调委员会第二次会议，为西港特区的快速发展奠定了良好的基础。

在两国政府的大力支持下，西港特区发展迅速。截至2017年2月，西港特区在5平方公里区域内已基本实现通路、通电、通水、通信、排污"五通"和平地"一平"；相应地，生产、生活配套设施同步跟进，不仅引入了由柬埔寨发展理事会、商业部、海关、商检、劳工局、西哈努克省政府代表组成的"一站式"行政服务窗口，还引入了清关物流公司及柬埔寨加华银行等，为入区企业提供高效、全面的服务；同时，联合无锡商业职业技术学院共同建设西港特区培训中心。特区现已引入工业、服务行业企业102家，分别来自中国、欧美及日本等国家和地区，84家企业已开始生产经营，区内从业人数1.6万人。

综上，"一带一路"建设成果超出预期。经济园区稳步推进，互联互通网络逐步成形，贸易投资大幅增长，重要项目合作稳步实施。"区域大合作"正在逐步形成。英国社会科学院院士马丁·阿尔布劳表示，所有的国家都知道它们必须与其他国家联系起来。"一带一路"不是靠某种意识形态把这些国家联系起来，而是用一种实际的方式把它们联系起来，一种它们欣赏的方式。"一带一路"建设不仅是探索共建共赢经济全球化新模式的全新实践，也是我国创新和拓展国际经济合作模式的过程。因此，如果能充分发挥我国企业、东道国企业、第三方企业各自优势，加强规划引导，推动产业融合，完善合作机制，"一带一路"产业园区建设将能进一步推进国际经济合作。此外，制造业合作既需要基础设施完善，更需要政策调整、贸易促进、双边贸易协定和投资协定等。因此，"一带一路"建设也应包括一些制度性安排，例如落实双边投资保护协定、为境外园区提供法律保障，并推进自由贸易区的谈判等。

第四节 "一带一路"重要的港口合作成果

共建"一带一路"，港口是核心，是发展"先行官"，在多个国际场合，习近平主席提及港口时均用"重要支点""重要枢纽"来形容港口在"一带一路"建设中的重要性。港口作为全球贸易的流通载体，日益成为区域经济发展的核心。从全球城市的成长轨迹看，港口仍然是主要驱动力。

中国已经成为全球第一港口大国，在全球港口货物吞吐量和集装箱吞吐量排名前十大港口中，中国港口均占7席。在港口贸易支撑下，中国不断完善港口标准化体系，增强港口建设、投资、经营实力。在"一带一路"倡议下，中国港口企业"出海"探路，与多个沿线国家开展了港口合作。通过港口合作的方式不仅给双方带来经济效益，也为其他国家全球贸易提供海上通道便利，中国参与的海外港口项目是为全球化提供的"公共产品"。

一　青岛港的国际合作

青岛是"新欧亚大陆桥经济走廊"主要节点城市和"21世纪海上丝绸之路"合作支点城市。青岛港也已形成对接国家"一带一路"倡议的初步行动计划。未来，青岛港将采取海上、陆上双向行动策略，通过"组团投资"、国际化港口合资合作，逐步实现航线贸易互联互通，建设成为国家"一带一路"的重要门户和桥头堡，在国际经贸合作中发挥更大作用。此外，青岛港还计划与部分企业、贸易商和物流商一起"组团投资"，以发挥各自优势，形成整体合力。

2014年11月，青岛港与迪拜环球港务集团在阿联酋迪拜签订了《青岛港集团与迪拜环球港务集团加强港口战略合作框架协议》。双方将会加强青岛港与迪拜杰贝阿里港、拉希德港在集装箱码头、邮轮码头方面的业务合作和港口运营管理、行业信息等方面的交流，共同促进双方港口之间贸易量的增长，推动各自港口的业务发展和管理提升。

2015年12月，青岛港集团董事长、党委书记郑明辉与迪拜环球港务集团董事长卞澍岚签署《中国青岛港集团和阿联酋迪拜环球港务集团关于深化全面战略合作伙伴关系的备忘录》。双方将在已有合作成果的基础上，进一步发挥各自优势形成整体合力，积极围绕"一带一路"、智慧港口与自动化码头、邮轮码头等领域深入合作，持续深化、提升双方的全面倡议合作伙伴关系，实现强强联合、共赢发展。

2015年6月，青岛港集团与土耳其阿卡斯控股集团签署倡议合作框架协议，旨在促进青岛港与阿卡斯控股集团所属马普特港之间的港口及相关物流、投资业务的合作。根据协议，双方将着力增加青岛港与马普特港之间的航线和贸易量，并就包括海铁联运、公路运输等在内的多式联运业务开展合作，共同拓展沿线内陆港网络，努力提升两港服务腹地经济发展能力，探讨相互在对方港口及内陆港进行物流项目投资合作的机会。此外，双方还将定期就各自所在地区的港口吞吐量、航运贸易数据等进行交流，并为对方港口的商务推介活动提供便利与支持。

第十章 "一带一路"重点领域合作与平台建设成效

2015年8月,青岛市在北京举办"丝路对话"海上港口合作对话会。柬埔寨、巴基斯坦、缅甸、孟加拉国、斯里兰卡、沙特、马来西亚、英国、荷兰等国驻华大使馆官员,新加坡国际企业发展局、马士基中国公司等机构负责人,以及青岛港集团、海尔、海信、青啤、青建、电建三公司、澳柯玛、海丰集团、中远货运、中海集运等青岛相关部门和企业负责人,近百人参加了会议。

青岛港与巴基斯坦瓜达尔港、柬埔寨西哈努克港签订了友好港正式协议,与马来西亚关丹港签订了友好港意向书,与斯里兰卡科伦港交换了建立友好港口关系协议书,与法国布雷斯特港签订了倡议合作框架协议。目前青岛港正在积极推进与立陶宛、希腊、德国等国家的港口合作。

2017年,青岛港与"一带一路"沿线港口增加航线密度,直达东南亚、中东、地中海、欧洲、黑海、俄罗斯、非洲、大洋洲的航线数量达到65条,构筑起了联通"海上丝绸之路"沿线国家和地区的庞大海上贸易航线网络,为沿线国家和地区的贸易往来提供了便利与支持。

2018年3月,青岛港与西班牙穆尔西亚自治区卡塔赫纳港签约建立友好港关系。至此,青岛港建立的友好港已达22个,横跨亚、欧、非、美等各大洲:南有巴基斯坦瓜达尔港,柬埔寨西哈努克港,马来西亚关丹港、巴生港等;西有埃及塞得港、吉布提港德国汉堡港等;北有法国布雷斯特港、土耳其马普特港等。

2019年,青岛港货物吞吐量突破6亿吨、位居全球第六,集装箱吞吐量完成2183万标准箱、位居全球第七。

2019年4月20日,由青岛港集团、中远海运、阿联酋阿布扎比港务局共同设计建造的中远海运阿布扎比港集装箱码头投产成功,标志着青岛港自动化集装箱码头技术成功输出海外,服务"一带一路"沿线国家。[①]

[①]《"氢+5G"领跑未来 青岛港自动化码头谁与争锋》,https://news.qingdaonews.com/qingdao/2019-12/02/content_20946824.htm,2019年12月2日。

二　中国上海港和希腊最大港口比雷埃夫斯港合作

2017年6月，中国上海港和希腊最大港口比雷埃夫斯港管理方签署新的合作协议，进一步加强两大港口在经贸和其他领域的合作，共同推进"一带一路"建设。根据协议，双方将进一步深化在港口、航运、航运服务、航运金融领域的合作，共同推动"一带一路"沿线重要港口的合作与发展，为建设上海国际航运中心、深化中希友好合作提供新的推动力。协议的签署意味着巨量货物将从中国运到希腊，为比雷埃夫斯港和整个希腊描绘出美好的经济增长前景。

中远海运于2008年和希腊方面签署为期35年的特许经营权协议，并据此在2010年正式经营比港二、三号集装箱码头，2016年又收购了比港港务局67%的股权。在中国企业对港口进行升级改造后，比雷埃夫斯港已成为亚洲、欧洲、非洲三大洲海运业务的枢纽。

三　天津港集团与符拉迪沃斯托克商贸港有限公司签署合作谅解备忘录

符拉迪沃斯托克商贸港有限公司始建于1897年，位于俄罗斯海参崴（符拉迪沃斯托克）金角湾不冻港，主要从事集装箱、大宗货物、车辆等的码头转运服务，拥有连接西伯利亚的铁路大通道。

天津港是中蒙俄经济走廊东部起点和21世纪海上丝绸之路支点，与俄罗斯各港口之间贸易往来密切，2016年集装箱海运实现了同比增加32.9%。与此同时，作为丝绸之路经济带的重要出海口和桥头堡，天津港积极依托二连浩特和满洲里通往俄罗斯两条过境通道优势，构建了"津蒙俄"运输网络、开通了"中蒙俄"国际运输通道、开行了天津至俄罗斯莫斯科的铁路班列，成为我国北方对俄贸易的重要口岸。

2017年6月，天津港（集团）有限公司和符拉迪沃斯托克商贸港有限公司签署合作谅解备忘录，双方将牢牢抓住中俄双边贸易快速发展的机遇，促进两地港口共同发展，为创新推动"一带一路"建设积极贡献港口力量。根据备忘录，双方在建立战略合作伙伴关系的基础上，将进一步加强在港口装卸、海铁联运及基础设施建设等方面的深入合作，利用西伯利亚铁路开展货物运输，积极推进双方集装箱业务发展和港口信息系统的资源共享，通过大货主、船东和海上承运人大力发展中国与俄罗斯两国之间的集装箱国际海运业务，共同推进中俄海上双边贸易加快发展。

四 深圳港与加拿大哈利法克斯港签署友好港关系协议

加拿大哈利法克斯港位于加拿大东南部新斯科舍省的新斯科舍岛东部沿海，濒临大西洋，是世界上第二大自然深水港，也是世界上最深的不冻港之一，被称为北美洲的"北方门户"。该港在世界港口体系中占有十分重要的地位，是中国与北美之间集装箱货物运输的重要国际港口。2013年10月14日，深圳港与加拿大哈利法克斯港在深圳签署建立友好港关系协议。深圳港作为世界第四大集装箱港口，将继续加强与国外港口的交流与合作，进一步提升深圳港的国际影响力。

五 中国与东盟开展港口合作网络建设

作为海上互联互通重点项目，中国-东盟港口城市合作网络自2013年9月建立以来，朋友圈不断扩大，港口合作日益升级。截至2019年合作网络的成员已发展为39家，覆盖了中国-东盟的主要港口机构。一是中国-东盟港口间的航线开通呈现新动态。广西北部湾港已开通至东盟国家的直航航线15条，航线涉及新加坡、越南等国的14个港口。8月开通的北部湾港-南非直航航线，实现了北部湾港至非洲集装箱远洋航线的零的突破。海铁联运干线方面，北部湾港-香港、北部湾港-新加坡航线正逐步实现"天天班"，渝桂、蓉桂、滇桂班列已常态化运行。二是依托港口的产业园区合作正在改变区域产业链布局。目前中马钦州产业园区内注册企业超过325家，总投资超过1160亿元。马中关丹产业园一期开发建设基本完成，铝加工、陶瓷制品等项目正在加速布局。三是中国-东盟港口物流信息中心建设已初见成效。

目前，该平台已成功接入包括北部湾港、马来西亚巴生港在内的中国、东亚、欧洲、东盟国家共23个港口的船期、集装箱数据，初步实现中国与东盟港口之间的物流信息共享。①

六　斯里兰卡汉班托塔港

汉班托塔港是中斯共建"一带一路"重点合作项目，是一座综合性人工深水海港，位于斯里兰卡南端，距离印度洋航线仅10海里。许多往来亚洲、欧洲、非洲的货船经过这里。汉班托塔港建设项目由中交集团所属中国港湾EPC总承包，共分为两期。该项目的建成，是汉班托塔港成为国际枢纽港的关键一步，汉班托塔港区及船坞、燃气电站、工业园等众多项目的陆续实施，将极大地推动汉班托塔港口-工业-城市（PIC）生态圈建设，助力斯里兰卡经济腾飞。

2017年7月，斯里兰卡与中国签署关于汉班托塔港的管理开发协议，中国招商局控股港口有限公司向斯里兰卡政府支付11.2亿美元购得汉班托塔港口70%的股权，并将租用该港口及周边1.5万英亩（约合60.7平方公里）土地建设工业园区，租期为99年。斯里兰卡政府2017年12月9日正式把斯里兰卡汉班托塔港的资产和经营管理权移交给中国招商局集团。中方提出将汉班托塔港建成"斯里兰卡的蛇口"。

七　巴基斯坦瓜达尔港

瓜达尔港位于巴基斯坦俾路支省西南沿岸，东距卡拉奇约460公里，西距巴基斯坦-伊朗边境约120公里，南临印度洋的阿拉伯海。它位于具有重要战略意义的波斯湾的咽喉附近，紧扼从非洲、欧洲经红海、霍尔木兹海峡、波斯湾通往东亚、太平洋地区数条海上重要航线的咽喉。

巴基斯坦政府和人民对于开发瓜达尔港的设想早已有之。早从1964年

---

① 《中国-东盟港口城市合作网络已覆盖主要港口》，http://www.mofcom.gov.cn/article/resume/n/201910/20191002908294.shtml，2019年10月2日。

起，巴政府就有此设想并在20世纪90年代曾与美国签订瓜港投资协议，但各种因素导致美开发瓜港的计划最终不了了之。新加坡也曾获得该港的经营权，但闲置十年，并未动工。直到2001年中国应巴基斯坦政府邀请，决定援建瓜达尔港，瓜港的开发才得以真正实施。2005年第一期项目工程完成，建成了一个拥有三个2万吨级泊位的多用途码头。2015年，习近平主席访问巴基斯坦，中巴双方同意，以中巴经济走廊为引领，以瓜达尔港、能源、交通基础设施和产业合作等为重点，形成"1+4"经济合作布局。2016年11月，瓜达尔港正式开航，中巴两国共同见证了首批中国商船从瓜达尔港出海。2017年5月，习近平主席在"一带一路"国际合作高峰论坛开幕式上的演讲中提及瓜达尔港，强调要"规划实施一大批互联互通项目"。如今，瓜达尔港已脱胎换骨，成为中巴经济走廊建设中重要的组成部分，并将建设成为地区转运枢纽和区域经济中心。

附　录　国外丝绸之路复兴相关计划

一　联合国教科文组织"丝绸之路复兴计划"

（一）"丝绸之路复兴计划"[①]的背景

1988年，联合国教科文组织宣布启动为期10年的"综合研究丝绸之路——对话之路"项目，旨在促进东西方之间的文化交流，改善欧亚大陆各国人民之间的关系。此后，联合国教科文组织围绕"丝绸之路"问题举办众多活动，诸如科学考察、国际学术研讨会、有关文物展览会、"丝绸之路"旅游推介会等，激发了国际社会对"丝绸之路"的兴趣。2008年，联合国开发计划署发起"丝绸之路复兴计划"。2008年2月19日，来自包括俄罗斯、伊朗、土耳其、中国在内的19国交通部长和高级官员在瑞士日内瓦签署了意向书，决定在之后数年投入430亿美元，激活古丝绸之路和其他一些古老的欧亚大陆通道，目的是改善古丝绸之路等欧亚大陆通道的公路、铁路、港口、通关等软硬件条件，使2000年前的丝绸之路重现辉煌。

（二）"丝绸之路复兴计划"的内容

"丝绸之路复兴计划"由230个项目组成，投资总额为430亿美元，执行期限为2008~2014年，拟打造一条全长7000多公里的"现代丝绸之

[①] 2007年11月8~9日在西安举办的"2007欧亚经济论坛"上，"现代丝绸之路建设计划"被提上建设日程。中国与哈萨克斯坦、阿富汗、阿塞拜疆、吉尔吉斯斯坦、蒙古、塔吉克斯坦、乌兹别克斯坦等7国达成协议，2008年投资192亿美元，在中国与欧洲之间建设一条"现代丝绸之路"。

路".投资总额中192亿美元主要用于建造公路和铁路,建设路线并不完全按照古代丝绸之路来修建,而是由一系列的大小道路组成。[①] 这些国家希望开发6条走廊,其中包括中国至欧洲、俄罗斯至南亚,以及中东铁路和公路的建设体系等,在欧洲方面,这些走廊将南至土耳其,北达俄罗斯。

(三)"丝绸之路复兴计划"的意义

"丝绸之路"沿线地区虽然大部分地处内陆,交通落后,但幅员广袤,石油、天然气、矿产、农产品等自然资源非常丰富,人口众多,仅上海合作组织成立时的六个成员国面积就占欧亚大陆面积的3/5、人口占世界人口的1/4。亚欧国家复兴这条"经济脉络"不仅能增进欧亚国家经济文化的交流,同时也会促进世界各国的安定团结。

对于中亚国家来说,中国是理想的合作伙伴。从地理环境而言,中亚地处内陆,与海洋的最近距离也在1700公里以上,这就使得这些中亚国家在发展国际贸易上存在天然的缺陷。中亚国家最近的出海通道是途经阿富汗、巴基斯坦,然后进入印度洋,但由于这两个国家政治上的动荡,使得这条出海通道基本上不具有任何经济意义。而经由中国新疆、甘肃,然后取道连云港,是中亚国家主要的出海通道,比如乌兹别克斯坦与韩国大宇公司的合作项目就是在连云港装卸货物的。

对中国而言,陆上"丝绸之路"是中国走向中亚、西亚、东欧、西欧的捷径。从西北至欧洲,走陆上"丝绸之路"比走海路要节约一半时间和成本,比如从连云港到鹿特丹,走陆上"丝绸之路"较海路少9000多公里,节约一个月左右的时间,运费成本节省约1/4。同时,"现代丝绸之路"的建设可以使中国进口石油路线直接由中亚通往中国,减轻对马六甲海峡的依赖。

---

① 李建民:《"丝路精神"下的区域合作创新模式——战略构想、国际比较和具体落实途径》,《人民论坛·学术前沿》2013年第23期。

二 日本"丝绸之路外交"

日本"丝绸之路外交"由桥本龙太郎首相于1997年提出。他在经济同友会会员恳谈会议上发表演说,将中亚及高加索地区称为"丝绸之路地区",指出该地区是日本"欧亚大陆外交"的有机组成部分,要重视与"丝绸之路地区"的外交关系,初衷是保障日本能源来源渠道的多元化。2004年,日本重提"丝绸之路外交",并推动设立"中亚+日本"合作机制,提出将中亚五国及外高加索三国定为"丝绸之路地区",并把该地区摆在日本新外交战略的重要地位。根据"丝绸之路外交"构想,日本从地缘政治考量,谋求在中亚和外高加索地区这个战略要地站稳脚跟;从经济利益考量,通过加强经济渗透来争取这一储量不亚于中东的能源宝库的能源开发及贸易的主导权。

"丝绸之路外交"为此后日本在中亚高加索地区的外交政策确定了整体方向:一是加强相互理解和信任的政治对话;二是促进经济合作和能源合作;三是推动核不扩散、政治民主化、地区和平与稳定。2012年日本向"丝绸之路地区"提供2191.3万美元的ODA,涉及道路、机场、桥梁、发电站、运河等基础设施建设。日本与中亚在教育、能源资源开发及区域经济方面的合作进一步发展。2013年安倍晋三两次出访土耳其,除推销日本的核电技术外,欲加强与土耳其的政治联系,并利用土耳其与中亚各国的紧密联系提升日本对该地区的影响力。2014年,日本外务大臣岸田文雄访问中亚五国。2015年10月23~27日,安倍晋三出访蒙古和中亚五国,目的是要激活"日本与中亚对话"机制,促进在运输和物流等领域的合作。2017年5月,日本及中亚国家外长会议宣布将进一步促进其人员交流与商贸合作。[①] 2018年10月25~27日,安倍晋三时隔7年再次访华。访问期间,首届中日第三方市场合作论坛开展,双方就加强

---

① 黄凤志、刘瑞:《日本对"一带一路"的认知与应对》,《现代国际关系》2015年第11期。

中日在"一带一路"建设领域的第三方市场合作展开对话,推动中日经贸合作再上新台阶。

三 美国"新丝绸之路计划"

美国的"新丝绸之路计划"分智库和官方两个层面。从智库层面看,2005年,美国约翰斯·霍普金斯大学中亚高加索研究院院长弗雷德里克·斯塔尔提出了"新丝绸之路"构想:建设一个连接南亚、中亚和西亚的交通运输与经济发展网络,以阿富汗为枢纽,将油气资源丰富的中亚、西亚国家与经济发展迅速的印度乃至东南亚连接起来,促进各国及区域间的优势互补,推动该地区包括阿富汗在内的国家经济社会发展。2011年,美国提出了"新丝绸之路计划":以阿富汗为中心,意在美国等国军队从阿富汗撤出后,由美国主导阿富汗战后重建工作,希望阿富汗邻国投资进而维护美国在欧亚大陆腹地的主导地位。实际上,以美国为推手,以阿富汗为中心,连接中亚、南亚,构建区域性地缘政治、经济结构,最重要的是这些国家要有美国的军事基地。同年10月,美国国务院向美国驻有关国家大使馆发出电报,要求将美国的中亚、南亚政策统一命名为"新丝绸之路"战略,并将其向国际伙伴通报。这标志着"新丝绸之路计划"正式成为美国官方政策。[1]

美国的"新丝绸之路"不单是指一条路线,而是指形成广泛的地区交通和经济的联系网络。"新丝绸之路计划"包括软件和硬件两个方面的建设。软件建设是指贸易自由化、减少贸易壁垒、完善管理制度、简化过境程序、加快通关速度、消除贪污腐败、改善投资环境等。硬件建设则是指修建连接中亚、阿富汗和南亚的铁路、公路、电网、油气管道等基础设施。通过软件和硬件两方面的建设,推动商品、服务、人员跨地区的自由流动。

"新丝绸之路计划"的部分项目已经完工,如乌兹别克斯坦-阿富汗铁路已经竣工,塔吉克斯坦桑土达水电站开始向阿富汗送电。从美国的官方表

---

[1] 陈宇、贾春阳:《美国"新丝绸之路计划"现在怎样了》,《世界知识》2015年第6期。

态及实际进展来看，该计划虽然面临许多困难和风险，如地区内国家基础设施落后、资金不足、相互缺乏信任及恐怖主义和极端主义肆虐等，但美国从未明确放弃该计划。2015年美国国务院负责南亚和中亚事务的第一副助理国务卿理查德·霍格兰德大使来华时表示美国的"新丝绸之路计划"与中国的丝绸之路经济带建设有相通之处，可以互为补充，特别是在中亚地区能源资源开发以及基础设施互联互通等方面有广阔的合作前景。希望与中方加强沟通交流，探寻开展在第三国合作的具体形式，实现双赢乃至多赢。

四 俄印伊"北南走廊计划"

2000年在圣彼得堡举行的第二次国际欧亚运输会议上，印度、伊朗、俄罗斯三国政府签署了"北-南国际运输走廊"框架协议。该走廊顺延克里特No.9号运输线路，从芬兰边界开始，经莫斯科，然后抵达俄罗斯里海北岸的阿斯特拉罕、奥利亚、马哈奇卡拉三个港口，以及阿塞拜疆的萨穆尔通道，经里海到达伊朗，再经由波斯湾至印度，实现印度洋、波斯湾和里海地区与欧洲各国更为便捷地经贸联系。如果从南部方向算起，该走廊的主要线路是印度的孟买-伊朗的阿巴斯港、班杰尔、阿米拉巴德-伊朗的恩泽利港-里海-俄罗斯的奥利亚港-圣彼得堡。

目前该走廊的参加国家有白俄罗斯、印度、伊朗、哈萨克斯坦、阿曼、俄罗斯、塔吉克斯坦、土耳其、乌克兰、亚美尼亚、阿塞拜疆、保加利亚、立陶宛等。运输距离短是"北-南国际运输走廊"的优势。从印度洋海域或波斯湾，通过伊朗、里海、俄罗斯后进入东欧和北欧国家，相对于经过苏伊士运河航线，距离要缩短1/3。根据协议，从孟买发出的40英尺集装箱，如果通过苏伊士运河，需要30天、费用高达4800美元，而通过该运输走廊，时间仅为10~12天，费用则可下降20%。俄罗斯运输部原计划到2010年每年可以从中转货物运输的业务中赚取50亿美元费用。但目前这条线路的运行状态不佳，主要原因在于装卸效率低、里海水域缺乏专业集装箱船舶、通关滞后等。而20世纪80年代末90年代初，因政治原因，从印度和其他波斯湾国家运送的茶叶、纺织品和农产品等都改由其他运输渠道进行运输。因而，"北-南国际运输走廊"也被称为"单向行驶"的运输走廊。如果正常运行，预计每月可以运输2万~3万个集装箱。

"北-南国际运输走廊"是一条兼顾公路、铁路、水路的混合型运输桥梁。其中，公路运输路线为：与芬兰交界的托尔菲雅诺夫卡-圣彼得堡-莫斯科-伏尔加格勒—阿斯特拉罕。另有至新西伯利亚、斯塔夫罗波尔、高加索、哈萨克斯坦和乌克兰的公路运输分线。水路路线为：圣彼得堡-下诺夫哥罗德-阿斯特拉罕-里海。除经济原因之外，俄罗斯制定的"北-南国际运输走廊"计划，更有与绕过俄罗斯的"欧洲-高加索-亚洲"运输走廊相竞争的深层次考量。

"北-南国际运输走廊"除了可以将伊朗、阿塞拜疆的货物通过奥利亚港再经过伏尔加-波罗的海运河运往北方之外，也可通过伏尔加-顿河运河运往黑海地区，形成几乎和"欧洲-高加索-亚洲"运输走廊平行的运输路线，与对方竞争货物的运输权。但是，这条1952年竣工、长度为101千米的伏尔加-顿河运河也有不足之处。其平均深度只有3.5米，船舶载重不能超过5000吨。再者，因顿河高出伏尔加河44米，从而不得不设置13道船闸，这影响了船舶的运行速度。而拟议中可通行8000~10000吨的、被称为"欧亚"的人工运河，不仅投资大、周期长，还存在俄罗斯和哈萨克斯坦对拟议中的运河控制权的争夺问题。

"北-南国际运输走廊"长7200公里，从印度、伊朗和波斯湾其他国家经里海、北欧和西欧向俄罗斯运输货物。俄罗斯、印度和伊朗在2000年签署运输走廊协议，其中伊朗一直是"北-南国际运输走廊"建设的积极推进者。2015年7月伊朗核协议签署后，俄罗斯、阿塞拜疆和伊朗三国领导人就加快建设"北-南国际运输走廊"建设达成共识。近年来，三国相关职能部门多次谈判，商议具体事项。为推动这一项目，阿塞拜疆还在伊朗靠近阿方边界的路段投资5亿美元，修建沿途车站和货运中心等，以期加快完成"北-南国际运输走廊"中陆上一段的建设工程。然而，特朗普执政后，美国对伊朗政策日趋强硬。2018年5月8日，美国宣布退出伊朗核协议，同时加大对伊朗的制裁力度。"北-南国际运输走廊"等大型项目也因此受到影响。① 2022年6月，俄罗斯-伊朗-印度贸易路线开始试点。

五　欧盟新丝绸之路计划

1990年，在符拉迪沃斯托克举行的"亚太地区：对话、和平与合作"的国际会议上，苏联外长爱德华·谢瓦尔德纳泽提出了利用苏联运输能力重建伟大丝绸之路的构想。1993年，在有外高加索三国、中亚五国等参加的布鲁塞尔会议上将重建丝绸之路的思想具体化为"欧洲-高加索-亚洲"运输走廊发展纲要。这一纲要的目标是为欧洲通过黑海、高加索、里海到中亚地区建立一条绕过俄罗斯的替代性运输走廊，改善参加国进入欧洲的条件，从而支持参加国实现经济发展。同时，这条运输通道也可被看成解除俄罗斯对中亚地区运输封锁的有效途径之一。20世纪90年代初，依据纲要规划的线路主要包括：德鲁日巴-塔什干-阿什哈巴德-土库曼巴希-巴库-第比利斯-波季，然后通过驳船运至敖德萨、瓦尔纳、康斯坦茨、伊斯坦布尔；阿克纠宾斯克-阿捷劳（古里耶夫）-阿克套（舍甫琴科）-巴库。1998年，在由欧盟主持的、来自32个国家代表参加的"复兴古丝绸之路"国际会议上，通过了由14个国家签署的《巴库宣言》。该宣言强调"欧洲-高加索-亚洲"运输走廊与泛欧、泛亚铁路干线相连接的重要性，并指出其意义在于为南高加索国家，尤其是没有出海口的中亚国家提供稳定的运输路线，并能在欧亚一体化的过程中扮演重要角色。

中亚地区的土库曼斯坦，不仅能源储量丰富，而且其地理位置为参与"北-南"运输走廊、"欧洲-高加索-亚洲"运输走廊提供了条件。根据"加快建设新铁路"的总统令，该国计划新增1000千米的铁路网。其中，捷詹（土库曼斯坦）-谢拉赫斯（土库曼斯坦）-麦什德（伊朗）路线被视

---

① 《美对伊制裁让"北南国际运输走廊"项目成为难题》，http：//zqb.cyol.com/html/2018-11/14/nw.D110000zgqnb_20181114_3-05.htm。

附　录　国外丝绸之路复兴相关计划

为该国建设国际运输走廊的启动项目。这条干线连接了本地区的哈萨克斯坦、乌兹别克斯坦、土库曼斯坦、伊朗和土耳其，进而逐渐形成了一体化铁路网络。为实施通过伊朗、土耳其进入欧洲和巴基斯坦的天然气管道项目，计划修建叶拉利耶夫（哈萨克斯坦）-土库曼巴希（土库曼斯坦）-土库曼本德尔（伊朗）铁路干线。这些项目可以形成新的、距离更短的通向西欧、斯堪的纳维亚、俄罗斯西部欧洲部分的路线，并和伊朗相连接，预计可以缩短800千米里程，货物运输时间可以减少3个昼夜。1996年，土库曼斯坦政府还动议在谢拉赫斯将跨亚洲铁路线连接起来。而总长300千米的捷詹-谢拉赫斯-麦什德的铁路线，成为欧洲-高加索-亚洲运输走廊启动的标志性工程项目。

乌兹别克斯坦利用亚洲发展银行为复兴"丝绸之路"提供的7000万美元，修建了承格尔德-撒马尔罕区段。建设中的承格尔德是哈萨克斯坦的铁路车站，位于塔什干北部、沿克孜洛尔达公路，距离约78千米。此处是"欧洲-高加索-亚洲"运输走廊乌兹别克斯坦责任区段，也是该国通向波斯湾和土耳其的唯一干线。

塔吉克斯坦在修建库尔干-秋别-库利雅勃亚布-霍罗格铁路线的同时，将铁路从霍罗格站穿越库利纳山谷向前延伸，和与中国交界的、从喀什通向巴基斯坦的卡拉库姆公路相连接。而和中国接壤的吉尔吉斯斯坦，因地理位置相对优越，在"欧洲-高加索-亚洲"运输走廊中可以扮演比较重要的角色。中国也为该国提供了很多便利。目前，中国西部正在修筑总长度约为600千米喀什-伊尔克什塔姆-奥什的铁路。投入运营之后，预计第一年的运输量可以达到500万吨。

"欧洲-高加索-亚洲"运输走廊的重要组成部分是南高加索地区的阿塞拜疆和格鲁吉亚。这两个国家和横跨欧亚的土耳其紧密合作，正在加紧建设一条能够通过正在建设中的土耳其海峡海底隧道、不用通过轮船驳运的运输路线。2007年11月，阿塞拜疆、土耳其和格鲁吉亚三国总统为卡尔斯-阿哈尔卡拉基-第比利斯-巴库铁路正式开工剪彩。这条被称为轨道上的丝绸之路，在通车后，火车时速可以达到120千米，年运量可以达到1500万吨。

其中，卡尔斯-阿哈尔卡拉基长度为98千米，在土耳其境内为68千米，在格鲁吉亚境内为30千米。考虑到阿哈尔卡拉基-第比利斯之间的铁路需要翻修，而格鲁吉亚财政状况相对较差，阿塞拜疆特地给格鲁吉亚提供了2.5亿美元、年息仅为1%的25年优惠贷款。格鲁吉亚总统萨卡什维利给出这样的评价："这条铁路的建成，可以使格鲁吉亚不仅从文化、历史上，而且从地理上成为欧洲的一部分。"2018年1~11月，通过欧洲-高加索-亚洲运输走廊，经由阿塞拜疆运输货物4772万吨，过境货物量为852.03万吨，占货运总量的17.9%。其中，公路运输3015.38万吨（63.2%），铁路运输1131.69万吨（23.7%），海上运输624.93万吨（13.1%）。①

六　印度"香料之路"和"季风计划"

印度总理莫迪上台之后，提出"香料之路"计划和"季风计划"，其中"香料之路"计划是印度历史上与亚洲、欧洲31个国家和地区之间进行贸易的路线，这项计划是希望借助历史上紧密的贸易联系，促进印度与这些国家和地区的贸易。

2014年6月，印度政府文化部与英迪拉·甘地国家艺术中心（IGNCA）正式发布了"季风：海上航线与文化景观"（Mausam/Mawsim：Maritime Routeand Cultural Landscapes, PirojectMausam，简称"季风计划"）。该计划宣称未来将加强印度与印度洋地区国家之间的人文交流与合作，加深相互了解，增进相互关系。该计划的历史依据是古代印度洋地区的人们利用印度洋季风气候进行海上航行，促进了相互间的文化交流、商贸往来，促成印度洋"世界"边界的形成，构建从非洲到东亚的旅行和"朝圣"的文化传播与商贸往来的交通网。印度洋季风不仅会对沿岸国家的政治经济产生重要影响，而且对内陆地区民众的生活也会产生重要影响。2014年9月，在拉文达·

---

① 《2018年1~11月经阿塞拜疆过境运输货物达852万吨》，http://www.mofcom.gov.cn/article/i/jyjl/e/201901/20190102831134.shtml。

辛格与外交秘书苏贾塔·辛格举行关于"季风计划"的特别会议后,"季风计划"进入第二发展阶段,逐渐超越文化项目范畴而成为一项被赋予外交、经济功能的准战略规划。

"季风计划"的基本目标是联合印度洋国家对东非、阿拉伯半岛、印度次大陆、斯里兰卡和东南亚群岛地区进行历史与考古研究,探索印度洋世界在商贸、文化和宗教等方面的多样性与统一性,为联合国教科文组织在保护和开发人类文化遗产方面提供经验借鉴。印度洋国家将组织各种类型国际研讨会,以增进各方对文化的多样性与统一性的理解。

在具体实施上,"季风计划"提出了四个层次的目标。第一,重新恢复印度洋沿岸国家的文化联系。"季风计划"将建立"印度洋世界"的经济纽带。第二,"季风计划"将整合印度洋沿岸地区各具特色的文化自然遗产,建立各方合作与交流的平台。第三,重新理解"文化景观"的内涵。通过对现存文化和自然遗产种类的研究,全面梳理沿岸国家关系。第四,建立多个世界文化遗产品牌项目,实现沿岸国家旅游业的可持续发展,发展文化产业。

印度强调"季风计划"要从喀拉拉邦开始。首先要重启古代印度洋的贸易航线,即恢复喀拉拉邦的"海上香料之路"。[①] 印度这一举措是其"季风计划"的重要部分,而该计划就是旨在使印度与印度洋地区国家依托历史悠久的经济文化联系加强合作,即重建印度的"香料之路"。历史上,欧洲所需的香料主要由印度尼西亚群岛经印度洋运到波斯湾或红海上岸转陆运,印度是中转集散的枢纽,印度文化也由此得到了传播。这条航线可以把古代印度洋主要国家连接起来,重新启动这条古商路的重要意义不言而喻。

就具体内容而言,除了对沿岸古建筑群及遗址的考古、保护和开发外,还包括对与"香料之路"等相关的文化产品的研究和开发。印度计划在新德里成立专门的研究机构,负责组织印度洋地区各国家的相关活动。此举表

---

① 2015年11月印度帆船 Tarangini 号与阿曼船只 ShababOman 号进行了为期10天、里程2800海里的共同航行,从阿曼首都马斯喀特至日本高知港。

明了印度在该计划中的主导性作用。印度还特别指出要密切与联合国教科文组织的合作，以《世界文化遗产公约》为依据。印度此举可能意在打消其他国家对印度的疑虑。

七　伊朗丝绸之路铁路计划

2011年，伊朗正式宣称开始启动修建一条连接伊朗、阿富汗、塔吉克斯坦、吉尔吉斯斯坦和中国的铁路连通计划。因该计划重在以铁路连通为主而被外界称为"钢铁丝绸之路"或"丝绸铁路"。伊朗之所以积极推动"中—伊铁路"的建设，是因为其中蕴含着巨大的地缘战略价值。从经济角度来说，由于伊朗地处中亚和中东的交汇点，东西方之间的贸易往来必然要经过伊朗，这就给伊朗发展过境贸易提供了良好的契机。

早在2010年伊朗外长穆塔基就宣布，伊朗、阿富汗、塔吉克斯坦等国将与中国合作，修建一条连接中国与中亚和中东的铁路线。这条来自中国的铁路，从新疆出发，途经塔吉克斯坦、吉尔吉斯斯坦、阿富汗抵达伊朗，在伊朗分为南、西两条线，南线直达波斯湾，西线通往土耳其和欧洲。同年11月，中国、吉尔吉斯斯坦、塔吉克斯坦和阿富汗四国的交通部部长以及伊朗交通部秘书长在塔吉克斯坦首都杜尚别签署了中—伊铁路建设初步协议。

近年来，面对西方的制裁，伊朗把发展过境运输作为获得外汇、摆脱经济困境的主要手段。2014年5月，伊朗总统哈桑·鲁哈尼对中国进行了其就任伊朗总统以来的首访。在上海，鲁哈尼与中国国家主席习近平进行了会晤。双方决定携手努力，推动各领域友好合作迈上新台阶，推动丝绸之路经济带建设。2016年2月连接中国和伊朗的一段铁路已投入运营，货运列车途经中国、哈萨克斯坦、土库曼斯坦和伊朗。伊朗总统鲁哈尼在纽约召开的联大峰会上表示，伊朗愿意加入中巴经济走廊，这有助于加强各国家的合作。

截至2018年7月，中国-伊朗的铁路运输线有以下3条。第一条，长

附 录 国外丝绸之路复兴相关计划

沙-(阿拉山口/多斯特克)-哈萨克斯坦-(巴拉沙克/谢尔赫佳卡)-土库曼斯坦-(萨拉赫斯/谢拉赫斯)-伊朗,全长9954公路,计划运输时间15天。第二条,长沙-(阿拉山口/多斯特克)-哈萨克斯坦-(巴拉沙克/谢尔赫佳卡)-土库曼斯坦-(阿吉亚伊拉/殷切布隆)-伊朗,全程9035公里,运输时间14天。第三条,长沙-(阿拉山口/多斯特克)-哈萨克斯坦-(阿克套港)-里海-(安扎利港)-伊朗,该线路路程最短,全程8676公里,理论上耗时仅需12天。

伊朗计划建设恰巴哈尔港-阿富汗赫拉特铁路货运走廊,将印度洋的恰巴哈尔港和阿富汗连接起来。整个项目分为2个部分：第1条线路是将恰巴哈尔港连接到萨拉赫斯-阿富汗巴尔赫的铁路段；第2条线路是将伊朗城市哈夫与阿富汗赫拉特连接起来。阿富汗出产大量矿物,该走廊将极大地提高内陆国家的出口量。

图书在版编目（CIP）数据

中国特色丝绸之路学 / 卢山冰等编著 . --北京：社会科学文献出版社，2024.12
ISBN 978-7-5228-0281-7

Ⅰ.①中… Ⅱ.①卢… Ⅲ.①丝绸之路-研究-中国 Ⅳ.①K203

中国版本图书馆 CIP 数据核字（2022）第 104671 号

中国特色丝绸之路学

编　　著 / 卢山冰 等

出 版 人 / 冀祥德
责任编辑 / 吴　敏
责任印制 / 王京美

出　　版 / 社会科学文献出版社
　　　　　　地址：北京市北三环中路甲 29 号院华龙大厦　邮编：100029
　　　　　　网址：www.ssap.com.cn

发　　行 / 社会科学文献出版社（010）59367028
印　　装 / 三河市尚艺印装有限公司

规　　格 / 开本：787mm×1092mm　1/16
　　　　　　印张：14　字数：211 千字

版　　次 / 2024 年 12 月第 1 版　2024 年 12 月第 1 次印刷
书　　号 / ISBN 978-7-5228-0281-7
定　　价 / 89.00 元

读者服务电话：4008918866

版权所有 翻印必究